JN493691

들뢰즈와 내부작용 유아교육

이론과 실제 구분 넘어서기

Going Beyond the Theory/Practice Divide
in Early Childhood Education

Introducing an intra-active pedagogy

Hillevi Lenz Taguchi 저

신은미 · 안효진 · 유혜령 · 윤은주 · 이진희
임부연 · 전가일 · 한선아 · 변윤희 역

창지사

Going Beyond the Theory/Practice Divide
in Early Childhood Education
Introducing an intra-active pedagogy

Copyright ⓒ 2010 by Hillevi Lenz Taguchi
Published by Routledge.
All rights reserved.

Korean translation Copyright ⓒ 2018 by Chang-Ji Co., Publishers, Seoul, Korea.
Korean translation rights arranged with Routledge Taylor & Francis Group
through EYA(Eric Yang Agency).

이 책의 한국어판 저작권은 EYA(Eric Yang Agency)를 통해
Routledge사와 독점 계약한 '도서출판 창지사'가 소유합니다.
저작권법에 의하여 한국 내에서 보호받는 저작물이므로
무단전재와 무단복제를 금합니다.

들뢰즈와 내부작용 유아교육: 이론과 실제 구분 넘어서기

Going Beyond the Theory/Practice Divide in Early Childhood Education : Introducing an intra-active pedagogy

『들뢰즈와 내부작용 유아교육: 이론과 실제 구분 넘어서기(*Going Beyond the Theory/Practice Divide in Early Childhood Education: Introducing an intra-active pedagogy*)』는 배움(learning)과 변형(transformation)의 도구로 교육적 기록작업을 활용하는 데 중점을 둔 책이다. 혁신적인 연구에 기반을 두고서 저자인 Hillevi Lenz Taguchi는 유아교육에서 배움에 관한 새로운 접근법을 소개한다. 즉, 물질, 대상, 인공물이 학습에서 지닐 수 있는 힘과 영향에 주의를 기울인다. Lenz Taguchi는 페미니스트인 Karen Barad, 철학자인 Gilles Deleuze와 Félix Guattari의 이론을 들여와 교수학습에서의 이론/실제, 담론/질료, 마음/몸이라는 이분법을 비판하고, 펜, 종이, 찰흙, 만들기 재료들이 수행에서 어떻게 능동적인 행위주체자가 될 수 있는지에 대해 사례를 들어 보여 준다. 내부작용 교육이 소개될 때 많은 실제 사례가 탐색될 것이다. 어린이집에서 또 교사교육에서 어린이와 함께하는 배움을 위한 '방법론적' 전략이 전면에 제시된다. 예를 들면, 다음과 같다.

- 그리기와 마루에서 진행되는 만들기 작업을 활용하여 어린이집과 어린이들의 집 주변 이웃을 탐색한다.
- 교사교육에서 수학적 관계와 수학문제를 탐구하기 위해 신체, 춤, 음악을 활용하여 수학에 대해 연구한다.

- 이론/실제 이분법을 타파하는 실천지식 기반과 경험 기반 글쓰기의 다양한 형태를 통해 당연시해 온 학문적 글쓰기에 대해 문제를 제기한다.
- 어린이와 예비교사 및 교사교육자는 학습을 이해하기 위해, 또 사고와 행위의 지배적 습관을 비판하기 위해 교육적 기록작업을 활용한다.

교육 맥락에서 '통합(inclusion)'에 관한 지배적 이해에 문제를 제기하고, 능동적으로 가시적이면서 긍정적인 '차이'를 생성하기 위해 이 책은 교사와 교사교육자, 예비교사의 경험과 실제 언어에 기반을 두었다. 이 점은 유아교육과 관계된 모든 사람과 교육적 사고와 실행에 의문을 품고 있는 이들에게 호응을 불러일으킬 것으로 보인다.

Hillevi Lenz Taguchi는 스웨덴 스톡홀름 대학 교육과에서 부교수로 재직 중이다.

출판시리즈명: Contesting Early Childhood
시리즈 편집자: Gunilla Dahlberg와 Peter Moss

본 출판시리즈는 현재 유아교육 분야를 지배하고 있는 주된 담론에 대하여 의문을 제기하면서 다양한 관점과 논의로 이루어진 대안적 내러티브를 제시한다.

이 시리즈는 유아교육의 현장 활동과 새로운 정책 수립이 급격히 증가하면서부터 어떠한 교육적 가능성이 실현되고 있는지, 또한 이에 수반되는 위험은 어떠한 것인지를 검토하고, 이 분야가 어떠한 방식으로 점차 조정과 통제로 물들어가고 있는지 조명한다. 이 시리즈에서 출판하는 저서들은 유아교육의 현장 활동이 실제로 어떻게 윤리적이고 민주적인 실천에 기여할 수 있는지 보여 준다. 저자들은 서구사회 및 개발도상국 세계에서 전개되고 있는 대안적인 교육 실천으로부터, 그리고 발달심리학과 같이 다소 상이한 학문 분야로부터 새 아이디어를 취하고 이를 탐구해 들어간다. 이들은 현행 이론 및 최선의 교육 실제를 현재 전 세계에서 일어나고 있는 정치적, 사회적, 경제적, 문화적, 기술공학적인 주요 변화의 맥락 속에서 이해한다.

『*Contesting Early Childhood*』 출판시리즈의 저서명:

Art and Creativity in Reggio Emilia
Exploring the role and potential of ateliers in early childhood education (Forthcoming)
Vea Vecchi

Contesting Early Childhood . . . and Opening for Change (Forthcoming)
Gunilla Dahlberg and Peter Moss

Movement and Experimentation in Young Children's Learning
Deleuze and Guattari in early childhood education
Liselott Mariett Olsson

Doing Foucault in Early Childhood Studies
Applying post-structural ideas
Glenda MacNaughton

Ethics and Politics in Early Childhood Education
Gunilla Dahlberg and Peter Moss

Forming Ethical Identities in Early Childhood Play
Brian Edmiston

In Dialogue with Reggio Emilia
Listening, researching and learning
Carlina Rinaldi

Unequal Childhoods
Young children's lives in poor countries
Helen Penn

역자 서문

신자유주의 무차별 폭력에 어떻게 할지 몰라 눈만 휘둥글린 채 주저앉은 우리에게 놀라운 통찰력과 동시에 가슴 벅찬 희망을 다시금 품게 해 준 Lenz Taguchi의 저서 『*Going Beyond the Theory/Practice Divide in Early Childhood Education: Introducing an intra-active pedagogy*』와의 만남은 그야말로 깜깜한 숲에서 작은 호롱불의 빛을 발견한 길 잃은 나그네가 갖는 기쁨과 환희 그 자체였다. 인식과 행위, 이론과 실제, 학습과 놀이, 인간과 물질, 다양성과 규범 등 끊임없는 '편 가르기'로 서로의 우월성만을 내비치는 데 전념해 온 우리로 하여금 Lenz Taguchi는 '편 가르기'를 멈추고 그들 사이에서 새로운 관계를 모색할 것을 요청한다. 즉, '진짜 유아', '진짜 지식', '진짜 발달' 찾기를 그만두고 협력적 혁신과 창조를 선택할 것을 권한다.

지난 10년간 우리는 국가교육과정, 책무성, 평가 등의 미사여구로 포장된 신자유주의 교육정책이 유아의 삶을 송두리째 날려 버리는 모습을 목격하였다. 그리고 한참 후에야 우리가 엄청난 우를 범했다는 것을 깨달았다. "왜 처음부터 강력하게 반대하지 못했을까?", "이렇게 한순간에 무너질 줄 정녕 몰랐던가?" 정치적 갈등과 혼란만을 남긴 채 쓰나미가 지나간 바닷가 해변처럼 온갖 평가서류 잡동사니로 가득 차 상처투성이가 된 유아 삶의 터전인 교실을 바라보면서 유아교육의 한 일원으로 최선을 다하지 못한 회한과 후회의 감정은 우리 역자들을 한자리로 불러 모았다. 그리고 우리는 그 자리에서 이 책의 저자인 Lenz Taguchi를 만났고, 그녀를 통해 페미니스트 과학자인 Barad와의 첫 만남을, 또 Deleuze와 Guattari와 재회를 하게 되었다. 이 모든 마주침으로 우리는 신자유주의에서 받은 상처를 회복하고, 4차 산업혁명이라는 아무도 가보지 않은 미래를 살아갈 유아와 예비유아교사를 위한 운동과 실험을 즐길 마음을 갖게 되었다.

두 상이한 방향인 다양성과 규범 사이에서 갈등을 열어 둔 채 해결을 모색하기 위해 능숙하게 파도 탈 수 있는 바가 우리가 가질 수 있는 최대의 희망이라고 밝히면서, Lenz Taguchi는 새로운 관계의 교육인 다소 생소한 내부작용의 교육(intra-active pedagogy)을 이 책을 통해 우리에게 소개하고 있다. 내부작용의 교육이란 단순히 사람들끼리의 관계나 사람의 내적 관계를 넘어서서 모든 살아 있는 개체와 물질 간의 관계로 나아가고자 함이다. 즉, 행위주체성에 대한 인간의 독과점적 지위를 내려놓고, 물질의 그것 또한 인정하면서 물질과 주체성 사이의 관계에 초점을 맞추고자 한다. 이런 교육 활동을 통해 실천을 가시화하고 물질화하면서 새로운 이해를 창출하고 실제를 풍부하게 만들고자 한다.

Lenz Taguchi는 자신이 주장한 내부작용의 교육을 논의하기 위해 제1장과 제2장에 거쳐 이론적 기반으로 질료와 담론의 이분법적 사고에 대한 비판과 더불어 내부작용의 핵심 용어인 되기(becoming)와 이기(being)에 대해 실례를 들어 풀어낸다. 이어서 제3장에서는 내부작용 교육을 일어나게 할 연구도구인 교육적 기록작업(documentation)에 대해, 제4장에서는 유아 앎의 과정을 중심으로 기록작업이 방법론적으로 활용된 사례들을 엮어낸다. 제5장과 제6장에서는 이 내부작용의 교육을 교사교육기관으로 옮겨 예비유아교사들이 수학과 학문적 글쓰기를 어떻게 내부작용적으로 배우게 되었는지를 보여 준다. 마지막으로 제7장에서는 내부작용의 교육과 관련하여 정치적 및 윤리적 이슈를 논의하면서 **윤리적 존재론적 인식론**의 가능성을 제시한다.

이렇게 물 흘러가듯이 자연스럽게 내부작용의 교육을 풀어낸 이 책은 아이러니하게도 독자들이 읽기에는 매끄럽지 않을 수 있다. 번역에 참여한 우리 역자들이 그러했다. 세계에 대한 우리의 기존 인식체계와는 전혀 다른 이해방식과 생소한 용어들로 읽는 과정이 마냥 즐겁지만은 않았다. 그러나 그들과 내부작용하는 가운데 우리는 그것이 향하고 있는, 가리키고 있는 그 새로움을 찾아내면서 함께 기뻐하였다. 이 책을 읽을 유아교육 구성원들 또한 이런 기쁨을 맛보기를 바란다. 그리고 그 기쁨이 우리 유아들의 **'도둑맞은 삶'**을 되돌려 놓는데 일조하기를 바란다.

앞서 밝혔듯이 Lenz Taguchi와의 만남은 뜻밖의 선물이었다. 현실의 암울함에 좌절하면서도 이를 해결해 보고자 몸부림치는 유아교육자들에게 그녀는 다음과 같은 메시지를 던져 주었다. "걱정하지 마세요, 새로움은 항상 생성되고 있어요, 그리고 여러분도 할 수 있어요, 우리도 했으니까요." 늘 그러하듯이 번역과정은 쉽지 않은 협력적 혁신과 창조과정이었다. 그 과정을 인내심을 갖고 끝까지 마무리 짓게 해 준 창지사의 지원에 감사드린다. 그리고 유아교육 번역자 되기 과정에 있고, 또 계속하기를 바라는 번역에 참여한 10여 명의 유아교육자들의 겁 없는 용기의 행진이 이어지기를 희망한다. 아울러 이 행진에 유아교육을 전공하는 학생들을 두 팔 벌려 초대하고자 한다.

2017년 12월
번역에 참여하면서 들뢰즈를 공부한 사람들 씀

차 례

Contents

출판시리즈 편집자의 말

Gunilla Dahlberg와 Peter Moss

> 더 넓은 관점에서 오늘날 교육 분야를 바라볼 때 상반되는 두 가지 움직임이 있다. 하나는 복잡성과 다양성을 증가시키는 것이고, 다른 하나는 복잡성과 다양성을 감소시키는 것이다. … 우리가 학습의 복잡성, 어린이의 다양한 전략, 그리고 지식에 대한 여러 이론에 관해 더 많이 안다고 여길수록, 우리는 더욱 더 배우기와 알기의 복잡성과 다양성을 줄이는 학습 전략과 교육과정 목표를 부과하려고 한다.
>
> (Lenz Taguchi, 2008: 1)

이 책은 『*Contesting Early Childhood*』 시리즈 중 일곱 번째에 해당한다. 이 시리즈의 목적은 오늘날 유아교육의 지배적인 담론, 즉 매우 자명하고 스스로 대안이 필요 없다고 여기는 패러다임화된 관점과 학습 이론들에 이의를 제기하는 것이다. 그 예로 아동발달이론, '발달에 적합한 실제', 참된 또는 '본질적' 아동에 대한 가정이다. 이러한 담론들은 우리가 도입부에 인용한 글에서 이 책의 저자가 언급한 것처럼 유아교육에서 (물론 다른 교육분야에서도) 복잡성을 줄이는 노력을 해 왔다.

그러나 이 책의 시리즈는 또 다른 똑같이 중요한 목적을 갖는다. 즉, 대안이 존재한다는 점과 함께 자명함과는 거리가 먼 지배적 담론들이 늘 우리에게 펼쳐진 많은 대안 중 하나였다는 점을 보여 줌으로써, 이들 담론에 이의를 제기할 뿐만 아니라 이들 담론을 절대적인 것이 아닌 상대적인 것으로 만들고자 한다. 간략하게 말하면, Roberto Unger가 '대안 없는 독재 체제'라고 부른 것에서 우리를 자유롭게 하는 것이다(Unger, 2005: 1). 이 목적은 단순히 여러 패러다임 관점을 채택하거나 새로운 이론들을 상세하게 설명하는 것보다는 유아교육 세계에 완전히 새로운 이론들을 받아들이고 설명하면서 진행되어 왔다. 또한, 우리(그리고 다른 이들)는 많은 책과 예를 통해서 새로운 이해를 창출하고 실제를 풍부하게 만들기 위해 성인과 어린이가 어떻게 그것들(관점과 이론)을 일상 속에 적용시키는지 보여 주었다. 이러한 구체적인 방법으로 본 시리즈는 사실상 유아교육에 여러 대안이 존재한다는 점과 지금 이 책의 핵심 주제를 다루면서 이론과 실제가 분리—한쪽/혹은 이분—되지 않는다는 점을 보여 준다. 이론과 실제가 분리되었다기보다 '실제는 교육 이론들을 지속적으로 또 이미 적용하고 실행 중이라는 점을 보여 주었다.'

스웨덴 상황 The Swedish Context

이 책에서 Hillevi Lenz Taguchi는 특정 상황의 두 기관, 즉 스웨덴의 유아교육기관(*förskola*[1] 또는 '유아교육기관')과 유아교사교육(*förskollärare*)의 일상을 통해 이론과 실제 간의 밀접한 관계를 살펴본다. Taguchi 논의의 핵심을 자세히 살펴보기 전에 스웨덴 독자가 아닌 다른 나라의 독자의 이해를 돕기 위해 먼저, 스웨덴의 국가적인 맥락과

1) 역자 주: 푀르스콜라(pre-school: förskola)는 스웨덴의 취학 전 유아 학교로 취업모를 위한 시설이며, 연중무휴 종일 보육 서비스를 제공하고 있다.

상황을 설명하겠다. 오늘날 스웨덴은 세계에서 가장 광범위하게 발달된 유아교육 시스템을 갖춘 나라 중 하나이다. '경제 선진국의 유아교육과 보육' 조사 결과를 보여 주는 최근 순위표에서 스웨덴은 25개 부유한 나라 중 1위를 차지하였다(UNICEF, 2008). 이러한 결과는 유아들을 위한 사회적 책임, 강력한 민주주의 절차, 그리고 세금을 기반으로 한 적절한 자원의 지원과 이를 뒷받침하는 의지를 바탕으로 다년간 지속적으로 정책을 개발했기 때문이다. 이 책의 저자, Taguchi는 스웨덴의 최근 정책 개발에 관해 동료와 함께 리뷰한 이전 글에서 스웨덴(식) 복지국가 성취에 대해 다음과 같이 요약하였다.

> 이전에는 보육시설을 하루 몇 시간 유아들을 맡길 수 있는 부자의 기득권으로 인식하거나 불우한 어린이들과 한부모들을 위한 제도로 인식하였다. 그러나 70년간 정치적 비전을 갖고 보육정책을 입안하여 만들어 온 지금, 보육시설은 모든 어린이와 가족이 누릴 수 있는 당연한 권리가 되었다. 더 나아가 부모들은 현재 자신들의 미취학아동 자녀의 건강과 양육, 학습을 아우르는 총체적인 교육을 기대한다.
>
> (Lenz Taguchi & Munkhammar, 2003: 23)

이러한 노력의 중심에는 *förskola* 또는 유아교육기관이 있어 왔다. 유아교육센터는 12개월 영아부터(더 어린 영아는 육아 휴직을 받은 부모와 함께 집에 있음) 학교에 갈 6세까지의 스웨덴 유아에게 제공된다. 모든 스웨덴 유아는 부모의 취업이나 취학에 상관없이, 법적으로 12개월부터 유아교육기관에 다닐 권리가 있다. 2006년의 기록을 보면, 1세 유아 중 43%, 2~3세 유아 중 85%, 4~5세 유아 중 91%는 유아교육기관에 다녔다(Skolverket, 2006). 이는 진정으로 유아교육을 위한 보편적 장이라고 할 수 있다. 스웨덴에서는 사회의 가장 어린 구성원들을 키우는 데 사회가 책임을 다한다. 이러한 사회적 책임은, 그 교육은 그 가장 넓은 의미의 교육('총체적 교육: holistic pedagogy')이며 지역사회의 프로젝트에 해당한다.

이 책에서 우리가 만날 유아교육기관 교직원들은 유아교사(*förskollärare*)와 보조교사(*barnskötare*)로 이 두 집단 사이의 비율은 대략 50:50 정도다. 보조교사들은 고등학교 수준의 3년제 교육을 받았다. 유아교사들은 3.5년 대학교육을 받았으며, 1~6세 유아를 가르칠 수 있는 전문교사 졸업시험을 통과하였다.

유아교육기관은 1996년부터 교육체계에 들어와 교육부의 관리하에 있다. 이들의 목적은 모든 유아에게 '보육, 양육, 그리고 학습 모두가 일관된 전체를 함께 이루는 교육 접근'을 제공하는 것이다(Ministry of Education & Science, 1998: 14). 3세 이상과 이하의 유아들은 동일한 서비스 제공, 동일한 인력, 그리고 동일한 유아교육과정을 공유하며, 하나의 재정지원 시스템으로 전 시스템에 걸쳐 적용되고 있다. 그러므로 스웨덴의 유아교육과 보육(ECEC)은 수많은 나라와 달리 개념적으로나 구조적으로 완전히 통합되어 있다.

스톡홀름 대학 교육학과 교수인 Taguchi는 이 대학의 유아교육과 유아교사교육 모두를 책임지고 있다. Taguchi는 유아와 성인의 학습과 교육을 연구하며, 두 분야에서 유사한 관점을 갖고, 그것들을 실제에 적용하고 있다. 실제로 그와 그의 동료들은 '기본적으로 교사교육은 실습을 받는 교사가 담임인 지도교사와 함께 동일한 교육실제에 참여하고 실행해야 한다고 생각하였다. 교육자로서 그들은 실습을 받는 교사들이 전문적인 교사가 되었을 때 유아들과 함께하길 원하였고 그렇게 가르쳤다.'

이 책과 이 시리즈의 이전 책인 Liselott Mariett Olsson의 『들뢰즈와 가타리를 통해 유아교육 읽기(*Movement and Experimentation in Young Children's Learning: Deleuze and Guattari in Early Childhood Education*)』를 보았을 때, 스웨덴이 아닌 나라의 사람들이 충격을 받은 것은 스웨덴의 '평범한' 유아교육기관과 유아교사, 교사교육자들이 '대안' 이론을 갖고 일한다는 점이다. 이러한 대안 이론은 유아교육에 대해 잘 언급하거나 고민을 하지 않았던 이론가들이거나, 유아교사 교육과정 99%의 읽을거리 목록에 없는 이론가들, 예를 들어 프랑스 철학자인 Gilles Deleuze와 Félix Guattari, 페미니스트 물리학자인 Karen Barad(이 책에서) 같은 이론가들로부터 나온 것이다. 우리는 이러한 상황이 스웨덴의 유아교육과 유아교사교육 전반의 경우라고 과장하여 말하지는 않겠다. 그러나 스웨덴 체계에서 새로운 생각과 실험을 하려는 가능성은 존재해 보인다. 우리가 생각하기에 그 가능성과 실현이 중요해 보일 경우, 우리는 어떻게 그것들이 발현하게 하고 번성하게 할지 심사숙고해야 할 것이다. 우리는 어떻게 새로운 사고와 실험이 허용되고, 더 나아가 긍정적으로 용기를 북돋아 주고 융성하게 만들 수 있는 상황을 창출할 것인가?

스웨덴은 그런 상황에 있는 세 가지 요소를 제시한다. 첫째는 지역당국과 개별 유아교육기관에 책임을 주는 **책임의 강력한 탈중심화**이다. 열아홉 쪽(영어판) 분량의 국가 수준의 유아교육과정 문서는 광범위한 유아교육의 가치와 과제, 목표를 규정하지만, 지역적으로 해석하고, 탄력적으로 적용할 수 있도록 상당한 여지를 두고 있다(Ministry of Education and Science, 1998). 국가 수준의 교육과정은 유아교육이 나아갈 방향을 제시하지만, 지나친 규정을 제시하지는 않으며, 각 지역에 필요한 지식을 좀 더 많이 창조하고 유아원에 맞는 새로운 학습의 접근법을 탐구하도록 한다. 둘째는 '유아교육기관 교육과정의 근본'을 구성하는 **민주주의를 강조한다**(Ministry of Education and Science, 1998: 6). 민주주의는 스웨덴 유아교육의 근본적인 가치로, 이것은 민주주의가 다양성—언제나 대안, 다른 관점들, 다른 가능성이 있어서 논쟁하고 선택해야 한다는 것—을 인지하고 가치를 부여하고 기능하게 하기 때문에 중요하다. 셋째는 **강력한 인적 자원**으로 잘 교육받은 유아교사들이다. 이들은 도전할 필요를 느끼는 상당한 수의 교사로서, 학습에 대한 상이한 접근 방식과 이론에 관해 호기심을 느끼고 더 배우려고 한다. 특히 이들은 실제 교육현장에서 재능 있는 교육자들과 기꺼이 함께 일하려고 한다. 게다가 우리는 교사를 교육하고 연구를 하는 학계 핵심 구성원들도 세 번째 조건에 추가할 수 있다. 이들은 새로운 담론에 따라 일하고자 하며, 학습과 유아교육의 가능성을 깊이 연구해 보고자 하는 열망이 있는 비판적 사고를 하는 집단이다. Taguchi와 Olsson은 이 실험의 핵심 구성원의 일부다.

유아교육에 대한 실험하려는 열망과 새로운 사고를 창조하는 것은 레지오 에밀리아의 교육 성과로부터 강해졌다. 그 성과의 주인공인 두 사람(Carlina Rinaldi와 Vea Vecchi)은 이 책 시리즈의 저자이다(Rinaldi, 2006; Vecchi, in preperation). 유럽의 어느 나라도 스웨덴만큼 레지오 에밀리아와 친밀하게 연결된 나라는 없다. 스톡홀름의 레지오 연구소에서는 레지오 에밀리아로부터 영감을 받아 수많은 스웨덴의 유아교육기관과 함께 작업하면서 많은 광범위한 성과를 보이고 있다. 이뿐만 아니라 스웨덴의 유아교육정책도 레지오 에밀리아의 접근 방식에 영향받았다.

스웨덴은 단순히 '레지오 프로그램'의 정보만을 전달받고 구입한 것이 아니었다. 이탈리아 도시와 북유럽 국가 사이에는 공통점이 많았던 것으로 보인다. 즉, 공유된 가치, 공유된 전통, 공유된 관심사, 아동과 학습에 대한 공유된 사고 방법들이 이에 해당한다. "레지오 에밀리아 접근이 스웨덴에 널리 보급되었다는 사실은 한편으로 스웨덴의 유아교육과 유사하다는 점도 있지만 레지오 방법들이 좀 더 대담하고, 민첩한 형태였기 때문이었을 수 있다."(Korpi, 2007: 66) 교육적 만남의 장으로 불린 이런 공통의 토대로 생산적이고 오랫동안 지속되는 교환과 대화가 가능하였고, 이로 인해 실험을 할 자극을 받았다. 레지오 에밀리아와 레지오로부터 영감을 받아 교육하는 스웨덴의 레지오 에밀리아 유아교육기관에서는 누구도 유아교육을 하나의 정답을 찾고 한정된 시간 내에 결론을 내리는 프로젝트로 보지 않는다. 즉, 미리 정해진 학습을 하고, 그 발달적 결과를 성취하는 것을 양질의 유아교육이라고 정의하지 않으며, 보편적으로 최고의 실천 방법이라고 적용하지도 않는다. 두 집단 모두 유아교육을 경계를 넘나들며, 새로운 관점을 도입하고, 새로운 이해 방식을 만들어 가는 연속적인 과정으로 보았다.

실험을 통해 대화하고 배우는 이 연속적 과정의 핵심은 레지오 에밀리아에서 유래되었고, 오늘날 전 세계에서 이용되며 스웨덴에서도 광범위하게 퍼져 있는 도구로 교육적 기록작업(tool of pedagogical documentation)이다. Taguchi가 쓴 이 책이나 이전에 Olsson이 쓴 책에서 교육적 기록작업이 주된 역할을 하는 것은 우연의 일치가 아니고, 마찬가지로 Carlina Rinaldi, Vea Vecchi와 우리가 쓴 시리즈의 다른 책들에서도 그런 것이 나타나는 것은 우연의 일치가 아니다.

아이디어는 간단하다. 실천을 가시화하고 물질화하는 것이다. 그리하여 연구하고 대화하며 반성하고 해석(의미 만들기)하도록 하는 것이다. 그러나 그것을 적용하고 기록작업하는 일은 그 과정에서 자연스럽게 결과로 나타나기 때문에 한편에선 아주 단순한 문제일 수 있다. 왜냐하면 그것이 주관성, 다양한 입장, 다양한 관점을 인정하고 환영하기 때문이다. 간단히 말해, 그것은 다양성에 가치를 둔다. Taguchi는 "우리가 그것을 사용할 때 우리의 존재론적 및/혹은 인식론적 관점에 따라 늘 다양한 종류의 지식을 생성하기 때문에, 우리가 그것을 사용할 때 우리와 함께 따라온다."라고 언급하였다.

기록작업이 단순히 평가, 연구, 전문적인 개발과 계획에 쓰이는 유일한 다목의 도구는 아니다. 또한, 그것은 단지 민주정책을 유아교육기관에 끌어들이거나, 교육적 작업을 공적인 시선으로 하거나, 논의의 공공성을 위한 것만도 아니다. 오히려 Loris Malaguzzi가 말했듯이 "모든 사람과 모든 것을 토론하고 논의하기 위한 그런 가능성을 제공하기 위한 것이다."(Hoyuelos, 2004: 7) 또한 이것은 Taguchi가 이 책에서 생생하게 그려 내고, 이전 책에서 Olsson이 밝힌 것처럼 새로운 생각과 관점을 유아교육기관으로 가져오기 위한 것이며, 새로운 이론들이 교육 분야에서 새로운 방향과 이해를 어떻게 제공할지 보려는 노력일 것이다. 또 그렇게 함으로써 Taguchi가 이 책에서 기술한 것, 새로운 것을 위한 개방성을 어떻게 만들고 실제 기여하는가 알기 위한 방법론적인 도구를 제공하려고 하기 때문이다.

> 즉, 유아교사로서의 교육실제 속에서 '진짜'라고 믿는 어린이의 모습과 그 어린이의 발달에 대해 환상을 갖고 찾아 헤매지 말고, 한 방향으로만 가려고 하지 말고, 그 어린이가 미래에 될 수 있는 많은 가능성이 다양한 방향으로 갈 수 있도록 하며, 어린이들이 만드는 창조와 발명을 통해 어린이 스스로 방향을 찾아 발달하도록 돕는 것이다.

물질의 문제 Matters of substance

이 책은 기록작업의 실제와 광범위한 이론과 개념에 대해 풍부하게 다루고 있다. 그것은 유아교육기관과 교사교육으로 확장한다. 여기서 우리는 이 책의 모든 영역의 지도를 그리기보다는 그들이 만든 두 개의 개념과 이론적 맥락을 탐색함으로써 이것들을 이해하는 데 도움이 될 것이다.

내부작용 교육

이 시리즈의 하나인 Olsson의 책과 이 책의 저자인 Taguchi는 유아들과 교사들이 '함께 고안하고, 창조하는 과정'을 지원하고 격려하는 이론과 철학을 찾으려 하였다. 이 책에서 Taguchi는 우리로 하여금 이론/실제의 구분을 넘어 가르침과 학습의 초학문성을 가능케 하는 개념들을 찾도록 하고 있다. Karen Barad,[2] Deleuze와 그의 동료 Guattari의 생각을 그려 냄으로써 이 책은, Barad의 '내부작용(intra-activity)'이라는 개념에서 영감을 받은 Taguchi가 '내부작용 교육(intra-active pedagogy)'이라고 부르는 것을 소개하였다.

Taguchi는 내부작용 교육은 우리의 관심을 단순히 사람들끼리의 관계나 사람의 내적인 관계로부터 모든 살아 있는 개체와 물질들 간의

---

2) 역자 주: 바라드(K. Barad)는 미국의 페미니스트 이론가로, 보어(N. Bohr)의 '철학–물리학' 분석에 영감을 받고 그로부터 인식론적, 존재론적인 문제를 반영하는 '행위적 실재론(agential realism)'을 도출하였다. 그의 'intra-action' 개념은 행위적 실재론을 이해하는 데 있어 핵심 개념이 된다. 'inter-action'은 이미 분리된 개별적 기구들 간의 상호작용을 뜻하는 것이라면, 'intra-action'은 상호 깊이 연루된 기구들 간의 상호 구성을 뜻한다.

관계로 이동할 것을 제안하는데, 예를 들면 일상생활의 사물들과 인공물, 그러한 사물들이 차지하는 장소와 같은 구체적 물질과 환경들과의 내부작용을 포함한다. 다른 물질주의 페미니스트처럼 그는 단지 인간만이 행위주체성(agency)을 가진 자는 아니라고 주장한다. 물질적인 대상과 인공물들은 다른 물질이나 인간들과의 내부작용을 통한 활동이 서로 얽힌 관계 속에서 생긴 변화와 힘의 실행으로 나온 결과물의 일부분으로 이해된다. 예를 들어, 의자들과 바닥들이 어떻게 느끼고 소리를 내느냐 하는 것은 우리가 그것들과 하는 내부적으로 주고받는 관계적 활동에서 중요하다. 이러한 관점에서 특정한 공간에 앉는다는 것은 몸, 의자, 표면들, 그리고 담론적인 의미들로 각인된 주체 사이에서 발생되는 상호작용에서 나타나는 물질-담론적(material-discursive) 현상으로 이해될 수 있다. 존재한다는 우리의 감각, 즉 자율적이지만 때로는 훈련되어야 하는 감각이 스스로 하는 내재적 활동인 내부작용을 한다는 것을 의미한다.

이 주제를 발전시켜 Taguchi는 한 가지 중요한 문제를 묻는다. 학습하는 것과 배우는 것은 서로 잘 이해될 수 있는 형태들 사이-내부(in-between)에서 발생하고 그러한 상호 접속의 관점에서 교육적 실제를 바라본다면 그 결과는 무엇일까? 그는 유아교육기관과 교사교육의 실제로부터 도출해 낸 예들을 가져와서 그동안 그가 해 온 이론적, 철학적 사고를 바탕으로 이것들을 해석하여 이 질문에 대한 답을 찾고자 하였다.

Taguchi가 제안하는 '물질적 전환'은 철학과 사회학 이론인 '언어적 전환' 위에 놓인 것이다. '언어적 전환'은 우리의 실천(practice)과 실재(realities)를 구성하는 행위주체로서 언어의 중요성을 명백하게 하였다. 그러나 '물질적 전환'은 물질을 대화와 실제를 구축하는 적극적인 행위주체로 포함하여 더 나아간다. 실증주의나 마르크스주의와 연계된 '오래된' 물질주의와는 반대로, '새로운' 물질적 전환은 물질 세계의 적극적인 역할, 물질적 문화, 물질적 행위주체성, 그리고 인공물들에 관심을 둔다고 그는 말하고 있다.

물질과 비물질 간, 인간과 비인간 간 간극을 잇는 방향으로 사고를 열고자 하는 다른 연구자들이나 철학자들처럼, Barad는 덴마크 양자물리학자인 Nils Bohr[3]로부터 영감을 받았다. 1930년대에 Bohr는 기존의 측정 환경과 관찰자와는 상관없는 외부 세계 아이디어와 다른 주장을 하여 주류 물리학과 Newton과 Einstein의 이론에 도전하였다. 그러나 그 이전에 수동적 대상으로 물질을 바라보는 개념에 도전했던 사람도 있었다. 18세기 이탈리아 철학자 Giovanni Battista Vico는 'scienza nuova'[4]라고 부를 것을 제안했었다. Vico는 근대 이성주의에 비판적이었으며, 인간은 인간이 건설한 것만 알 수 있으며, 이 건설과정에서 시적 상상력이 중요한 역할을 한다고 하였다(von Glasersfeld, 1991).

더 최근에는 노벨 화학상 수상자인 Ilya Prigogine과 생각의 역사학자 Isabelle Stengers가 쓴 책 『*La Nouvelle Alliance*』에서 그들은 인간, 자연, 과학 간의 새로운 연합에 대해 언급하였다(Prigogine & Stengers, 1984). 그 책의 '활성화된 물질(Active material)'이라고 불리는 장에서 그들은 스스로 알아서 조직화하는 자주적 시스템과 에너지 소비

---

3) 역자 주: 양자물리학을 강조한 보어(N. Bohr)는 우리는 우리가 이해하려는 자연의 일부라는 것을 밝히면서, 측정과정에서 물질과 의미가 만나는 순간이 과학적 지식 형성의 유력한 순간임을 밝혀냈다. 보어의 양자물리학은 지식 형성에서 측정 과정이 중요한 역할을 한다는 것을 보여 준다.

4) 역자 주: scienza nuova는 The New Science라는 의미이다.

구조, 즉 시스템의 외부 세계와의 물질과 에너지 교환에 대해 다루었다(Lagerroth, 1994). 수동적이고 기계적인 세상의 관점에서 좀 더 역동적 · 창조적 우주로 움직여 가는 것은 이차 인공두뇌학(cybernetics)의 주요 관심사였으며, 이것은 두 명의 칠레 생물학자인 Humberto Maturana(1991)와 Franscisco Varela가 연구한 자기생산(autopoiesis)[5] 또는 자기생성의 생각과 밀접한 관련이 있다(Steier, 1991 참조).

이전에 이러한 일들이 있었음에도 불구하고 비인간, 즉 사물이나 물질들이 마치 인간처럼 스스로 행위를 한다는 행위주체성 개념은 아직도 도발적이며 논란이 많다. Bruno Latour와 Michel Callon의 학제 간(interdisciplinary) 연구로 사회과학에 접근한 것—Actor Network Theory(ANT)—의 이론이 아마도 오늘날 가장 많이 알려진 이론일 것이다. Actor Network Theory[6]에서 그들은 Barad처럼 물질과 기호론을 통합하였다. 그러나 Latour는 점점 더 행위자(actor)와 행위주체자(agency) 대신 '행위물(actants)'을 언급하며, 이러한 변화는 그들의 생각이 세월을 거쳐 어떻게 발달해 왔는지 반영한다(Latour, 1999).

---

5) 역자 주: 자기생산(autopoiesis)은 칠레의 생물학자이자 신경생리학자인 움베르토 마투라나(Humberto R. Maturana)와 프란시스코 바렐라(Francisco J. Varelra)가 사용한 개념이다. 그리스어 autos(자기)와 poiein(제작)을 조합한 아우토포이에시스(autopoiesis)는 스스로 만들어 내고 산출한다는 뜻이다. 하나의 체계는 마치 하나의 세포가 그러하듯 관계들의 네트워크를 구성하듯이, 자기생산적인 요소들로부터 형성되는 단위다. 체계에 속하지 않는, 체계의 경계 저편에 놓여 있는 것은 체계의 '환경'이다. 그리고 다른 수많은 체계는 이 체계의 환경이 된다. [네이버 지식백과] 미디어 체계 이론(미디어사회학, 2014. 4. 15., 커뮤니케이션북스)

6) 역자 주: 행위자 네트워크 이론(actor-network theory)은 인간과 비인간 사이에 형성되는 네트워크에 주목하고 있다. 기계와 같은 비인간도 인간과 같이 행위 능력을 가지며 인간과 사이에서 영향을 주고받는다는 것이다. [네이버 지식백과] 지금, 백과사전은 우리에게 무엇인가(브리태니커 백과사전, 2013. 2. 25., 커뮤니케이션북스)

그 함축된 의미는 분명하다. 우리는 물질이나 주체성 각각이 아니라 그것들 사이에 초점을 맞춰야 한다는 것이다. Deleuze는 이것은 기계적(machinic)이며, 이것으로 삶이라는 사건(event of life) 그 자체가 마치 생물체 간, 물질과 인간 간을 연결하며, 그래서 삶(life)을 지속적으로 살아 움직이는 것이라고 이야기하였다. 이 같은 생각들이 이 책의 Taguchi가 기록한 교육적 연구와 그가 '내재성의 존재론'과 관련지어 '얽힌 되기들'이라고 부르는 것에서 명백하게 나타나고 있다.

내재성의 윤리

이 책의 시리즈 중 이전에 출판된 Olsson의 책에서 Olsson이 한 것과 같이, Taguchi는 교육계 교사동료뿐만 아니라 유아교육기관과 학교 교사들과 함께 실험뿐 아니라 새로운 문제와 새로운 개념의 형성을 통해 다른 방식으로 교육을 이해하려고 하였다. 책에서 묘사된 여러 가지 사건에서 교사들은 그들이 본 현상과 어린이들을 서로 연결시키고자 스스로 행위주체자가 되고자 하였다. 이것은 교사들이 그들의 교육실제에서 예측과 분류, 프로그램, 그리고 주제들을 도구주의의 한 형태가 아니라 '기계 감각(sense of machine)'으로 보려고 한 노력이 아닌가 추정해 볼 수 있다.

Taguchi가 책에 기술한 내용은 우리에게 Deleuze의 사유의 생산성을 이해하는 것과 관련지어 어떻게 유아들과 작업할지 알려 준다. Deleuze에 따르면, 사유는 문제들에 의해 생긴다. Taguchi는 매우 어린 유아가 어떻게 또 다른 문제를 만들어 내고 다루는지, 그리고 그들이 어떻게 수많은 다른 언어, 예를 들어 개념적으로, 그림으로, 공간적으로 수많은 언어로 실험하여 연결을 만들어 내는지를 우리가 이해하게 한다. 이 과정에서 유아들의 사고는 스스로 그 문제에 대하여 다양한 반응을 보이며 분명히 활동성을 드러낸다. 따라서 배우는 것은 이전에는 존재하지 않은 방식으로 오직 협동이나 우정만으로 실험하는 형태를 뜻한다. 이러한 방식의 학습은 신뢰가 필요하다. 즉, 직선적이고 나뭇가지식 사고 대신 좀 더 리좀적인 사고인 또 다른 방법으로 사고하는 것에 대한 신뢰와 살아갈 능력이 커지는 것에 대한 신뢰가 필요하다.

사고에 대한 이러한 생각은 삶의 질에 관한 우리의 생각에 영향을 미친다. 즉, 삶의 질은 삶의 과정에서 만나는 힘에 따라 스스로를 변화시킬 수 있으며, 살아갈 능력을 항상 증가시키며, 새로운 가능성을 즐겁게 받아들이며, 그리하여 창조와 발명에의 가능성을 여는 그런 것들을 할 수 있는 삶의 방식을 의미한다. 그러나 책의 예시처럼 교사는 유아들이 몰두하고 있는 것들, 예를 들어 이미 일어난 사건들에 대해 열려 있으며 보살펴 주는 것을 기본 전제로 함을 알 수 있다. 또한, 교사는 유아들이 수많은 다른 언어로 그들의 문제를 다루고 해결할 수 있도록 실험 환경과 조건들을 잘 구성해 주고 있다. 교사들은 프로그램이나 명령, 사전에 계획하고, 사전에 정해진 행동 코스보다는 상황을 '들으려고' 해야 하며, 그 상황에 잘 맞춰 리듬타는 법을 배워야 한다. 성인이 유아들의 운동과 그 상황의 가능성에 대해 유아들이 인식한 바를 깨기는 매우 쉽다. 이와 함께 유아기관이 관련 분야에서 주체가 될 때처럼 모두가 참여하는 장소가 되기란 매우 어렵다.

이미 이 책에서 기술한 유아들과 교사들이 한 것처럼, 실험을 통해 학습하고 배우기가 윤리의 한 형태로 보일 수 있다. 이런 식으로 본 시리즈의 첫 번째 책의 주제, 즉 유아교육이 무엇보다도 윤리적 실제를 위한 장이 될 가능성과 연결될 수 있다(Dahlberg & Moss, 2005).

Taguchi는 Deleuze와 Colebrook을 참조하여 내재성과 가능성의 윤리를 제안한다. Taguchi가 말하길, 내재성의 윤리에서 교사는 학생, 내용, 방법을 다른 모든 것과 분리된 하나의 고정된 실체로 이해해서는 안 된다.

> 그 대신 교육에서 내재성의 윤리는 인간과 비인간 유기체, 물질과 사물, 학습 사건을 통해 나타나는 학생들의 주체성과 내용 사이-내부(in-between)에서 상호 접속(inter-connections)과 내부작용(intra-actions)과 관련이 있다. 그것은 상호 참여와 변형 과정에 있는 학생 및 교사와 관련이 있다. 이것은 우리가 다른 모든 것에 감응을 주고 감응을 받을 때 우리 자신이 학습 사건에서 나타나는 여러 내부작용(intra-actions) 가운데 일어난 일들에 대한 지속적이고 상호적인 책임 상태에 있다고 봐야 함을 의미한다. 그래서 사건의 흐름은 그들이 인간인지 인간이 아닌지와 상관없이 그 자리에 있는 모든 유기체에 대한 공동의 책임으로 된다. 그래서 책임은 모든 물질과 유기체 간의 내재적인 관계로 구축된다.

Taguchi는 Deleuze를 인용하면서 이 책임은 우리가 소유 여부를 선택할 수 있는 것이 아니라고 이 책에 적었다. 이 책임은 우리가 살기에 또 우리가 감응을 주고 감응을 받을 가능성이 있기에 오는 것이다.

미학뿐만 아니라 내재성의 윤리는, 다른 세상보다는 지금 살고 있는 세상의 가능성을 신뢰하도록 만드는 윤리를 펼쳐 준다(Rajchman, 2001: 139). 이것은 초월적인 범주에 들어 있는 것들을 통한 판단과 구원 대신에 실험을 향한 욕망을 의미한다. 또한, '진짜' 유아, '진짜' 지식, 그리고 '진짜' 발달을 찾는 것을 포기하고, 협력적 혁신과 창조를 선택하는 것을 의미한다.

복잡성과 다양성 환영하기 Welcoming complexity and diversity

우리는 이제 서론의 시작부에 인용한 Taguchi의 구절에 등장하는 모순과 질문으로 되돌아간다. 복잡성과 다양성이 증가하는 세상 속에서(또는 과거에서부터 그렇게 해 왔기 때문에, 아마도 우리는 복잡성과 다양성에 대해 높이 평가하는 세상 속에서) 어떻게 우리는 이 복잡성과 다양성에 반(反)하여 일하고 이것들을 감소시키기보다는 이들을 인정하고 가치를 부여하며 이들과 함께 일할 것인가? 우리는 이것이 엄청난 도전을 불러올 것이라는 것을 알고 있다. 그러나 이 책은 우리가 그 가능성을 이해하는 데 보탬이 될 것이다.

이것은 학습을 표상하고 재생산하며 범주화와 표준화하는 기술적인 과정으로부터 벗어남을 의미한다. 이것은 어떤 확실성이나 미리 결정된 결과를 제공하지 않으며, 우리에게 다름과의 관계와 우리 자신의 의미에 대한 책임을 요구하며, 새로운 사유와 관계 맺는 방식을 요구하는, 그러한 새로운 이론과 관점으로 일하는 것을 의미한다. "내가 이해할 수 없는 다른 것을 생각하는 것은 중요한 전환점이며, 이는 교육 전면에 대한 도전이다. 이것은 우리에게 교육적인 또 다른 질문을 던진다. 타자성(otherness), 차이와의 만남이 어떨 것인가와 같은 질문을 가능한 한 책임감 있게 던져질 수 있다."(Dahlberg, 2003: 270)

이 책의 시리즈와 이 책에 적힌 것처럼 지엽적인 경험들은 가능성을 보여 준다. 즉, 우리가 어떻게 지배적인 담론들과 다르게 생각할 수 있을지 뿐만 아니라 어떻게 이론/실제의 구분을 서로 연결하여 실행할 것인지를 보여 준다. 그러나 새로운 관점들과 이론들을 유아교육의 일상으로 가져오고 이러한 새로운 시도들과 함께하기를 원하는 교육자들을 어떻게 지원할 것인지에 대해서는 여전히 더 많은 연구가 필요하다. 우리가 개별적으로 고립된 사례에서 벗어나 네트워크를 더욱 넓혀 옮겨 갈 경우, 자신들의 가능성을 실현하려고 실험하면서 낯선 이론을 적용하는 유아와 성인으로 이뤄진 공동체를 찾기 위해 유아기관(혹은 다른 나라에서 동등한 기관)을 방문하는 것이 아주 일상적인 일이 될 것인가?

마찬가지로 주요한 정책의 내부에도 여전히 복잡성과 다양성을 내포하고 있다는 점을 고려해야 한다. 예를 들어, 교육과정과 평가는 어떠한가? 우려스럽게도 두 영역 모두 복잡성과 다양성을 감소시킴으로써 지배와 표준화를 행할 역량을 가진다. 그런 시도는 공적이고 논쟁 가능한 과정을 보이지 않고 설명할 수 없는 과정으로 대체할 위험의 소지가 있다. 유아들의 교육을 책임지는 민주국가는 그 교육의 가치와 목적에 대해 어느 정도 공적인 입장이어야 한다.

그래서 우리는 다양성과 규범 중 어느 하나를 완전히 없애려 하지 말고, 그 둘 사이의 새로운 관계를 모색해야 한다. 그런 관계의 일부는 다음과 같이 구분된다. 먼저 개방적 해석이 가능하고, 실험에 대한 여지가 있으며, 다양성과 복잡성을 진지하게 받아들이는 광범위한 틀의 교육과정을 들 수 있다. 이와 함께 평가를 포함해 수많은 교육과제들 내에서의 핵심 역할을 수행하는 교육적 기록작업을 들 수 있다. 그리고 다양한 패러다임과 이론적 관점을 이해하고 경청할 수 있으며, 상황에 따라 능숙하게 파도를 탈 수 있는, 교육을 잘 받은 인적 자원인 비판적 사고가 있다. 또한, 이들이 지속적으로 전문성을 개발할 때 이들을 지원해 줄 고도로 숙련된 교육 코디네이터(**패다고지스타:** *pedagogistas*)를 들 수 있다. 아울러 '복지국가 실험하기'에 해당하는 새로운 학문과 이론으로 작업하길 희망하는 교사들을 위한 활발한

정책적 지원도 들 수 있다. 그리고 배우기, 알기, (유아)학교의 의미에 대한 활발한 공적 논의를 들 수 있다. 관계란 결코 안정적이지 않으며 끝이 나지 않을 것이다. 완전한 평형을 유지하거나 영구적인 최종점도 절대 존재하지 않을 것이다. 우리가 가질 수 있는 최대 희망은 이 두 상이한 방향, 즉 다양성과 규범 사이에 놓인 갈등을 열어 놓고 해결하는 것이다.

참고문헌

Dahlberg, G. (2003) 'Pedagogy as a loci of an ethics of an encounter', in M. Bloch, K. Holmlund, I. Moqvist and T. Popkewitz (eds) *Governing Children, Families and Education: Restructuring the Welfare State*. New York: Palgrave, pp. 3-35.

Dahlberg, G. and Moss, P. (2005) *Ethics and Politics in Early Childhood Education*. London: Routledge.

Hoyuelos, A. (2004) 'A pedagogy of transgression', *Children in Europe*, 6: 6-7.

Korpi, B.M. (2007) *The Politics of Preschool: Intentions and Decisions Underlying the Emergence and Growth of the Swedish Preschool*. Stockholm: Regeringskansliet (Swedish Ministry of Education and Research).

Lagerroth, E. (1994) *Världen och vetandet sjunger på nytt. Från en mekanisk världsbild till ett skapande universum*. (*The World and the Wisdom Enchant Anew. From a Mechanistic Worldview Towards a Creating Universe*). Göteborg: Korpen.

Latour, B. (1999) 'On recalling ANT', in J. Law and J. Hassard (eds), *Actor Network Theory and After*. Oxford: Blackwell/The Sociological Review, pp. 15-25.

Lenz Taguchi, H. (2008) 'Doing justice in early childhood education? Justice to whom and to what?'. Paper presented at the *18th Annual EECERA Conference*, Stavanger, Norway, 3-6 September.

Lenz Taguchi, H. and Munkhammar, I. (2003) *Consolidating Governmental Early Childhood Education and Care Services under the Ministry of Education: A Swedish Case Study* (UNESCO Early Childhood and Family Policy Series No. 6). Paris: UNESCO.

Maturana, H.R. (1991) 'Science and daily life: the ontology of scientific explanations', in F. Steier (ed.) *Research and Reflexivity*. London: Sage Publications, pp. 30-52.

Ministry of Education and Science (Sweden) (1998: English edn) *Curriculum for Pre-school (Lpfö 98)*. Stockholm: Regeringskansliet.

Prigogine, I. and Stengers, I. (1984) *Order out of Chaos*. New York: Bantam Books.

Rajchman, J. (2001) *The Deleuze Connections*. Cambridge, MA and London: MIT Press.

Rinaldi, C. (2006) *In Dialogue with Reggio Emilia: Listening, Researching and Learning*. London: Routledge.

Skolverket (2006: English edn) *Descriptive Data on Pre-school Activities, School-age Child-care, Schools and Adult Education in Sweden, 2006*. Stockholm: Skolverket.

Steier, F. (ed.) (1991) *Research and Reflexivity*. London: Sage Publications.

Unger, R. (2005) *What Should the Left Propose?* London: Verso.

UNICEF (2008) The Child Care Transition (Innocenti Research Centre Report Card 8). Florence: UNICEF Innocenti Research Centre.

Vecchi, V. (in preparation) *Art and Creativity in Reggio Emilia: Exploring the Role and Potential of Ateliers in Early Childhood Education*. London: Routledge.

von Glasersfeld, E. (1991) 'Knowing without metaphysics: aspects of the radical constructivist position', in F. Steier (ed.) *Research and Reflexivity*. London: Sage Publications, pp. 12-29.

감사의 글

Acknowledgements

이 책은 대부분 지난 수년 동안 나의 동료인 Anna Palmer, Karin Hultman, Kajsa Ohrlander와 함께 협력해서 학습한 노력의 결과이다. 이 책을 쓰는 과정에서 Klara Dolk와 Hedda Schönbäck도 우리 연구팀의 중요한 구성원이었다. 이 책의 편집과 관련해 철학적 충고를 해 준 Gabriel Kuhn에게도 감사를 표한다. 또한, 이 책을 쓸 기회를 준 Gunilla Dahlberg와 Peter Moss에게 매우 감사를 표현하고 싶다. Dahlberg는 나에게 레지오 에밀리아의 실제들을 소개해 주었으며, 1993년 이곳으로부터 영감을 받아 일하는 스웨덴의 교사들과 현장전문가들이 네트워크를 만들어 진행하는 프로젝트도 소개해 주었다. 내가 해 온 모든 것이 이러저러하게 실제들과 연결되었다. 내 경력의 전반에 걸쳐 Bronwyn Davies와의 우정, 저술, 공동의 자서전 작업을 통해서 강한 영감을 받았다. 마지막으로, 나는 모든 가능한 방법으로 그의 인생을 나의 인생과 밀접하게 엮어 준 Anders Stenberg에게 감사를 표하고 싶다.

이 책 제3장에 사진을 넣을 수 있도록 허락해 준 Malin Kjellander에게 고마움을 표하고 싶다. 다른 모든 사진은 스웨덴 스톡홀름 교육연구소에 소장된 두 문서, 스웨덴 국가연구기관으로부터 지원을 받은 프로젝트인 「대학교육에서 젠더의 관점에 대한 실천 지향 연구들(Gender perspectives in practice-oriented research in university education)」(2003~2006)과 내 박사논문인 「해방과 저항: 유아교육기관에서 교육적 기록작업과 협동 학습 과정(Emancipation and resistance: pedagogical documentation and co-operative learning-processes in preschool)」(1997~2000)에서 빌렸음을 밝힌다.

다음의 자료들은 허락을 받고 사용하였다.

제5장의 자료는 학술지 *Contemporary Issues in Early Childhood*(2005)의 제6권 3호(Symposium Journals, a division of wwwords Ltd)에 실린 「사적으로 들어가기: 어떻게 유아교사교육이 학생들과 교사교육자의 주관성과 페미니즘과 관련된 정체성에 문제를 일으키는가(Getting personal: how early childhood teacher education troubles students' and teacher educators' identities regarding subjectivity and feminism)」에서 인용하였다.

서문의 한 섹션과 제6장은 학술지 *Critical Studies in Education*(2009)의 제50권 2호, 145-158쪽에 게재된 「스웨덴 교사교육에서의 쓰기 실제들과 주체성들의 포함/배제(Writing practices in Swedish teacher education and the inclusion/exclusion of subjectivities)」를 다시 썼음을 밝힌다.

제7장에 있는 예들은 Elsevier 출판사 학술지인 *International Journal of Educational Research*(2008)의 47권 5호에 게재된 「스웨덴 유아교육에서 당연한 것으로 받아들이는 '저항의 윤리' 도전들(An 'ethics of resistance' challenges taken-for-granted ideas in Swedish early childhood education)」의 한 섹션을 재기술하였다. 이는 이미 J. Johnna Jonasdottir와 J. Wagner(eds)가 편집한 『노르딕 유아기와 유아교육: 덴마크와 핀란드, 아이슬랜드, 노르웨이, 스웨덴의 철학과 연구, 정책, 실천[*Nordic Childhood and Early Education: Philosophy, Research, Policy and Practice in Denmark, Finland, Iceland, Norway and Sweden*(Information Age Publishing)]』에서 책의 한 장(chapter)으로 출판되었음을 밝힌다.

서문

Introduction

스톡홀름 대학의 부총장 회의실로 들어가는 순간 나는 그 방의 분위기에 매우 압도되었던 걸 기억한다. 스톡홀름 대학은 민주주의와 페미니즘 운동이 한참이던 1960년대에 세워져 비교적 신생 대학에 해당한다. 대학은 1960년 후반대의 단출하고 미니멀한 가구들로 채워져 있고, 널찍하고 빛이 잘 드는 높은 천장의 복도와 이국적인 추상화들이 즐비하였다. 그러나 부총장 방은 오래된 가구들로 차 있었는데 마치 영화 속에 나오는 옥스퍼드나 캠브리지에 대학과 비슷하다는 인상을 받았다. 특히 나무 판넬 벽에 일렬로 걸린 커다랗고 두툼한 액자틀 그림에는 수훈을 세운 명예로 가운을 걸친 남자들이 있었다. 이 장면은 그때까지 내가 알던 대학과는 매우 대조를 이뤘다. 이 방의 이런 엄숙하고 답답한 분위기 속으로 들어가면서, 나는 약간 숨이 막힐 것 같았는데, 마치 한 번도 환기가 안 된 오래된 박물관에서 나는 냄새가 났다. 커다란 타원형의 반짝이는 테이블에 있는 내 머리 꼭대기보다 높은 의자 등받이를 가진 나무 의자에 내가 앉자 나지막이 삐걱거리는 소리가 났다. 가죽 좌판은 청바지를 입은 내 엉덩이에서 뿜어져 나온 열기로 금세 데워졌다. 그 커다란 의자는 내 몸을 깊숙이 파묻으며 나의 양팔을 의자의 팔걸이에 걸치게 하면서, 회의 내내 마치 내가 꽤 권력이 있는 사람처럼 들뜨게 만드는 동시에 약간의 열등감도 느끼게 해 주었다. 모여 있던 교수들이 정중히 인사를 교환하는 가운데 이들의 나지막한 목소리는 의자를 돌리고 비틀 때 나는 강렬한 삐걱거리는 소리에 묻혀 버렸다. 탁자의 맨 중앙 끝에 앉은 부총장인 교수가 회의를 주재하기 위해 의자에서 일어날 때, 거기 있던 사람들의 목소리는 금세 조용해졌다. 의자에서 삐걱거리는 작은 소리가 그 침묵 속으로 파고들었고 그 방 전체에 울렸다. 부총장이 환영인사를 하고 회의 전반을 설명하였다. 완전히 새로운 이 방에 의해 체화되고 동시에 방을 체화시키면서, 누군지도 모르는 처음 만나는 사람과 방 안에 앉아 회의를 하는 이 순간은 나로 하여금 내가 1968년에 처음 유치원에 갔던 첫날의 분위기를 떠올리게 하였다.

내가 유치원을 방문한 첫날, 선생님은 우리 모두를 매우 햇빛이 잘 드는 큰 놀이방으로 안내하며 마룻바닥에 표시된 점 위에 앉을 것을 권유했다. 그 표시 점들은 마루 위에 큰 원을 그리고 있었고 마루 중앙 벽 쪽으로 부드러운 붉은색 쿠션이 있었는데, 선생님은 우리에게 그 위에 다리를 약간 엇갈려 양반다리처럼 앉도록 안내해 주었다. 나는 스타킹 사이로 들어오는 마루 위의 찬 공기 때문에 약간 서늘함과 추위를 느꼈고 내 자리 표시 점은 낯선 두 명의 남자 유아들 사이-내부(in-between)에 있는 걸 알았다. 그 남자 친구들은 서로 즐겁게 떠들고 나와의 간격은 꽤 밀착되게 되었다. 그래서 우리의 양반다리는 서로 거의 닿을 듯하여서 나는 다리를 약간 뻗어 그 두 남자친구가 그 비좁은 공간에서 더 여유 있게 양반다리를 만들 수 있도록 해 주었다. 그러자 그 친구들의 발이 스타킹을 신은 내 다리와 맞닿게 되었다. 나는 마치 두 명의 유아 사이-내부에 샌드위치처럼 끼어 숨을 쉬기도 약간 힘들게 됐음을 알았다. 나는 "야! 너희 둘은 점이 표시된 네 자리 위에 바로 앉은 것 같지 않은데, 너의 자리라고 표시된 쪽으로 조금만 더 가 주겠니?" 하자 그 유아는 나를 약간 이해하지 못하는 듯 이상하게 바라보고 선생님도 나에게 조용히 하라고 말하고 있었다. 나는 마루 위에 점들이 마치 엉덩이 밑에서 타오르고, 나보고 '꼼짝 말고 앉아 있어!', '움직이지 마!', '조용히 해!'라고 말하는 것 같았다. 그리고 나는 왜 두 명의 남자아이 엉덩이 아래에 있는 점들은 그 친구들이 점 위에 정확히 앉도록 자기 역할을 제대로 하지 못하는지 이해하기 어려웠다. 내 왼쪽의 남자아이가 갑자기 몸을 뒤틀었고, 그 녀석의 다리가 내 팔과 내 오른쪽 옆구리를 치고 말았다. 나는 아무 말도 하지 않고 더 꼿꼿이 앉아 몸을 더 경직시켜 마루 위의 점에 더 정확히 고정되도록 자세를 고쳐 앉았다. 나는 내가 자리를 잡는 방식이 옳다고 생각했으나, 그렇다고 남자아이들의 잘잘못을 따지고 가르칠 그런 권한이 없음을 알았다. 선생님은 지금 무슨 일이 일어났는지 보고 단지 가볍게 미소를 지을 뿐이었다. 그리고 선생님은 우리가 움직이지 않고 가만히 앉아 있는 것이 이 시기의 남자 유아에게 얼마나 어려운 일인지를 언급하였다. 선생님은 지금 이러한 상황이 유치원에서 무엇을 해야 하는지 정확하게 보여 주는 것이라고 말하는 것이었다. 즉, 정확하게 자기 자리로 표시된 점 위에 움직이지 않고 앉아 있다는 것 말이다.

따뜻하고 어떤 면에서 권위적이지만 편안하게 느껴지던 부총장의 방에서 우리는 내가 근무하였던 스톡홀름 대학과 스톡홀름 교육청(Stockholm Institute of Education)을 통합하는 안에 대해 의논하였다. 나는 열정적으로 교수들에게 내가 교사교육에서 8년간 개발한 학제간 교육실습(inter-disciplinary teaching practices)을 계속해 나가는 것이 얼마나 중요한 일인지를 강권하였다. 나는 가르친다는 것은 몇 시간 의자에 앉아서 하는 수업이 아니라, 일종의 수행—움직이는 행위라고 설명하였고, 포괄적이고 협력적인 전략을 동반하는 융합학문 방식(trans-disciplinary fashion)임을 강조하였다. 나는 그러한 교수법은,

예를 들면 수학이 음악적 분석이나 신체 움직임을 안무하는 것, 그리고 방이나 건물을 구상하는 건축학을 이해하는 과정을 통해 수학적으로 깊은 사고에 도달하는 것과 다르지 않음을 주장하였다. 어린아이처럼 모든 학생은 그들의 신체를 통해 배우며, 다른 자료와 상호 교감하며 배운다고 설명하였다. 수학은 걷기, 깡충깡충 뛰기, 춤추기처럼 신체를 통해, 또 리듬과 작곡에서 수학공식에 들어맞는 각양각색의 음악 종류를 통해 느낄 수 있다. 나는 이러한 조사연구 과정에서 만든 기록작업(documentation)을 설명하면서 우리가 어떻게 그 기록물을 수학적인 것뿐만 아니라 광범위한 사회과학 이론을 합쳐 활용해서 분석했는지 설명하였다. 그러나 내가 스웨덴어를 유창하게 할 수 없어서 이런 새롭고 다른 방식으로 가르치고 배우는 실제에 대해 충분하게 설명할 수 없는 점이 매우 안타까웠다. 이것은 우리가 신체의 중요성을 비롯하여 신체, 물질, 공간, 이론, 합리적 사고와 신체 감각 사이의 상호 연관성을 더 잘 인식하도록 하는 방법이다. 마음/몸, 담론/물질, 과학/예술과 같은 기타 이분법적 구분뿐만 아니라 이론/실천의 양분을 뛰어넘는 방식으로 가르치기와 배우기를 실행하는 것이다. 그래서 나는 지난 15년간 내가 유치원에서 실행한 일과 대학에서 가르친 재개념적인 교수 행위들을 더욱 풍부하고 효율적이며 생산적인 언어를 통해 표현할 수 있는 이론들을 발전시켜야겠다는 강한 의지와 감동을 가지고 그 회의장을 나왔다. 그런 언어의 개발이 필요하다. 이는 융합학문적 가르치기와 배우기의 이점에 대한 학문(이론)의 설득뿐만 아니라, 우리 일에서 스스로 계속 도전할 수 있도록 하기 위함이다. 새로운 방식에 도전하려면 이론적 토대가 필요한데, 새로운 이론이 우리의 교육실제들, 즉 교수학습의 새로운 방식을 새롭게 도전하고 진취적으로 추진해 갈 수 있도록 도와주기 때문이다.

이 책은 무엇에 관한 것인가? What is this book about?

이 책은 일종의 언어를 찾는 작업이다. 이때 언어는 나와 내 동료들이 교사로서, 교육학자로서, 연구자로서 이론/실제가 양분화된 세계를 넘어서서 새로운 방식의 작업을 해 나갈 수 있도록 도와준다. 이 책은 교육을 실제 적용해 가는 현장에서 일어나는 많은 사건이나 교육실제에서는 담론과 물질이 서로 뒤얽혀 있다는 점을 말해 보고자 하는 것이다. 예를 들면, 위에서 설명한 부총장실에서 일어난 일이나 그 유치원의 마룻바닥의 점들과 얽힌 이야기가 말하고자 하는 바가 무엇인지에 대해서 다시 생각해 보는 것이다. 이 책은 이론과 실제, 다시 말하면 학문적 지식과 감각적 신체, 물질, 방과 물질적 환경, 즉 공간과 장소 사이에 놓인 존재론적 이분법의 문제를 다룬다. 이 책에서는 페미니스트 과학자인 Karen Barad와 프랑스 철학자인 Gilles Deleuze, 동료 저자인 Félix Guattari의 사상이 다루어질 것이다. 나는 아래에서 상세하게 설명될 이론, 즉 철학과 페미니스트 이론 및 사회과학에서 종종 '물질적 전환'이라고 언급되는 이론 내에서 글을 썼다. 그러나 마찬가지로 이 책에서 내 글은 이탈리아 레지오 에밀리아 유아학교(실제 1960년대 시작된)에서 영감을 받은 스웨덴 교육실제의 정황 속에 자리하여 기술되었다. 그뿐만 아니라 1980년대에 활발해진 서구 대학에서 출현한 페미니스트 교육학과 비판적 교육학으로부터 영향을 받은 스웨덴 교육에 관한 것이기도 하다. 그동안 내가 본 방식대로 '물질적 전환(material turn)'을 진지하게 받아들일 경우 교육에서 일어날 결과는 엄청날 수 있다(나는 이것에 관해 나중에 더 자세히 설명할 것이다). 이 책을 쓰는 동안 나는 오늘날 교육 분야에서 일어나고 있는 일에 대해 문제를 삼고 도전해 보고자 한다. 즉, 오늘날 교육실제는 보편적 기준에 맞춰 점차 주류화되고 표준화되어 가고 있다. 오늘날 세계는 더욱 복잡해지고 다양해지는데도 불구하고 이런 경향으로 가르치고 배우는 일의 복잡성이 오히려 감소되고 있다. 내가 주장하건대, 우리에게는 '언어'가 필요하다. 이 언어는 이런 복잡성의 많은 부분을 끌어안아서 우리로 하여금 이 복잡성을 이용하여 여전히 교육실제와 이론을 위협하는 지배적인 이분법적 구분을 넘어서도록 해 준다.

이 책에서 나는 '내부작용(intra-active)'[7] 교육의 개념이 무엇인지를 소개해 보고자 한다. 이는 Barad의 내부의 활동성과 운동성을 강조한 내부작용(intra-activity)이란 용어를 기반으로 하여 그녀가 존재론적 인식론(onto-epistemology)으로 먼저 언급한 것에 영감을 얻은 것임을 밝힌다(Barad, 1998, 1999, 2007, 2008). 후자 용어, 즉 존재론적 인식론은 존재(being)에 관한 이론(존재론: ontology)과 앎(knowing, 인식론: epistemology) 사이의 상호 의존적이고 서로 얽혀 있는 관계와 관한 것이다. Barad는 한편으로 역동적이며 의도성을 가진 인간과 다른 한편으로 수동성을 가진 물질 사이에 놓인 이분법적 구분에 문제를 제기하였다. 이 책 전체를 관통하는 또 다른 장에서 더 논의될 핵심적 사고를 여기서 간단하게 소개하면서 이것이 무엇을 의미하는지 설명하겠다. Barad의 사상을 보면, 그 유아교육기관의 차가운 마룻바닥 위에 찍힌 점들과 부학장실에 있는 의자들은 모두 사물이지만 또

7) 역자 주: intra-active/intra-activity의 용어는 원서에서 매우 핵심적 개념으로 본 역서에서는 '내부작용' 또는 '내적 작용'의 뜻으로 번역하였다. 특히 intra-action은 현재 유아교육에 만연한 상호작용(inter-action)과는 대비되는 개념으로 단순한 둘의 상호작용성을 넘어서서 모든(인간과 비인간을 포함하는 모든 질료) 것이 자신과 주변과 내부적으로 운동성/활동성을 갖고 교감한다는 의미이고, 이는 오늘날 신유물론(new-materialism) 학문에서 주요하게 다루는 용어이기도 하다.

실행하는 행위주체자(performative agent)로 이해될 수 있다. 물질 대상과 예술품은 다른 사태나 인간들과 더불어 내부작용하는 상호 얽힌 관계 속에서 힘과 변화의 수행으로 나온 결과의 일부로 이해될 수 있다. 우리가 의자, 점, 마루와 내부작용할 때 이것들은 어떻게 느끼며 소리가 날까. 일반적으로 이것들은 특정 공간 혹은 세계에서 우리의 사고와 존재를 변형시킬 힘과 권력을 갖는다. 내부작용(intra-activity)은 적어도 두 사람 사이의 관계를 말하는 대인관계와 관련된 상호작용(inter-action)과는 다르다. 여기서 말하는 내부작용은 물리학 용어와 관련 있으며 유기체와 물질(인간 혹은 비인간) 간의 관계에 관한 것이다. 그래서 Barad와 다른 유물론적 페미니스트들(material feminists)(Alaimo & Hekman, 2008)이 제안한 바에 따르면, 이 세계에서 어떤 행위를 하고, 세계와 타자를 중재하고 영향을 미칠 가능성을 가진 존재는 인간만이 아니다. 오히려 모든 물질도 모든 행위주체자라고 봐야 한다. 그리고 인간과 물질은 지속적인 내부작용을 통해 서로 변화시키고 바꿔 간다. 간단한 예를 생각해 보자. 뜨거운 차 한 잔과 커피가 우리 몸을 데워 주고 긴장된 몸을 이완시켜 주면서 내부작용을 해 나가는 방식이다. 여러 방법으로 몸에 심각한 영향을 미칠 정서적 사건 때문에 신체 질병이 나타날 때 우리가 몸과 마음으로 개념화한 것 사이에서 일어나는 보다 복잡한 상호 연결도 이 예에 해당한다. 혹은 대도시의 소음 속에서 생의 진화 과정으로 새들과 귀뚜라미가 더 크게 소리를 내고 더 좋은 '소리-악기'를 발전시켜 나가는 것도 예로 들 수 있을 것이다.

내부작용(intra-action)은 서로 얽힌 관계이자 동시에 물질적이면서 담론적이라고 할 수 있다. Barad에 따르면 "물질(matter)과 의미(meaning)는 분리된 요소들이 아니다."(Barad, 2007: 3) 우리가 물질 세계와 함께 내부작용할 때 작용하는 개념과 신념이 중요하다는 의미다. 즉, 믿음과 신념은 물질인 대상(objects)과 인공물(artefacts)로 내부작용이라는 힘의 결과로 바뀔 수 있다는 뜻이다. 그래서 Barad는 결론적으로 이 점을 분명하게 하기 위해 물질-담론을 언급한 것이다. Barad는 앎(knowing)이란 "물질과 담론의 힘이 역동적인 내부작용(intra-active) 안에서 상호 함축되는" 그 과정의 결과로 이해되어야 한다고 썼다(Barad, 2007: 152). Barad는 다음과 같이 언급한다.

> 물질과 담론의 관계는 하나의 상호 얽힘이다. 담론적 실천이나 물질적 현상 어느 것도 존재론적으로 혹은 인식론적으로 먼저 앞서지 않는다. 둘 중 어느 것도 하나의 측면에서 설명될 수 없다. 또한, 어느 것도 하나로 환원될 수 없다. 타자를 결정하는 우위의 위치는 있을 수 없다. 또한, 어느 하나가 없을 경우 둘 중 어느 것으로도 설명하거나 설명될 수 없다. 물질과 의미는 상호적으로 설명이 된다.
>
> (Barad, 2007: 152)

이 생각에 비추어 둘 다 물질에 해당하는 의자와 점은 여아 혹은 남아, 여자 혹은 남자, 젊은이 혹은 노인, 소수 민족 혹은 주류 민족으로서, 특정 공간에서 내 몸에 적극적으로 작용하여 나를 특정한 방식으로 앉도록 했다. 그래서 어떤 특정한 공간에 앉는 것은 물질-담론 현상으로 이해가 가능하다. 이것은 한 주체의 사이-내부(in-between)에서 일어나는 내부작용에서 나타난다. 이 주체는 담론 의미들에 새겨진다. 마찬가지로 몸, 차가운 마룻바닥의 점, 그리고 넓고 높은 등받이가 있는 오래된 삐걱거리는 의자 안에 새겨진다. 이런 방법을 통해 의자와 점들은 우리를 그 장소에 머무르게 하고, 특정한 방식으로 앉도록 한다. 이는 우리가 강의하는 것인지, 아니면 세미나를 하는지, 회의하는 것인지에 따라 각각 다른 방식으로 작동한다. 이렇게 앉아 있음으로 해서 우리의 감각은 물질-담론적 내부작용이 드러나고 점점 힘을 받거나 습관화된 상태로 젖어 들어가게 된다. 그래서 어느 특정한 장소에서 특정의 사람이나 생물, 물질들과 같이 어느 특정의 의자에 앉아 있다는 것은 곧 그 사람이 무엇을 말하고 행위를 할지, 아니면 말하지 않거나 행위를 하지 않을지 조정하게 하게 된다. 모든 장소, 모든 공간, 물론 교육공간도 우리에게 이 공간에서 일어나는 물질-담론적 상호 접속과 내부작용에 따라 다양한 감응의 힘과 강도로 앉거나 움직이거나 말하거나 사교하는 구체적인 방법을 요구한다(Hultman, 2009). 이제는 교육 단계를 막론하고 교육공간에서 일어나는 다른 많은 앉기 행위인 듣기, 읽기 혹은 쓰기와는 전혀 다르게, 수학교사가 아이들에게 자신들이 좋아하는 브레이크 댄스를 추고 나서 마루에 놓인 큰 종이 위에 음악으로 된 수학을 이해하라고 했을 때 교육공간에서 무슨 일이 일어날지 생각해 보자(Palmer, 2009b). 혹은 이 책의 제5장에서 사례로 든 수학의 예와 같이, 예비교사들로 하여금 그 교실 건축물의 특성을 음악으로 작곡해 보라고 할 경우 수학을 이해하는 데 있어 무슨 일이 일어나는지 생각해 보자(Palmer, 2009a). 모든 수행 행위주체자들 사이-내부(in-between)에서 나타날 가능성이 있는 다변적이고 복잡한 내부작용을 상상해 보자. 리듬과 멜로디의 숫자와 미적분학뿐만 아니라 기하 상징으로 바뀔 음악, 유아들, 유아들의 몸과 움직임을 상상해 보자.

배움과 앎은 각자 서로를 알도록 해 주는 여러 물질 사이-내부에서 일어나는 상호 접속에서 일어난다고 Barad는 썼다(2007: 140). 만약 Barad 말이 맞다면, 이는 모든 교육실제에 어떤 결과를 가져다주는가? 내부작용은 둥글게 앉거나 일렬로 앉은 동안 아동들, 학생들, 교사들, 의자들, 그림책과 연필들, 종이 사이-내부에서 읽고, 쓰고, 말할 때 일어난다. 이러한 다층적이고 복잡한 내부작용들은 교육과 학문의 실제를 교실이 개방적으로 변형할 때 일어나도록 해 주는데, 예를 들면 음악과 춤을 수학적으로 사고하는 데 사용하는 것이다. 만약 배움이 그저 또 다른 풍부한 어떤 물질이라는 이름으로 이해된다면, 인간과 비인간을 포함하여 배움은 학제 간(inter-disciplinary) 그리고 융합학문(trans-disciplinary)이 서로 얽힌 교실에서 이론/실제라는 이분법을 넘어서 우리를 더욱 지적으로 만들어 주고 앎과 이해에 대해 더 다양한 가능성을 제공할 수 있을 것이다. 이 책에서 나는 이러한 논의를 이어서 개괄적으로 설명할 것인데, 내가 현대교육과 특히 유아교육을 어떻게 이해하는지, 내부작용 교육(intra-active pedagogy)이 무엇인지를 설명하고자 한다. 이러한 설명은 앞으로 교육적 실제의 발현과 물질화되는 이론적 맥락들, Deleuze와 Guattarri의 영향을 받은 '물질적 전환(material turn)'과 철학적 내재론(philosophical immanence)에 관하여 언급해 나가면서 이루어질 것이다.

교육의 현재 상황: 두 개의 상반되는 운동에 관하여
The contemporary context of education: two contradictory movements

오늘날 교육 영역을 이해하는 하나의 방법으로 두 가지의 상반되는 운동을 들 수 있다. 하나는 복잡성과 다양성의 증가이며, 또 다른 하나는 복잡성과 다양성의 감소이다. 한편에서는 증가된 복잡성, 다양성, 다변성이 다양한 인종, 민족, 종교, 문화, 경제적 배경을 가진 아동과 가족들을 유아교육(ECE) 안으로 점차 포함되도록 밀고 있다. 여성의 노동 참여 희망의 결과로 (유아교육) 제공이 전 세계적으로 증가하고 있다. 더욱 많은 국가정부가 여성의 노동시장 참여가 훨씬 이익이 된다는 점을 인식하기 시작하였고, 유아기의 교육적 혜택은 국가 경제에 도움이 되고 문맹률을 낮추며 범죄율을 저하시킨다는 점도 마찬가지로 지각하기 시작하였다. 더욱이 유아기 학습과 관련하여 발달에 관한 다양한 이론이 존재한다. 여기서 주목할 만한 점은 서로 다른 인식론적 패러다임과 과학들은 서로를 지탱하지만 때론 아주 격하게 상반되어 나타나기도 하는데, 특히 유아교육은 이론과 실제를 적용하는 과정에서 이러한 상반되는 경향성이 더욱 두드러진다.

다른 한편에서는 복잡성이 증가된 이런 상황 때문에, 특히 교육과 유아교육의 구현, 성취, 평가, 성취와 관련하여 세계적으로 정치 및 행성 영역에서 복삽성을 삼소시키는 선략이 시행되는 섯으로 보인다. 글로벌 관점에서 볼 때 유아교육의 실제는 발달에 적합한 실제, DAP라는 전 세계를 휩쓰는 담론이 지배한다(Bredekamp & Coople, 1993; Bredekamp et al., 2000; Gestwicki, 2006). 발달심리학 분야에서 탄생한 보편적인 연령별 발달단계론은 유아의 발달과 학습을 이해하는 데 아주 결정적인 진리처럼 여기고 있다. 이러한 진리들은 교육을 설계할 때 실제처럼 안착되어 들어갔고, 정상 유아들을 건강하며 계몽적이고 자유로운 시민으로 만들어 가고자 하였다(Burman, 2007; Rose, 1999).

지난 100여 년간 스웨덴에서도 발달심리에 근거하여 유아를 관찰하고 자료 수집의 경향이 매우 강하게 지속되어 왔고, 이러한 자료들은 유아의 미성숙을 측정하고 유아와 그 가족을 평준화시키기 위해 조기에 중재해야 한다는 막강한 담론을 만들어 왔다(Lenz Taguchi,

1996, 2000). 1970년대와 1980년대에 발달심리에 대한 비판이 일어난 이후, 유아교육 분야에서 발달심리는 1990년대에 다시 힘을 발휘하기 시작하였다. 다양한 발달 촉진기제는 유아의 인지를 모니터링하고, 사회 · 정서발달뿐 아니라 신체발달 능력까지 유아기와 초등학교 시기까지 중재하도록 영향력을 행사해 왔다(Elfström, 2004). McNaughton(2005: 1)은 이러한 발달단계 이론이 얼마나 깊은 뿌리를 갖고 맹위를 떨쳐 왔는지 지적하였으며, "이러한 발달이론이 유아교육 연구 구조에 단단하게 자리 잡아 그저 '옳은', '최고', '윤리'라는 용어가 너무 친숙해 보이도록 만들었다."

지난 20여 년간 스웨덴 사회에도 다양성과 복잡성이 빠르게 증가하여 왔는데, 이 와중에서도 발달실제는 꾸준히 적용되었으며, 아동발달을 규범화할 새로운 방법을 모색하는 데 있어 지칠 줄 모르는 영감으로 계속 사용되었다. 발달이론은 구성주의 학습이론에 자양분을 제공해 왔고, 메타인지의 개념을 도출하며 '어떻게 배우는지를 배우기(learning how to learn)'에 관한 사고 탐구에 무게를 실어 주었다(Doveborg & Pramling, 1999; Doveborg & Praming Samuelsson, 2000; Marton & Booth, 1997; Novak & Gowin, 1984; Pramling, 1990). 이러한 교육실제 속에서 관찰과 기록작업은 배워야 될 구체적 학습 내용과 관련하여 개별 아동의 인지발달을 설계하는 데 사용되었다. 구성주의와 메타인지 학습은 현장에 적용되어 스웨덴에서도 '학습 연구(learning studies)'로 명명하는데, 이것은 일본의 '수업 연구(lesson studies)'를 응용한 것이다. 여기서 기록작업은 교사가 특정 유아의 인지발달이 어느 지점에 있는지와 어떻게 배우는지를 더 명확하게 파악하려 할 때 활용된다. 그래서 교사는 유아가 더 높은 인지수준에 있는 학습 내용을 구체적으로 포착해 내도록 더 도전적이 될 수 있다(Holmqvist, 2006; Marton & Tsui, 2004; Pramling Samelsson & Pramling, 2008). 목적은 교사와 어른들이 유아가 배웠으면 하는 내용을 유아가 정확히 배우게 하기 위함이다.

결국 발달적으로 적합하고 구성주의적인 학습 활동이 가져오는 전반적인 이점은 다름과 차이의 복잡성을 감소시키고, 유아들에게 단조로운 기초 기술을 습득하도록 하고, 학교 제도에 잘 동화되도록 하는 것이었다. 많은 정책입안자와 현장전문가는 이러한 교육실제가 훌륭한 아동기를 보장하는 교육적 전통과 평생 학습의 튼실한 토대를 함양하는 것으로 본다. 즉, 보편적이고 중심화된 표준으로 유아들을 서로 비교하면서 모든 유아를 같은 방식으로 다루고 평가하는 방법을 말이다(Dahlberg et al., 2007; Dahlberg & Moss, 2005). 이는 우리가 좀 더 현명하게 판단하지 못하도록 하는 것 같다. 우리가 학습의 복잡성과 아동의 다양한 학습 전략 및 다양한 이론에 대하여 더 많이 알게 될수록 그 배움과 앎의 복잡성 및 다양성을 감소시켜 버리는 학습 전략과 교육과정 목표를 더욱더 강요하려는 것 같다. 일이 더 복잡해질수록 그 일을 더 축소시키고 통제 가능한 방식으로 만들어 가고자 원하는 것이다. 그러나 이렇게 복잡성을 감소시키는 전략은 우리가 진정으로 원하는 포용적인 수용성과 정의로움을 동시에 차단하는 것일 수 있다(Biesta, 2008; Osberg & Biesta, 2009).

내부작용 교육의 출현을 통한 교육실제 상황

The context of pedagogical practices from which an intra-active pedagogy has emerged

이 책을 쓰게 된 목적 중의 하나는 위에 기술한 우리의 환원주의적 사고를 재고해 보며, 현재 교육 전반에 만연한, 특히 유아교육에서 제한된 이론들을 다양성과 차이의 관점을 가진 새로운 교육학으로 실천해 보고자 함이다. 이것은 차이와 다양성, 점점 증가하는 앎과 배움의 복잡성에 대항하는 것이 아니라 그들과 함께하고 오히려 활용해 가는 그러한 교육학이다. 이 교육은 유아들과 학습자들의 사고와 다양한 전략을 배우는 실제 과정들, 그리고 우리 아이들이 사는 사회나 인종, 민족, 성역할 등에서 소수에 속한 주체들을 포용한다.

유아교육 분야에서는 내부작용 교육이 1990년대 초반 이후 스웨덴에서 이미 자리를 잡았는데, 그것은 이탈리아 북부에 있는 레지오 에밀리아 유아학교의 영향으로 이루어졌다(Dahlberg et al., 2007; Reggio Chldren, 2001, 2008; Rinaldi, 2006; Ceppi & Zini, 1998). 우리가 소위 스톡홀름 프로젝트라고 부르는 연구가 그 출발점이었다. 그것은 Dahlberg 교수가 이끌었고, 스톡홀름의 남쪽 지방의 도시 Hammarby와 스톡홀름에 있는 레지오 에밀리아 연구소, 전국적 · 지역적인 레지오 에밀리아 네트워크가 참여한 협동 연구로 시작되었다(Dahlberg et al., 2007). 지난 15년간 우리는 무엇보다 프로젝트를 통해 학습과 변화의 도구로 교육적 기록작업을 개발하는 데 많은 열정과 노력을 기울였다. 유아들과 함께 공동으로 지식 생산에 참여하다는 것이 이 모든 작업의 기본적 생각이었다. 그리고 이 생각은 우리로 하여금 기존에 알고 있는 영역을 넘어서서 훨씬 더 많은 가능성과 잠재성에 도전하도록 만들었다. 내 연구에서도 어떤 다른 관찰과 기록작업이 실제로 가능한지 조사하였고, 이러한 관찰과 기록작업의 실천은 교사교육과 유아교육기관 모두에서 전문성을 개발하고 도전하는 도구로 활용되었다(Lenz Taguchi, 1997, 2000, 2005, 2006, 2007, 2008d).

레지오 에밀리아 접근에 영감을 받아서 발전한 스웨덴의 교육이론들은 어린이와 성인이 창조, 발명, 되기에서 공동으로 참여한다는 점을 옹호한다. 이들 이론은 이미 불가피하게 설정된 목표를 향해 개인의 성취도를 판단하는 구성주의와 인지중심 발달이론에 반대되는 것이다(Dahlberg & Bloch, 2006; Dahlberg & Moss, 2005; Lenz Taguchi, 2008b, 2008c, 2008d, 2009a, 2009b). 스웨덴 이론에서는 아동과 학생의 생각과 전략이 성인, 교사, 교사교육자의 것과 동일한 가치와 중요성을 지닌다고 본다. 그래서 유아와 학습자들은 성인과 가족, 그 나머지의 세계들과 서로 상호 의존적인 관계에서 문화와 지식의 공동 구성자들(co-constructors)로 여겨진다(Dalhberg & Lenz Taguchi, 1994).

레지오 에밀리아에서 교육의 실제는 강력한 민주주의의 가치에 의해 축적된 것이고, 이는 스웨덴의 이론과 실제의 발전에 영감을 주는 주요한 자원이 되어 왔다. 유아들과 함께 만들어 내는 의미 구성의 협력적 과정에는 매우 강하게 용인된 신념이 있다. 그것은 우리를 더 새롭고 다양한 방식으로 세계를 이해하는 것에 대해 더 개방적이게 함으로써 전반적으로 사회에 유익하고 실제로 변화를 줄 수 있는 것들이다. 레지오 에밀리아 철학과 교육학적 접근은 '수백 가지의 언어'를 움직이는 '귀 기울이기의 교육(pedagogy of listening)'이고 복잡성과 심미성, 학제 간 학습 전략을 활용하는 것이며, 동시에 유아들의 학습 과정을 기록작업하는 데 심미적 수단을 사용하는 것이다(Edwards et al., 1998; Rinaldi, 2006). 도구로서 교육적 기록작업(pedagogical documentation)은 '귀 기울이기' 과정을 더욱 친숙하게 만들고 그것을 시각화하고 유아들의 학습 과정을 더 도전적으로 만드는 데 매우 필요한 것들이었고, 유아교육기관이나 학교 밖의 세상에게 유아들의 의미 형성 작업을 시각화시켜 주는 정치적 측면에서도 그러하다. 더욱이 기록작업은 교사가 자신의 실제적인 교육 활동을 연구하게 함으로써 그들의 전문성 발달에 핵심적 도구가 된다. 이러한 모든 작업은 레지오 에밀리아 유아학교가 국제적으로 확고한 지위를 갖도록 하였는데, **뉴스위크**(*Newsweek*)지는 1991년 이들 학교를 세계에서 가장 훌륭한 학교라고 발표하였다(Bruner, 2004; Gardner, 1994; Edwards et al., 1998; Helm & Katz, 2000; Katz, 1998; New, 1990, 2000). 이러한 우리들의 풀뿌리 교육운동은 발달에 적합성을 전 세계적으로 가장 우수한 학습이론으로 보는 것과 이러한 상투적 생각을 보편화하고자 하는 경향에 저항하는 것이었으며, 지구적으로 보편화된 도구로 특정한 발달과 지식 구성의 결과물을 옹호하고 가치화하는 경향성에 도전하는 것이다. 이 책에서 교육적 기록작업은 핵심 요소로 강조될 것이고, 아마 책 전체를 주도하게 될 것이다. 이것은 그 자체로 수행적 행위주체(performative agent)로 이해되기도 하고, 교육적 실제에서 변화나 배움을 위한 '방법론적 도구(methodological tool)'이기도 하다.

내부작용 교육은 명시적 관심을 주기 위해 개인 내(intra-personal)(혼잣말과 내적 발화, Bateson, 1979; Vocate, 1994)와 개인 간(inter-personal)(두 사람 이상, Hartley, 1999)에만 두던 우리의 관심을 모든 살아 있는 유기체와 물질 환경 사이에서 일어나는 내부작용의 관계로 향하게 만든다. 이렇게 내부작용을 하는 세계는 사물과 인공물, 공간과 장소 등 우리가 지배하고 있는 세계, 또 우리의 일상에서 우리가 매일 사용하는 매우 폭넓은 대상들이라는 점을 이 책의 서론에서 이미 간략히 소개한 바 있다. 그래서 이러한 내부작용 교육은 배움에 있어 강력한 수행 행위주체자로 물질을 포함하고 있다. 레지오 에밀리아 교육은 물질적 세계가 갖는 힘의 중요성을 깊이 인식한지 이미 오래되었다. 레지오 접근법에서는 '환경'을 제3의 교사라고 부르는데, 이는 환경이 유아들의 배움의 과정에서 매우 중요한 행위주체자라는 점을 말하는 것이다(Edwards et al., 1998; Reggio Children, 2008; Rinaldi, 2006). 보통 레지오 기관에서도 3~5세는 25명 유아에게 단 두 명의 교사만이 배치되는데, 이 때문에 환경이나 물질, 재료, 시간의 조직이나 공간, 장소 등이 '세 번째 교사(third pedagogue)'로 인식되는 것이다.

1999년 동료들과 내가 스톡홀름 교육청에서 새로운 유아교사교육을 위한 대안적 방법을 기획할 기회를 가졌을 때, 우리는 예비유아교사를 양성하는 과정이 현장의 교사들이 하는 실제와 거의 같게 이루어져야 함을 강조하였는데, 이는 교육자로서 우리도 예비유아교사 일단은 전문적인 교사가 됨으로써 유아들과 상호작용하기를 원하는 것과 같다. 2001년에 우리는 레지오 에밀리아 접근에 관심 있는 유아교사를 위해 1년간의 장기 교사교육 프로그램의 강좌를 개설하였다. 이 강좌는 아직도 개설되고 있는데, 나를 포함하여 Ulla Lind와 Anna Palmer에 의해 운영되면서 연구 중이다(Lenz Taguchi, 2005, 2007, 2009b; Lind, 2003; Palmer, 2009a, 2009b). 상급학교기관에서 이루어진 실험적 작업을 유아교육에 적용하는 것은 쉬운 일이 아니었다. 우리는 이 작업을 좀 더 '상위 이론(high theory)'에 기초하여 수립하고자 하였고, Foucault의 권력-생성이론, Derrida의 해체이론, 페미니스트 후기구조주의 주체이론과 철학, Pierce의 기호학이론 등이 이에 해당한다. 또한, 이 작업에 영감을 준 매우 중요한 이론적 배경은 1980

년대 후반 이후부터 진전되어 온 비판적 페미니즘 교육이다. 이 작업의 목적은 학제 간 지식을 창조인데, 교육적 상황 맥락과 주요 권력의 관계에 관해 질문을 던지고, 특히 인종과 젠더, 계급과 민족 등과 관련된 주요 관심사를 포함한 연구를 진행한다(Apple, 1982; Aronowitz & Giroux, 1991; Ellsworth, 1997; Freire, 2001; hooks, 1981, 1994; Lorde, 1984; MacLaren, 1994; Malka Fisher, 2001; Mayberry & Rose, 1999; Richardson, 1997; Walkerdine, 1988, 1998). 우리는 특히 주제 비판이론의 가장 선두에 서 있는 페미니스트와 후기구조주의 교육학자의 연구에 주목해 왔다(Davies, 2000; Jones, 1997; Lather, 1991, 2007; Luke & Gore, 1992; St. Pierre & Pillow, 2000; Yates, 1993). 이 내적 및/혹은 융합적 학문 작업은 모두 교수 학습의 내용과 학문적 글쓰기의 실제에 관한 것으로, 우리는 상급학교에서 관례화된 교육실제에 진지하게 도전해 보고자 하였고, 이것을 제5장과 제6장에서 좀 더 자세하게 살펴볼 수 있을 것이다.

이미 운동 중인 것에서 구축하기: 물질적 전환과 내재성의 존재론

Building on what is already in motion: the ‘material turn’ and an ontology of immanence

Susan Hekman(2008)이 말했듯이, 우리는 추상적 구성을 넘어 실재만을 옹호할 수 없고 마찬가지로 실재를 넘어 추상적 구성만을 옹호할 수 없다.[8] Hekman은 이어서 다음과 같이 말한다. 우리에게 필요

8) 역자 주: 이해를 돕기 위하여 원 문장을 참조하기 바람: We cannot privilege reality over construction, and we cannot privilege construction over reality either.

한 것은 하나의 개념이며, 이 개념은 서로 상반되지만 반드시 연결되어야 할 언어와 실재 둘 사이에 간격이 존재한다는 것을 전제로 하지 않는 개념이다. 우리는 현실 대 사회구성 혹은 담론으로 양분된 세계를 넘어서야 하는데, 이는 우리가 이론/실제의 나누어 생각하는 것을 넘어서야 하는 것과 같다. 내가 이 원고를 쓸 때 사회과학, 인문학, 공학에서 최근 나온 '물질적 전환(material turn)' 개념이 내 사고에 영향을 주었다. '물질적 전환'은 유아교육뿐만 아니라 교육 전반의 연구와 실제에 지대한 영향을 미칠 수 있다. 사회과학과 교육학에서 물질적 전환은 우리가 '언어적 전환(language turn)' 위에 구축한 것으로 이해할 수 있는데, 이는 미국의 철학자 Richard Rorty(1967)가 처음 사용한 용어이다. 철학과 사회학에서 나온 '언어적 전환'으로 언어는 인간이 구축한 담론을 통해 구성하는(구성의 행위를 하는) 행위주체자가 된다. 우리가 실재라고 이해하는 것은 언어 안에서 집합적으로 구성된 (담론적인) 의미에 의해 좌우된다. 따라서 언어는 우리의 실행과 실재를 구성한다. '물질적 전환'은 언어학 위에 수립되었지만, 여기서 한발 더 나아가 물질을 담론과 실재를 구성할 때 능동적으로 행하는 행위주체자로 본다. 물리적 질료들은 변형 과정에서 다른 질료와 유기체와 내부작용할 뿐만 아니라 다양한 방법으로 그 형태를 변화시키는 능력을 갖춘 역동적 물질 혹은 전환물질이 된다. 다른 물질의 구성체들과 내부작용을 일으키기도 하는 성질을 가진다. 그래서 Marx의 사회과학의 이론과 실증과학(실증주의)과 연결된 '낡은' 유물론('old' materialism)과 다르게 '새로운(new)' 물질적 전환이라고 부르는데, 이 물질적 전환이란 물질 세계의 역동적 역할, 물질문화, 물질의 행위주체성, '인공성(artifactuality)'에 관해서 더욱 관심을 가지는 이론들이다(Daston, 2007; Hansen, 2000; Hayles, 2002; Miller,

2008; Tilley et al., 2006).[9] 이런 방식의 이론화는 Bruno Latour(1999, 2005), Andrew Pickering(1995), Joseph Rouse(2002), 그리고 Karen Barad(1998, 1999, 2007, 2008) 등의 글에서 처음 나온 과학철학이다. 본 연구는 Barad의 이론에 상당 부분 의지하는데, 그의 이론은 덴마크의 물리학자 Niels Bohr의 이론 위에 구축되었다. 그는 1930년대를 주름잡았던 Albert Einstein의 고전물리학에 도전한 양자물리학을 연구한 사람이다. 오늘날 '물질적 전환' 이론은 언어학, 철학, 역사, 문화연구, 사회학과 페미니스트 연구뿐 아니라 디자인, 건축, 생물학과 약학에도 나타나고 있다. 페미니즘 연구와 여성철학 연구에서 '물질적 전환(material turn)'을 좀 더 구체적으로 이해하려면 Alaimo & Hekman(2008)의 연구 서론, 그리고 편집본으로 된 『**유물론적 페미니즘**(*Material Feminisms*)』을 참조해 보기 바란다.

아동분야에서 '물질적 전환'이라는 아이디어는 사회학자 Alan Prout (2005)에게 영향을 미쳤다. 그는 아동에 대한 연구가 어떻게 아직도 발달을 유전 대 환경의 결과로 보는 낡은 이분법에 지배받고 있는지 지적하였다. 즉, 우리는 오랫동안 생물학과 유전학 혹은 양육, 사회적 관계, 교육에 관한 논의를 할 때 둘 중에 한 쪽을 선택하는 경향이 있다. 교육 분야에서 우리는 종종 아동의 발달과 학습에 관한 논쟁을 둘 다(생물학과 문화)의 결과로 초점을 흐리곤 한다. 그러나 교육현장을 살펴보면 생물학적 요인이 문화적 요인과 사회구성주의보다 더 많은 영향력을 미치는 것으로 보인다. 내가 보기에 이는 놀라운 일이 아닐 수 없다. 왜냐하면 특정 사회역사적 맥락에서 구성된 결과로 아동기와 아동발달 및 학습이 이해된다는 것을 엄청난 양의 비판 교

9) 역자 주: 이러한 이론은 신유물론주의(new-materialism)를 살펴보면 도움이 될 것이다.

육학과 교육연구들이 확신해서 보여 주기 때문이다(Burman, 2007; Hultqvist, 1990; James et al., 1998; Ohrlander, 1992; Prout & James, 1990; Walkerdine, 1988). 따라서 현재 많은 교육연구가 양분된 이론들, 즉 발달심리학과 인지이론에서 유래된 유아발달 이론과 학습의 이분법적 이론에 여전히 의지하는 것이다. 사실 이들 이론은 생물학 이론에 더 근접한 것으로, 학습을 근본적으로 개인의 인지과정으로 생각하는 것을 보여 준다. 나는 이것들에 관해 다음 이어질 장에서 인지와 구성주의 학습이론의 관점에서 설명해 보고자 한다. 다른 한편으로 사회구성주의와 후기구조주의 이론과 같은 사회구성 혹은 담론 분석 이론에 크게 기대고 있는 교육을 실천하는 데 있어서 메커니즘 이해와 주로 관련된 교육 이론 및 연구들이 있다. 이들 연구는 철학, 윤리학, 인류학, 사회학, 그리고 문화 이론으로부터 기인하였다. 그러나 이들 연구는 비록 언어와 담론을 구성하는 힘에 모두 관심을 갖지만 각각의 이론은 사뭇 다른 차이를 보여 준다. 이 책에서는 이것을 담론적 그리고 사회구성주의 이론이라는 말로 묶어서 논의할 것인데, 이를 통해 이러한 핵심 이론들이 어떻게 여러 측면에서 물질적 힘이 발휘하는 중요한 점을 인식하지도 못한 채 간과해 버리고 있는지를 보여 줄 수 있을 것이다. 즉, 내부작용 교육에 관한 내 논점은 우리가 이것 아니면 저것이라는 함정에 빠지기 쉽고, 이러한 양분화의 논리들은 생물학, 인지학, 구성주의 학습이론들, 그리고 사회구성주의 이론들을 본질(핵심)로 만든다는 것이다. 심지어 간혹 탈구조주의 이론까지 부분적으로 포함하기도 한다. 이것은 교육을 관념과 실재, 그리고 유전과 문화라는 식으로 양분화시켜 접근하는 것과 다르지 않다. 그래서 새로운 개념으로 '물질적 전환'을 강조한 Prout는 이렇게 지적한다. 담론 분석에서 '문화'와 언어로의 한쪽으로 치우친 강조는 결국 생물학과 '유전'으로의 한쪽 강조와 마찬가지로 환원적으로 이해될 수 있다. 이러한 모든 관점은 어떤 것도 유아기에 대한 만족할 만한 분석을 위해 적절한 출발점이 되지 못하고 있다(Prout, 2005: 84). 그는 이러한 생물학/문화의 상반되고 양분된 이론을 넘어설 것을 요구하는데, 이것은 아동기와 신체 사회학에 대한 재개념화된 진화이론에 좀 더 마음을 쏟는 것이고, 초기 후기구조주의와 유물론적 페미니즘 철학자들과 생물학자들로부터 더 영감받는 것이다.

Prout는 그의 연구에서 생물학자이며 철학자인 Donna Haraway (1991, 1997, 2008)를 언급한다. 다른 페미니스트들처럼 '물질적 전환'에 초점을 두고 연구하는 생물학자들, 예를 들면 Anne Fausto-Sterling(2000), 심리학자인 Elizabeth A. Wilson(1998, 2004), Elizabeth Grosz(1995, 1999, 2001, 2005), Moira Gatens(1996)처럼 Haraway도 성과 성역할을 양분화하지 않는다. 왜냐하면 그 둘은 서로 얽혀 상호 구축되기 때문이다. 다른 말로, 그 영역을 둘로 나눌 만한 경계선을 명확히 하기가 쉽지 않다는 것인데, 정확히 우리 신체가 한편은 생물학적 영역이고 다른 한편은 사회적으로 구성된 신체인지를 구분하는 선은 없다는 것이다. 왜냐하면 우리의 신체는 둘의 혼합체이기 때문이다. 이러한 양분적 논리는 아직도 유전과 문화를 분리할 것을 주장하는 복잡한 관계에서 발달되어 온 것이다. 이러한 선상에서 가장 최근의 후기구조주의 페미니즘 이론은 남자/여자의 구분을 마음/몸, 이성/감성, 객체/주체를 이분화하는 시스템과 권력구조를 넘어서고자 노력해 왔다. 이러한 지배적 이분법적 논리에서, 첫 번째 개념은 남성적 특징과 관련된 것을 문화적으로 생각해 볼 수 있고, 두 번째로 여성적 특이성과 연결 지어 생각해 볼 수 있다. 관념적으로 기술한 수행적 행위주체자로서 성역할을 이해하는 것에 더 다양하고 복잡한 변화와 연구가 있어 왔는데, 이는 우리가 어떻게 이 세계에서 여성과 남성이라는 주체가 되어 왔는지를 이해하는 완전히 새로운 시선을 제공해 준다. 그러나 다시 Barad(2007)가 말했듯이, 몸 그 자체의 행위주체성은 물질과 실재, 자연을 반대하는 가운데 오랫동안 상실되었다. 이 말은 우리가 탐구하는 과정에서 몸의 담론적 수행성(discursive performativity)을 너무 강조함으로써 일어난 일이고, 이론과 이해중심의 방법을 강조하면서 생물학적인 것이 가장 자연적이고 유일하며 근원적인 것이라는 관점을 택하지 않아서 그렇게 되었다고 본다. 그래서 Alaimo와 Hekman이 외쳤듯이 언어적 · 담론적 전환이 거대한 페미니즘, 즉 젠더를 새로운 관점에서 바라볼 수 있는 페미니즘의 관념을 생성하고, 권력, 지식, 주체와 언어 사이가 서로 얽혀 있음에도 불구하고 종종 이분법에서 한쪽을 거부하고 다른 한쪽을 받아들이는 방식을 택한 것으로 의미되었다. 문화는 자연(유전)을 대신해서 이해되었고, 언어는 실재 대신, 그리고 담론은 물질 대신으로 대체되면서 말이다(2008: 1-3). Alaimo와 Hekman, 다른 공동 저자들이 이해한 유물론적 페미니즘은 초기사회주의자와 마르크스주의자들이 물질을 이해하는 방식에 비판적이었을 뿐만 아니라 인간 주체성의 구성과 관련하여 배타적인 담론을 요구하는 물질화(materialisation)의 개념에도 비판적이었다. 그래서 유물론적 페미니스트들은 '언어적 전환' 후에 출현한 모든 이론, 즉 후기구조주의와 포스트모더니즘, 사회구성주의, 페미니즘 문화연구들의 차이를 재정립하고자 한다. 행위주체성(agency), 기호학적 힘, 신체와 자연의 역동성 등을 더 적절하게 설명하기 위한 방법들을 포함하는 것이다(Alaimo & Hekman, 2008: 6).

다시 말하면, 유물론적 페미니즘은 자연/문화, 실재/담론의 이분법적 구분을 뛰어넘음을 통해 몸, 실재, 사회적으로 구성된 담론이 상호의존 관계 속에서 또 상호 지속적 변형 과정에서 어떻게 되는지 보여 주는 이론과 사례를 보여 준다. Alaimo는 이런 사고와 관련하여 몇 가지 주요한 질문을 던진다. "어떻게 주체 없이 수행자가 있을 수 있는가? 그리고 어떻게 물질이 수동적 상태의 질료이기 전에 운동하는 **활동 상태**로 있는가?"(Alaimo & Hekman, 2008: 245, 나의 강조)

이러한 질문에 대하여 대답하고 내부작용 교육과 연관 짓기 위하여 나는 이 책에서 내재론적 존재론(ontology of immanence)에 대하여 생각해 보고자 한다. 내재론적 존재론 또는 존재의 내재성이란 우리가 인간/비인간으로 나누는 것을 넘어서는 것으로, 우리의 존재란 나머지의 모든 세상과 결국 같이 공존한다는 사실을 이해하는 것이다. 우리가 내재성을 생각할 때, 생명을 가진 조직(인간과 비인간 모두)과 물질적 세계에서 위계적 관계란 있을 수 없다. 우리는 모두 하나의 상태로, 그리고 인간과 비인간의 수행하는 자로 서로 연관되어 있고 상호 의존적 관계에 있다. "존재는 개인적 문제가 아니다."라고 한 Barad의 말처럼, 인간 개개인과 비인간적 유기체와 질료는 복잡하게 얽히고설킨 내부작용적 관계를 통해 발현된다(2007, ix). 우리를 둘러싼 모든 것은 다른 모든 것에 감응을 주고, 그렇게 함으로써 모든 것은 또 변화하고, 또 끊임없이 되어 가기의 과정에 있다. 즉, 그 자체로 '다르게 되기'이며, 이는 단순히 다른 물질과 관계를 맺음으로써 다른 자가 되었다는 것과는 다르다(Deleuze, 1994). 이러한 과정에서 비예측성이 핵심으로 자리 잡고 있는데, 다른 잠재성을 가진 물질과 유기체가 얽혀 창조적 생성이 일어나는 것과 같은 변화는 항상 명료한 예측이 불가능하다. 모든 질료와 유기체는 모두 행위주체성을 갖고, 지속적인 힘의 흐름과 강도 속에서 서로 감응한다. 그리고 이런 힘과 강도는 예측 가능한 또는 전혀 예측 불가능한 방법으로 작용한다(Grosz, 2005, 2008). 어쨌든 지금 여기서 현재 나타난 것은 결과이고, 이것은 모든 질료와 유기체가 자기조직 행위를 습관적으로 계속 반복하고 있으며, 그것은 모든 사물과 유기체가 작동하는 사이에서 내부작용이 일어나게 하는 변화이고 오류이며 창조이고 발명이다. 변화의 한계, 모든 유기체와 질료가 변화하고 발전할 가능성에 관하여 우리는 알 수 없을 뿐더러, 그 내재론적 존재성이 무엇인지는 아직 알려져 있지 않다는 점이다. 왜냐하면 우리는 한 아이가 무엇을 배우고 알며 되어 갈지 알 수 없을 뿐더러, 이 알 수 없는 잠재성과 변화는 교육학의 이론과 실제에서 가장 중요한 연구 주제이기 때문이다.

지난 세기의 전환 이래로 프랑스 철학자인 Gilles Deleuze와 그의 동료이자 분석심리학자인 Félix Guattari의 영향은 인문학, 사회과학, 건축학과 과학이론 등에 걸쳐 대폭 확대되고 있다. 여기에서 몇 가지 유용한 연구의 예를 들어 보면, Bonta & Protevi(2004), Braidotti(1994, 2002, 2006), Buchanan & Colebrook(2000), Buchanan & Lambert(2005), Colebrook(2002, 2006), Grosz(1995, 1999, 2001, 2005), Hickey-Moody & Malins(2007), Patton & Protevi(2003), Sand(2008), 그리고 Williams(2008) 등이 있는데, 이들의 연구 내용에서 볼 때, Delueze의 내재론은 과학과 사회과학, 인문학 사이의 간극을 넘어서는 것이고 이러한 분리를 서로 간섭해 들어가고 있다는 점에 초점을 둔다. Deleuze의 철학에서는 생물학에서 말하는 발달의 중요성을 성립하는 흥미로운 언급들이 있다(Marks, 2006a). 또한, 과학적 철학이나 기술공학적 철학에 영향을 미치는 Deleuze의 저서들도 있다(Marks, 2006b). Deleuze의 철학은 가장 최근의 생물학, 그리고 진화론과 함께 논의되고 있다(Protevi, 2008a, 2008b). 이러한 새로운 학설들은 전통적 학설들을 확장하고 재구성하여 생물학과 사회과학의 측면을 융합하는 면이 있고, 사회와 문화적 환경의 영향력과 상황에 의지하여, 어떻게 생물학과 유전자가 우리의 삶을 변화시켜 나가는지를 꽤 설득력 있게 설명한다(Jablonka & Lamb, 2005; West-Eberhard, 2003).

이러한 분위기가 교육과 교육철학에 소개되어 들어왔을 때, Deleuze의 철학은 윤리적인 측면과 정치적인 측면에서 매우 중요한 함의를 가진다. Dahlberg와 Bloch(2006)는 Deleuze의 철학을 레지오 에밀리아 접근의 교육의 실제와 연결 지어 설명한다. 그들의 연구는 부분적으로 Inna Semetsky(2006, 2008)와 연장선상에 있고, 교육철학이 완전히 새로운 개념을 주조해 낼 것을 요청하고 있다. 특히 우리가 생성의 과정에서 느끼고 알고 지각하는 것을 동시에 해내는 새로운 교육철학의 필요성을 제안하는 것이다. Semetsky는 Michael A. Peters(2004)와 함께 Deleuze에 관한 「교육의 철학과 이론(*Educational Philosophy and Theory*)」이라는 학술지를 편집하였을 뿐만 아니라 Deleuze와 교육철학에 관한 책(Semetsky, 2008)을 출간하고 편집하였다. 이 두 책은 Deleuze의 이론을 교육 및 철학적 수준과 연관해 사고하려는 많은 철학자를 언급한다. 교육방법론 분야에서 몇몇의 연구자는 Deleuze와 Guattari의 영향을 받은 교육연구방법론의 기틀을 잡아주었다. Elisabeth Adams St. Pierre(2000, 2004, 2009), Eileen Honan(2004), Glenda MacNaughton(2005), Lisa Mazzei(2008; Mazzei & Jackson, 2009), Eileen Honan & Marg Selles(2008) 등의 학자들은 모두 다른 방식으로 Deleuze와 Guattari의 이론과 개념을 교육연구의 방법론이라는 측면과 연결을 짓는다. 더욱이 Bronwyn Davies와 Susanne

Gannon은 곧 출간될 예정인 책에서 교육학에서 만남(encounter)의 실제를 보다 밀착하여 볼 수 있는 자료들을 통해 Delueze를 심도 있게 읽어 주고 있다.

내가 보건대, 유아교육과 학교, 대학에서의 교육실제와 발달에 도전하고 지지하기 위하여 Deleuze 사상이나 Deleuze와 Guattari 사상을 구체적인 배움의 사태와 연결해 진지하게 고민하는 학자는 정말 일부에 국한된다. Christa Albrecht-Crane & Jannifer Daryl Slack(2007)는 Delueze를 끌어들여 감응의 교육학(pedagogy of affect)을 제안한다. Dahlberg와 Theorell(2009)는 유아들의 자연과의 대화를 기술하였는데, 이는 Deleuze로부터 강력한 영향을 받은 것이 분명하다. 그러나 Deleuze와 관련하여 더 진지한 공헌을 한 학자는 Liselott Olsson(2009)이다. 그는 Delueze와 Guattari의 작업과 관련지어 어떻게 유아학교 교사들이 실제 운동과 실험하기를 하여 왔는지 매우 다양한 예를 들어 보여 주는데, 특히 어린이가 역동적이고 협력적인 과정을 통해 주체성과 배움을 지속적으로 구성해 가는 것에 대한 실험과 운동을 잘 보여 준다. 이러한 학문적 노력과 함께 나는 유물론적 교육학의 실제를 내가 연구해 온 유물론적 페미니즘 이론과 연결하여 Barad와 Delueze의 철학을 나의 대학원 시절의 과제물(Lenz Taguchi, 2008a)로 제출한 바 있고, 학부 시절에 논문(2009b)을 쓰기도 했다. 그뿐만 아니라 나는 유아와 교사들 그리고 유아교육기관과 상급학교들의 구체적인 학습실제와 유아들의 생생한 경험들에 관한 글을 쓰기도 하였다(Lenz Taguchi, 2008b, 2008c). 이 책에서는 유아학교와 학교, 더 상급교육기관까지 포괄하는 교육의 실천에 도전하고 변화를 줄 수 있는 학문적 공헌을 하고 싶다.

이 책의 구조와 목차 구성

The structure of the book and organization of chapter contents

이 책의 제1장에서는 이론/실제뿐 아니라 질료/담론이 이분화된다는 것이 무슨 의미인지에 대한 나의 견해를 피력할 것이다. 이 장은 매우 다른 형태의 사건으로 발생한 두 가지 학습 사건에 대해 논의할 것이다. 첫 번째 사건은 스톡홀롬 프로젝트에서 위계적 사고를 바꾸어 놓기 위해 권력생산에 관한 이슈를 다루면서 우리가 함께 고군분투하는 모습을 담고 있다. 우리는 오랫동안 관습적이었던 위계적 상하 관계의 권력을 '수평적으로 만들기(flattening out)' 위해 노력해 왔으며, 이제 주체, 주체와 객체, 사고와 행위, 이론과 실제 사이-내부의 권력생산을 올바르게 이해하기 위하여 기울여 온 노력들을 소개하고자 한다. 이 장에서는 유아들이 나뭇가지로 노는 예들로 설명할 것이다. 이 책을 통해 우리가 배움의 과정을 이해하기 위하여 어떻게 작업해 왔는지 보여 주기 원하며, 그 과정은 유아들의 언어적 개념화, 사물, 물질, 그리고 환경을 포함하는 것들이 서로 의존해 있는 내부작용의 힘과 흐름이라는 점이다.

Barad가 말한 것처럼 만약에 우리가 주변 세계를 그저 바라보는 외부 관찰자가 아니고, 오히려 그들과 지속적으로 내부작용하는 세계의 일부라면, 배움에 대한 우리의 이해는 어떨지 생각해 보자. 제2장에서는 내가 교육에서 내부작용이 일어나는 배움에 관하여 이해하기 위해 어떠한 용어와 이론을 사용하는지 개괄적으로 설명하고자 한다. 인식론적 관점에서 다른 존재들을 통해 우리가 알고 있던 방식과는 다른 차원에서 배움이 어떻게 발생할 수 있는지 알아보며, 이를 예비 유아교사들이 진흙을 갖고 구성하는 활동을 예로 들어 설명해 보고자 한다. 이를 통해 우리는 존재, 되기, 그리고 지식구성과 배움에 대하여 다르게 이해하는 방식들에 관해 더 살펴보게 될 것이다.

내부작용 교육에서 배움의 실제에 사용되는 연구 도구는 교육적 기록작업이다. 특히 교육적 기록작업은 제3장의 주요 이슈가 될 것이다. 우리는 관찰과 기록작업을 통해 어떻게 의미를 구성해 나가는가? 어떤 종류의 지식이 도구적으로 생성되는가? 학습자로서 유아가 배우는 활동에서 우리가 사용하는 '기구들(apparatuses)'은 무엇인가? 우리가 소위 교육적 기록작업이라고 부르는 것은, 일종의 앎의 도구들로, 우리가 유용하다고 생각하는 여러 객관적인 종류의 지식이 실재 우리 자신의 존재론 및/혹은 인식론에 의존하여 생성되는 것임을 설명하고자 할 것이다. 이 장에서는 특히 유아들의 배움과 발달에 관련하여 세 가지 서로 상이한 관찰과 기록작업의 사례를 소개할 것이다.

제4장에서는 기록화의 도구를 활용하여 유아들의 앎의 과정을 조사하는 실제적 예들을 소개하고자 한다. 기록작업은 '방법론적(methodologically)'으로 활용되는 것인데, '순환적(circular)'이고 '수평적(horizontal)'으로 운동하는 이동 속에서 일어난다. 이 책에서는 4~5세 유아들이 유치원에서 집으로 가는 길에 그들의 이웃들을 조사하기 위하여 경험한 배움의 예들을 설명해 볼까 한다.

뒤에 이어지는 두 개의 장은 교사교육기관의 상황에 관한 것이다. 제5장은 간학문적(interdisciplinary)인 것에 초점을 둘 것인데, 10주 동안 수학에서 일어나는 탐구적이고 초월적인 배움 과정(transgressive learning process)에 대하여 초점을 둘 것이다. 여기서는 특히 교수 행위의 실제를 재개념화하는 여러 가지 다른 방식의 예를 소개할 것인데, 앎과 주체의 형성과정은 내재적 존재론과 분리될 수 없음을 설명하게 될 것이다.

학문적 글쓰기란 무엇인가? 어떻게 존재론적 인식론(onto-epistemology)을 통해 학문적 글쓰기를 수행할 수 있는가? 제6장에서는 학문적 글쓰기가 어떻게 이론과 실제의 이원화된 영역을 넘어서며 갈 수 있는지 설명해 보고자 하는데, 특히 다양한 장르의 텍스트를 활용하여 공동으로 주관하여(collaboratively supervised) 글쓰는 방식에 대해 논의해 볼 것이다. 이러한 글쓰기 작업은 예비교사들을 보다 앎의 복잡한 과정으로 이끌고 갈 것인데, 특히 글쓰기에서 이원화된 이론/실제를 넘어서 가는 융합하는 방식에 대해 기술해 보고자 하며, 동시에 학술적 과제와 조화를 위한 글쓰기를 하면서 발생하는 일에 대해 논의해 보고자 한다.

제7장에서는 윤리적이고 정치적인 문제에 관하여 몇 가지 질문을 던진다. 다른 세계관, 그리고 교육현장에서 실제 앎과 배움을 이해하는 방식에서 윤리적이고 정치적인 결론들은 무엇인가? 오늘날 교육현장은 발달과 배움에 대해서 우리가 생각하는 다른 방식으로 윤리적·정치적 결론들이 내려지곤 하는데, 이러한 예는 이 책의 뒤편에 5세 유아의 지도 그리기 활동에서 나타난다. 그래서 내부작용 교육학에 관한 내 생각을 다시 이러한 예들을 한 줄 한 줄 다시 읽으면서 말해 보고자 한다. 이 장은 결국 내가 소위 내재적 윤리와 잠재성이라 부르는 부분을 Deleuze와 Claire Colebrook(2002)을 참조로 하여 요약하고 정리하면서 마무리될 것이다.

이 책은 각 장의 내용이 차례대로 이어지게 구성되었는데, 이는 앞의 장을 읽으면 더 쉽게 다음 장을 이해할 수 있도록 하기 위함이다. 앞 장에 난해한 용어나 개념들이 미리 소개되어 있기 때문이다. 각 장에서는 앞 장에 나온 내용이나 용어들을 다시 돌아가 언급하는데, 이는 독자들에게 주요한 내용이나 용어를 상기할 필요가 있을 때 특히 그러할 것이다. 이미 많은 독자가 이 책에서 Deleuze와 Guattari의 책이나 난해한 글쓰기를 참조로 하고 있음을 알기 때문에, 독자들이 Deleuze의 개념에 좀 더 밀착되어 명료화할 수 있는 책을 세 권 정도 추천하고 싶다. Mark Bonta & John Protevi의 책 『*Deleuze and Geophilosophy: A gude and Glossary*』(2004)이다. 두 번째는 Charles J. Stivale에 의한 편집본인 『*Gilles Deleuze: Key Concepts*』(2005)로, 이는 주요한 용어들을 에세이처럼 다루며 구성되어 있다. 세 번째 책은 Claire Colebrook의 책인 『*Gilles Deleuze*』(2002)인데, 특히 이 책은 내가 이 책을 저술하면서 매우 많이 응용한 것으로, Deleuze의 철학을 이해하는 안내서로서 매우 잘 쓴 책이라는 점에서 추천하고 싶다.

CHAPTER 1

이론/실제 및 담론/질료의 구분을 넘어서

Going beyond the theory/practice and discourse/matter divides

> 이론은 지속적으로 진행 중에 있는 것이며, 우발적이며 실험적인 성격을 띤다. 또한, 통제할 수 없는 환경 및 물질과 어떻게 상호작용하는가에 좌우된다. … 그 어떤 실천도 이론과 관련되지 않을 수 없다.
>
> (Williams, 2007: 1)

이분법적 구분은 우리의 사고를 단순화하고 축소시키는 방식으로 구조화한다. 이를테면 선/악, 정신/육체, 이론/실제와 같은 구분을 들 수 있다. 이러한 이분법적 구분에서는 한쪽이 상호 반동적으로 다른 쪽을 배타적으로 밀어내게 되어 이것 아니면 저것을 택하게 한다. 그러므로 양쪽이 섞여 있는 혼합된 상태나 양쪽 둘 다(both-and)를 택하는 일, 또한 양쪽의 사이-내부(in-between)라는 중간 상태를 생각할 수 없게 만들어 버린다. 교육 현실에 있어 이론/실제 간 이분법적 분리를 넘어서는 일은 비록 복잡한 과정일 수 있지만, 이를 통해 얻을 수 있는 보상은 상당히 크다. 만약 우리가 이제까지와는 다르게 생각하고 이해하기 시작한다면 결코 우리가 평소에 하던 방식으로 교육할 수 없게 된다(Lather, 1991; Lenz Taguchi, 2000). 한 유아교육기관 교사가 나에게 이런 말을 한 적이 있다. 이제까지 당연하게 생각해 왔던 내용을 비롯하여 어린이를 교육하는 습관적인 방식에 대해 스스로 의문을 제기하기 시작했을 때, 처음에는 상당히 놀랍고 두려웠으며 어렵게 느꼈지만, 곧 자신의 교사 경력 전체를 통틀어 가장 흥분되는 느낌으로 바뀌기 시작했다고 하였다. 그러나 예전에 당연하게 생각하던 습관적인 교육 방식의 덫에 언제 또다시 빠질지 모르고 수업 중에 예기치 못한 사태를 만날지 알 수 없고, 게다가 무엇에 따라서 가르쳐야 할지 알 수 없었다. 그리고 이 활동 다음에는 무슨 활동을 해야 할지 그때그때 잘 알 수 없었기 때문에 마치 수렁 속을 걷는 것과 같았다고 했다.

이 장(章)에서는 스웨덴에서 레지오 에밀리아 접근으로 행해진 교육 사례 중 매우 상반되는 특성을 보인 두 가지 경우를 논의하고자 한다. 첫 번째 사례는 1993년에 시작된 스톡홀름 프로젝트에서 교사와 행정관리 공무원, 연구자가 협동 작업을 하는 과정에서 권력생산(power-production)의 문제를 이해하고자 씨름한 내용이다. 이 프로젝트에서 우리는 어린이가 스스로 학습 전략을 세우고 지식을 구성하는 교육 활동을 계획하는 데 교육적 기록작업을 효과적으로 활용하는 방법을 개발하고자 매달 한 번씩 온종일 만남을 가졌다. 교육적 기록작업은 우리의 전문성 개발에서 매우 중요한 도구였다. 또한, 우리는 어린이와 배움, 유아교육기관의 활동에 대한 기존의 지배적인 관점을 토론하고 비판적으로 분석하였다. 매 모임에서 교사가 자신의 수업 활동에서 제작한 기록작업의 내용을 발표하곤 하였는데, 그것은 어린이가 학습해 나가는 과정에 초점을 두고 작성한 것이었다. 그 목적은 어린이가 어떻게 사고하고 학습하는지, 그러한 학습이 일어나기 위한 교육적 조건은 무엇인지를 우리가 같이 성찰해 가면서 배우기 위한 것이었다(Dahlberg et al., 2007; Lenz Taguchi, 1997, 2000, 2006). 두 번째로 소개할 사례는 어린이들이 참여한 한 학습 사건을 통하여 교육 활동에서 활발히 일어나는 내부작용 교육(intra-active pedagogy) 장면에 관한 것이다. 이 내용에서는 어린 유아들이 담론을 통해 이루어 가는 개념화 과정을 비롯하여 사물, 물질(materials), 환경의 사이-내부(in-between)에서 내부작용의 흐름과 힘(forces)이 작용하는 그들의 학습 과정을 이해하기 위하여 우리가 어떤 방식으로 작업해 나갔는지 보여 준다.

이론/실제 분리의 문제점

The problems of the theory/practice divide

교육 분야에서 이론과 실제라는 개념 사이에 간극이 존재한다고 생각하는 것이 지배적인 관점이다. 또한, 이론과 실제에 대해 우리가 흔히 생각하는 방식도 이분적인 대립 구도를 이루고 있다. 한편, 어떤 사람들은 이와 같은 이분 구도의 한편에 새롭고 신선한 아이디어나 이성적이고 논리적이며 깔끔하고 결함 없는 것의 이미지를 가정하여 놓고, 다른 한편에는 '어질러지고', '깔끔하지 못하며' 무질서한 실제, 즉 원리나 이론적 안목으로 깔끔하게 조직하고 정리하며 해석해야 할 것을 놓는다. 후자의 관점을 옹호하는 사람들은 더 나은 실제가 이루어지기 위하여 훌륭하고 적합한 이론들이 적용되어야 한다고 주장하곤 한다. 그러나 이러한 생각이 여러 연구자와 교사교육자들 사이에서 지배적인 관점일 수 있지만, 현장전문가들 사이에는 아마 또 다른 생각이 있을 것 같다. 그것은 이론이 아닌 실제가 그 자체로 일종의 진리를 구성한다고 보는 것이다. 그 진리는 현장전문가들 자신 속에 체화된 형태로 존재하는 비체계적이고 비문서화된 경험과 암묵적 지식을 기반으로 한 것이다. 이 관점을 지지하는 사람들은 실제 속에서 형성된 암묵적 지식의 진리를 이론은 만들어 낼 수도, 제시할 수도 없다고 말할 것이다. 그리하여 우리가 해야 할 일은 실제 그 자체로부터 암묵적인 진리를 도출해 내는 일이 된다(Polanyi, 1997). 그러나 이 두 가지 관점이 모두 인식하지 못한 점이 있다. 그것은 실제가 이미, 그리고 동시적으로 이론적이고 물질적인 성격을 지닌 것이며, 이론은 구체적인 물질적 수준의 실제적 체험과 그 환상에 전적으로 의존하고 있다는 사실이다.

그렇다면 정작 문제는 실제가 전적으로 이론에 따라서 하는 그 무엇이 아니라는 점도, 이론이 실제를 적절한 방식으로 재현해 주지 못한다는 점도 아니다. 반면에, 실제는 사실상 **이미** 그리고 계속적으로 교육 이론을 구성해 나가고 실천해 나가는 것이다. 우리가 알든 모르든 간에 말이다. 비록 우리는 간혹 모순적이거나 비생산적으로 생각할 때도 있지만, 우리가 이론과 생각을 말하고 실행할 때 우리는 이미 실제와 연관 짓고 있다. 실제란 사건의 밀도 높은 물질-담론적 혼합체(material-discursive mixture)로서 서로 여러 겹으로 접힌 상태이다. 교육 이론이란 발달적으로 적합한 것으로, 또는 구성주의적인 것으로, 이미 준비된 반응으로(response-ready), 아동중심적인 실제 등으로 이미 물질화(materialisation)되어 있다. 물질화란 그 어떤 구체적인 관념과 생각들이 실행되고 있을 뿐만 아니라, 일상적인 일과나 습관으로 구체적으로 체화되어 '자연적'이고 당연한 상태로 인정되어 가는 적극적이고 지속적인 과정이다. 이러한 물질화 과정에서 질료(matter)와 의미는 서로 얽히게 된다. 그리하여 어떠한 관념이 우리의 몸과 동작을 형태 짓는지, 또한 우리 몸의 물질적 사전 조건이나 실제의 건축물 또는 조직이 우리의 개념과 신념을 어떻게 형태 짓는지 서로 구분할 수 없는 상태에까지 이르게 된다. 마치 담론이 우리가 물질의 세계에서 사물들을 갖고 무슨 활동을 하고 이를 어떻게 조직할 것인지를 구성하는 것과 마찬가지로, 물질적 몸과 질료와 인공물이 담론을 구성한다. 더욱이 젠더, 계층, 성, 민족, 인종, 연령, 장애 여부를 사회적으로 어떻게 위치시키는가 하는 문제는 우리 자신이 말하고 우리 자신을 (이를테면 백인 또는 노동계급의 여성 교사로) 물질화하여 나타냄으로써, 실제로 그렇게 물질화되게 되는 것이다(Butler, 1990, 1993, 2004). 어린이와 학생들은 소녀/여성 또는 소년/남성으로, 백인 또는 유색 인종으로, 민족적 배경으로, 특정 종교를 지닌 사람이나 무신론자로, 사회적으로 성공한 사람이나 성공하지 못한 사람으로, 지성인이나 그렇지 못한 사람으로, 영리한 사람, 감성적인 사람, 실제적인 사람, 민감한 사람 등등으로 물질화되고, 스스로를 이와 같이 물질화된 존재로 변형시킨다. 우리의 젠더, 계급, 인종 등은 우리가 스스로 선택하지 않은 담론적 아이디어와 개념의 사회적 세계에 의해 구성된다. 그러나 동시에 우리 자신이 스스로를 구성해 나가는 끊임없는 지속적 과정을 통해 우리의 젠더, 계급, 인종 등을 **행위하고 실천한다.**[10] 그렇기 때문에 사회적 규범, 개념, 담론과 같이 사회적인 것(sociality)은 우리가 파악할 수 있는 그 어떤 단독자가 만들어 낸 것이거나 원천이 있는 것이 아니라 공동으로 구성된 것이다(Butler, 2004: 1-3). 우리는 교사 및 학습자로 새겨진 우리 자신과

---

10) 역자 주: "우리의 젠더, 계급, 인종 등을 행위하고 실천한다."는 표현은 "We do our gender, class, ethnicity, etc. …"를 번역한 것이다.

학생들의 담론적 주체성을 행위하고 실천하며 물질화한다. 마치 우리가 일상에서 책과 학습 교재, 가구, 학교 건축물을 다루는 것과 같다. 그리하여 이러한 물질과 인공물들은 지식과 학습의 물질화된 아이디어일 뿐 아니라, 사회적 관념과 담론들 속에서 동시에 변화하는 적극적인 수행적 행위주체들인 것이다.

우리는 스톡홀름 프로젝트 학교에서 교사들에게 이러한 생각을 말한 다음, 우리가 옛 교육 방식을 전적으로 대체할 그 어떤 새로운 방법을 실행하려고 만남을 가지는 것이 아니라고 말했다. 우리가 하고자 하는 것은, 이를테면 우리가 갖고 간 도구상자를 열어서 그 안에 가득 담긴 이론적이고 방법적인 도구들을 하나씩 꺼내 보는 것과 같다고 비유적으로 설명하였다. 다시 말해서 도구상자를 열어서 그 속을 들여다보고 각 도구를 꺼내어 탐색하고, 그것의 용도를 탈코드화(de-code)하고 재코드화(re-code)하면서 새로운 도구를 발명하는 것이다. 전문성의 발달은 도구상자를 열고 다시 꾸리고 탈코드화하고 재코드화하며 접힌 것을 펼쳐 내고 다시 접는 과정을 통해 이루어진다. 그리고 무엇보다 중요한 것은 그 어떤 새로운 것이 출현할 수 있도록 상자 안에 든 것들을 **재-발명해 내는** 과정일 것이다. 그러나 프로젝트 현장의 교육 활동 실제에서 우리 자신이 만들어 가는 새로운 도구와 경험들에 대해서도 역시 탈코드화하고 재코드화하며 재인식해야 할 필요가 있다. 도구상자 안을 들여다보고 그 도구들을 가지고 실험을 시도함으로써, 이론과 실제가 분리 불가능하다는 것과 결국 상호의존적인 관계에 있다는 것이 명백하게 드러날 것이다.

더욱이 이론/실제의 이분법적 구분에서 또 다른 핵심적인 내용이 있는데, 그것은 권력(power) 관계에 관한 내용이다. 학문적 지식(특징적으로 이론적이며 남성적인 것)은 유아학교의 실제(여성적인 것)

보다 더 상위 가치로 인정된다. 실제와 물질의 위상을 이론적인 것의 위상에까지 끌어올리는 데 실패한 이유는, 내가 생각하기로는 젠더적인 관념에 묶여 있기 때문인 것 같다. 다시 말해서, 실제는 은연중에 덜 가치 있는 배움과 연결되어 있고 그에 오염되어 있다고 간주된다. 덜 가치 있는 그 측면이란 몸과 관련된 것이거나 제대로 체계화되지 못한 암묵적인 것이고, 따라서 종종 여성적인 것으로 인식되는 것을 말한다. Plato로부터 Descartes를 거쳐 20세기에 이르기까지 우리 서구 사고가 기대는 이 개념적 구분은 외현적이고도 내적인 함축성을 지닌 젠더 가치들을 제공하였다. 이 구분에서 첫 번째 개념은 높은 가치를 지니고 우월한 위치에 있으며, 주로 남성적 특성을 지닌 것으로 인식되는 내용인데, 반대쪽 개념은 그보다 낮은 가치가 부여되고 보통 여성적인 특성으로 인식된다. 예를 들면, 문화/자연, 영혼/대지, 정신/몸, 이성적/감성적, 사고/느낌, 담론/현실, 언어/물질, 선형적(線形的)/순환적, 능동적/수동적, 질서/혼란, 보는 것/듣는 것, 안정성/변화, 목표지향적/과정지향적, 사실/허구 등의 구분이다(Davies, 2000; Lloyd, 2002).

이분법적인 우리의 일상적 사고에 숨어서 이와 같이 젠더화(gendering)하는 습관은 양편에서 어느 한편에 더 가치를 두어 (이를 건설적으로 바꾸려고 하기보다는) 우리로 하여금 흑백논리식의 **양분법적** 사고에 머물게 한다. 그런 연유로 교육에 관련된 논의가 종종 교수 방법과 교수 실제 사이에서 양극화된다. 말하자면, 이론적이고 교재에 충실하며 평가와 측정을 용이하게 해 주는 쪽을 택하든지, **아니면** 체화된 직접 경험에 기반한 것을 택하든지의 **양자택일**(擇一)(*either/or*) 문제라고 생각하는 것이다. 후자의 경우 종래와는 다른 배움의 방식으로 미학적 표현 수단을 종종 사용하기도 하여, 실행하기 어려울 뿐 아니라 엄격한 과학적인 방식으로 평가하기 힘든 것으로 흔히 인식되곤 한다. 그러나 만약 우리가 이러한 흑백논리식 양자택일의 구도를 넘어서서 이론과 실제가 서로 연결되었다는 상호 의존적인 측면에 초점을 두고 생각한다면 어떻게 될까? 그렇게 되면 이론과 실제의 구분은 무너지고, 이론과 실제가 각각 자체 내에서 능동적인 변화가 일어나는 지속적인 내부작용(intra-action)으로, 서로가 서로를 구성해 주는 힘들이 강력하게 흐르는 것이라는 사실을 이해할 수 있을 것이다. 이들 힘은 서로 분리가 불가능하고, 이들 사이를 뚜렷하게 경계를 짓기도 어렵다(Barad, 2007). 그러나 이는 이론적으로 사유하기를 포기한다거나 현장 교육에 적극 참여하는 일을 그만두는 것을 말하는 게 아니다. 단지 이론과 실제를 상호 의존적이고 서로 연결된 것으로, 동등한 가치와 필요성을 지닌 것으로 이해하고자 하는 것이다. 이 점에 대해서는 교육실제에서 발생하는 권력 문제의 사례를 통해 다음에 좀 더 상세하게 논의하기로 한다.

'흑백논리', '양시론(兩是論)', '양비론(兩非論)'으로부터 모두가 얽히고설킨 되어 가기로

From 'either–or', 'both–and' or 'neither–nor' to entangled becomings

이론/실제의 양분 구도에 도전하고 그 문제점을 해결하기 위하여 나는 우선 스톡홀름 프로젝트에서 우리가 참여했던 협력 학습의 사례를 여기에 소개하고자 한다. 이 사례에서 우리는 교육실제를 구성하는 원리와 이에 작동하는 힘(force), 그리고 권력(power)을 이해하고자 노력하였다. 그 작업의 전체 여정을 간략하게나마 소개한다. 사실 그 작업은 시간이 갈수록 점점 더 복잡해졌는데, 그 과정에서 교육 현장에서 발생하는 권력 문제에 대하여 기존에 우리가 지녔던 생각을 재고하고, 권력 문제를 그 구체적인 발생 장소와 관련지어 어떻게 이해할 것인지 재개념화하게 되었다. 그 여정은 결코 선형적이거나 전진적인 것이 아니라, 순환적인 사고를 요했고, 넓게 확장된 안목을 필요로 하는 것이었다. 이는 각각의 모든 새로운 움직임, 또는 옛것이 새것으로 대체되는 과정에는 항상 기존의 움직임이 제거되는 것이 아니라 함께 포함되어 여전히 작용하고 있다는 것을 의미한다. 다시 말해서, 우리는 어떠한 사건을 이해할 때 기존의 내용에다 새로운 측면이나 복잡한 부분을 첨가하여 더욱 복잡한 방식으로 이해한다. 이를 통하여 권력이란 종전에 개념화하던 방식대로 그것이 우리 자신을 넘어서는 사회 구조로부터 생산된 것이고, 우리 위에 작용하는 것으로 인식하던 데서 벗어날 수 있게 된다. 종전의 개념화 방식은 권력을 우리의 위 또는 바깥으로부터 오는 것으로 보고, 교직원과 물질적 조건을 마치 수동적인 실체인 양 그 아래에, 그리고 권력은 그 위에 군림하며 작용하는 것으로 이해하던 관점이다. 그러나 모든 것은 알게 모르게 우리가 이미 그 속에 참여해 있고 공동의 생산자로서 이미 역할하고 있는 담론적인 권력생산(discursive power-production)이라고 이해될 수 있다. 이러한 이해의 운동은 곧 제3의 이해로 확장된다. 제3의 이해에서는 두 번째 관점과 같이 담론이 결코 자체 내에서 독립적으로 구성되지 않는다는 것을 알게 된다. 앞에서 언급한 바와 같이, 담론은 서로 깔끔하게 구분해 주는 경계 없이 서로 다른 몸체들과 물질들, 인공물들이 행위주체적으로 서로 얽히며 내부작용하는 것이다.

'외부적인 구조와 수동적인 물질 조건이 유아기 성장의 질을 결정한다'고 보는 관점

1993년 스톡홀름 프로젝트의 첫 번째 학교에서 우리가 기록작업 내용을 토론하기 위해 만났을 때, 교사들은 우리가 당연시하던 일상적인 교육 일과 및 스웨덴에서 일반적으로 통용되는 교육 방식에 대해 매우 적극적으로 질문하였다. 그들은 종전의 인습적인 교육 방식에서 어떠한 기제와 힘, 권력이 작용하고 있는지 알고자 하였다. 그리하여 무엇이 우리로 하여금 교육 활동을 그 같이 계획하고 조직하며 행하고 말하게 하였는지 스스로에게 질문하였다. 이에 대해 대부분의 현장전문가는 흔히 자신의 영역을 넘어서는 압도적인 구조적 환경, 즉 정치가와 행정관리 공무원에 의해 그 내용이 결정되었음을 우선적으로 언급하곤 하였다. 그들은 흔히 공간과 직원, 물질, 시간과 재정이 적절하게 계획되지 못하였다고 말한다. 이 관점은 스웨덴이나 세계 여러 곳에서 점점 더 보편화되고 있는 발달적으로 적합한 실제(Bredekamp et al., 2000)나 유아환경평가척도(ECERS: Early Childhood Environmental Rating Scale) 등의 평가제도와도 맥을 같이 한다. 이와 같은 관점에서는 훌륭한 교육적 실제를 어떻게 구조적으로 구성할 것인가에 초점을 두고 있다. 그리하여 훌륭한 교육이란 발달적인 학습이론과 연계하여 표준화된 기준으로 규정해 낼 수 있다고 본다. 예를 들면, 이 관점을 그대로 따를 경우 유아교육기관에 등록한 어린이의 숫자를 기준으로 기관의 교육 활동을 계획하는 현상이 초래되기도 한다. 이를테면 발달이론에 따라 다양한 교육 활동 형태마다 가장 바람직한 어린이 집단의 크기가 각각 다르다는 생각을 우선시할 때, 결국 어린이 숫자가 교육 활동을 조직하는 데 가장 중요한 변수가 되고 마는 것이다. 어린이의 학습 및 정상 발달에 관련된 과학적인 지식은 정치가와 행정관리 공무원에게 학습 활동을 조직하는 최상의 방법이나 적절한 교수 자료를 구입하는 데 직접적 또는 간접적인 정보를 줄 수 있다. 정치가와 공무원의 입장에서는 그 과학적인 지식에 따라 유용 가능한 재정 내에서 결정을 내리고 평가 방식을 계획할 수 있다. 그러므로 교육 현장전문가는 자신들이 기본적으로 실제적인 권력도 지니지 못했고, 권력이란 자신들이 누릴 수 있는 성격의 것이 못 된다고 말하는 것이다. 그 권력은 사회를 조직하고 지식을 생산하는 사회적 구조로부터 부과되는 '외부적인' 것으로서, 과학자, 정치가, 행정관리 공무원이 지닌 것처럼 보인다. 이러한 사고방식에서는 권력이란 어떤 사람들에 의해 생산되고 그들에게 속한 것이다. 이 맥락에서 교육실제란 이미 교육현장을 선(先) 규정하는 능동적인 구조와 권력 있는 몇몇 특정 주체가 조정하는 공간이며, 그 결과 교육현장은 수동적일 수밖에 없는 물질들의 실체로 채워진 무대인 셈이다. 그 권력 있는 주체들은 거대한 권력을 생산하고 기본적으로 불변하는 구조를 유지하는 데 기여하는 자들이라고 인식된다.

'우리는 모두 권력생산의 담론에 공동으로 참여하고 있는 자들이다'

그러나 만약 이와 같은 관점을 한번 뒤집어 보면 어떻게 될까? 다소 경직된 사회 구조에서 혜택받은 소수자들이 권력을 소유하고 있다는 위와 같은 관점을 뒤집어 보면, 권력은 공동으로 구성된 담론적 관념들과 의미 만들기를 통해 생산되는 것이라는 주장이 나올 수 있다. 그렇게 되면 교육실제의 질(質)은 우리가 일상적인 교육 일과와 습관 및 행위로 특정한 내용의 의미 만들기를 (재)생산하는 가운데,

체화된 상태로 행하는 우리 자신의 일상 행위 자체에 달려 있는 문제라는 것이 드러난다. 곧 교육실제란 우리 자신이 공동으로 의미를 협상하며 생산해 내는 **담론적 실제**(*discusive practices*)인 것이다. 이 맥락에서 권력은 우리 모두에 의해 모든 사소한 행위에서 공동으로 생산되고 실행되는 것이다.

프랑스 사상가인 Michel Foucault(1990: 93)는 이러한 권력 생산의 방식을 지적하며, 권력이 어떻게 우리 주위의 모든 것을 포괄하며 도처에서 작용하는지 보여 주었다. 그는 권력의 생산이란 우리의 사고방식과 정신적 상태를 통하여 작용하는 것이라고 하였다. 그것은 우리가 무의식적으로 습득한 관념이나 담론에서는 물론이고, 자유로운 개별적 주체로서 '자유롭게' 선택한 것이라 여기는 수많은 지배적인 사회 관념과 담론, 아이디어에도 포함된 것이다. 그리하여 권력은 우리가 자신을 관리하고 규제하는 여러 일상적인 행위 양식에서 실제로 작용하고 있다. Foucault는 다음과 같이 말한다.

> **주체**(*subject*)란 단어에는 두 가지 의미가 있다. 누군가의 통제와 그 누군가에 대한 의존으로 그에게 종속된 상태, 그리고 자기 자신의 양심이나 자기 지식에 따라 바로 자신의 정체성 자체에 묶인 상태가 그것이다. 이 두 가지 의미는 모두 인간을 어딘가에 종속시키고 묶어 두는 권력의 형태다.
>
> (1982: 212, 원문 강조)

Valerie Walkerdine은 교실에서 교사가 어떻게 어린이와 배움에 대한 개념과 진리를 생산하고 유지해 나가는지를 보여 준 선구적인 교육연구자이다. 어린이 존재에 관한 관점은 발달심리학에서 개발되어 이후에 학습이론과 혼합된 것으로, 이것은 교실 현장에서 교육실제를 구성하게 된다. 교육실제는 교사들에 의해 교실 현장에서 구체적으로 물질화되는 내용이다. Walkerdine은 다음과 같이 말한다.

> 교육실제 자체가 그 속에서 어린이 존재란 무엇을 **의미하는지**, 즉 어린이를 규정짓는 일을 행하기 때문에 이를 통해 어린이의 존재에 대한 일정한 의미가 생산되게 된다. 즉, 어떠한 행동과 말 등이 사용되는지, 그것들이 어떠한 범주화 장치와 등급화 방식으로 어린이를 규제하는지에 따라 어린이의 존재에 대한 특정한 인식과 의미가 만들어지는 것이다. 그리하여 '어린이'란 일종의 창조물이 되고, 어린이의 상태를 병리적인 증상으로 읽어낼 수 있는 여지도 제공된다.
>
> (1988: 203-4, 원문 강조)

스톡홀름 프로젝트 연구팀이 교사들에게 이러한 관점으로 권력생산 문제에 대해 생각해 볼 수 있다는 것과 우리가 앞으로 어떠한 교육적 실천으로 나아가야 할 것인지 토론하자고 제안했을 때, 교사들은 처음에 이를 매우 불편하게 받아들였다. 어떻게 하면 우리가 공동으로 바람직하게 **이해하는** 모습의 교육실제가 될 수 있을까? 우리가 많은 예를 들면서 사람들이 일상적 담론에서 어떤 것에 어떻게 이름을 붙이고 정의를 내리며 글로 쓰는지, 그리고 어떻게 이를 실제로 행하는지 분석하였을 때, 교사들은 점차 이러한 사고방식을 이해하기 시작하였다. 그리고 그들은 오래지 않아 곧 일상적 행위 속에서 담론적 권력이 행사되는 경우를 어떠한 상황이든 쉽게 파악해 낼 수 있었다. 교사들은 현장전문가나 어린이들이 일상적으로 몸에 익어 버려 이미 체화된 교육실제 속에서 어떻게 권력을 말하고 글을 쓰며 행위를 하는지, 즉 일상 담론적 행위로 권력을 물질화하는지 서로 이야기하기 시작하였다. 예를 들면, 북유럽의 유아교육 맥락에서 화장실에 가야 할 필요가 있는 어린이의 경우, 그가 비록 어린 유아더라도 대개는 이 상황을 정상적인 인간의 모습을 교육적으로 가르쳐야 할 상황으로 보게 된다. 이 때문에 자연히 정상화하는 권력이 생산된다. 화장실에 가는 상황은 흔히 생각하듯이 꼭 위생적인 생활 습관만을 배우는 상황만은 아니다. 옷을 벗고 다시 옷을 입는 등 자신의 의복을 혼자서 추스르는 상황이고, 변기의 물을 내리는 일, 전등을 끄고 화장실 문을 닫는 일 등을 아이 혼자서 책임지고 행하는 상황이다. 그러므로 신체 조정과 운동 기능뿐 아니라 환경적이고 개인적이며 사회적인 책임을 실천하는 학습의 상황이 된다고 본다. 여기에서 이 각각의 작업 내용은 동등한 중요성으로 강조되며 실제로 교육되고 있다. 교육학의 맥락에서 이러한 정상화적 실제에 관하여 이미 많은 연구가 행해졌다(Canella, 1997; Fendler, 2001; Hultqvist, 1998, 2001; Lenz Taguchi, 1996, 2000; Popkewitz, 1998; Popkewitz & Brennan, 1998; Rose, 1999; Yelland, 2005).

권력과 교육실제를 공동으로 구성한 담론적 의미라는 측면으로 이해하려고 할 때 간혹 격한 감정적 반응을 불러일으키기도 한다. 교사들이 보인 보편적인 반응은 "내가 지금까지 해 온 모든 일이 어린이들에게 억압적인 결과를 초래했을지도 모를 무의식적인 권력생산의 작업이었다."라는 표현이었다. 과거에는 그 책임을 사회 구조 속에 있는 (정치가나 행정공무원과 같이) 권력을 가진 인물들에 투사하면 되었는데, 이제는 그 책임을 뭐라고 규정할 수 없는 공동의 담론적 권력생산(discursive power-production) 체제의 본래적 특성으로 돌려야 한다는 것을 깨닫기 때문에 큰 당혹감을 비치게 된다. 담론적 권력생산 체제에는 이미 우리가 모두 포함되었을 뿐 아니라 우리 자신들이 권력을 재생산해 내고 있다. 이러한 방식의 사고에서는 권력을 생산하는 개별적 행위주체성(individual agency)이 다름 아닌 언어와 문화 속에서 공동으로 의미 만들기를 해 나가는 과정 자체에 있는 것이다. 왜냐하면 내가 무언가를 자유롭게 선택하고 글에 무언가를 행할 수 있다는 나의 가능성, 즉 나의 행위주체성은 사실 실제 상황에서는 단지 몇 가지 선택 가능성 중 하나를 뽑아 들거나 아니면 이미 누군가에 의해 만들어진 것을 단순히 사용하고 이를 반복하는 등의 단순 행위로만 제한될 뿐이다. 또는 기껏해야 원저자나 출처도 없이 존재하거나 우리가 공동으로 생산해 내는 담론적 관념들을 약간 변형시키는 정도의 자유만을 행사할 수 있을 뿐이다(Butler, 2004: 1). 이러한 사실을 가지고 어떤 학자들은 개별적인 행위주체성이나 자유는 전혀 존재하지 않는다고 결론짓기도 한다(Popkewitz, 1998; Rose, 1999). 개별 주체는 그의 존재가 그 속에 새겨져 있는(inscribed) 자신의 언어와 문화로부터 '자유로울' 수 없다. 그는 자신의 일상적 삶을 통해 계속 자신을 그 언어와 문화 속에 거듭 새겨 넣을 뿐이다. 이 관점에서 볼 때, 유일하게 가능한 행위주체성은 지배적인 관념들 속에서 이미 공동으로 종속되어 있는 담론적 조건들을 어떻게 사용하고 달리 대체할 수 있느냐는 문제이다. 이는 우리 자신과 타자들이 공동으로 행하는 담론적 생산의 **내부**로부터 일어나는 저항이다. 행위주체성은 이러한 저항적인 변화와 대체가 반복되는 과정에서 활성화된다. Butler에 따르면,

> 종속(subjection)이란 구체적으로 말하면 결코 우리가 선택한 적은 없지만, 역설적으로 바로 우리의 행위주체성을 촉발하고 유지시키는 담론에 근본적으로 의존하는 데서 일어나는 것이다.

> '종속'은 권력에 의해 그 밑으로 예속되는 과정뿐 아니라 주체가 되어 가는 과정을 의미하기도 한다.
>
> (1997: 2)

대부분은 담론이나 지배적인 관념을 명확하게 만들어 내고 그 무엇에 이름을 붙여 개념화하며 문화적 표현들을 짓는 등의 일이 과학자나 정치가, 미디어 전문가, 예술가들이 하는 일이며, 그들이 책임질 일이라고 말할 것이다. 그러나 이러한 담론과 관념은 우리가 그것을 사용하고 반복하지 않는 한 결코 권력을 생산해 내지 못한다.

얼마의 시간이 지나 스톡홀름 프로젝트에 참여한 유아교사들이 이와 같은 권력생산의 담론적 이해에 익숙해짐에 따라, 일종의 해방적인 효과가 교사들 사이에서 확연히 나타나기 시작하였다. 만약 교육적 실제가 우리 모두의 공동 생각과 말, 행위를 통해 생산되고 나타나는 것이라면, 우리는 이제 이전과는 다르게 공동으로 다시 생각하고 다시 말하고 다시 실천할 수 있을 것(Davies, 2000)임을 깨닫기 시작한 것이다. 담론적 실제를 통해 일어나는 권력의 생산에 주목하면서 공동의 해방적 효과를 느낀 교사들은 어린이 존재에 관한 기존의 이해 방식을 적극적으로 의문하기 시작했고, 어린이의 존재를 달리 볼 수 있다는 것에 관하여 함께 생각해 보려고 노력하였다. 스톡홀름 프로젝트에서 일어난 이러한 변화는 그동안 여러 연구물에서 소개되었는데, 호주 Glenda MacNaughton의 현장전문가 연구 프로젝트에서 보고된 바와 유사하다. 우리는 Foucault와 Derrida, Deleuze의 이론에 근거하여 기존의 관념을 해체하고 자신의 실천을 통해 배워야 함을 강조하였다(Åberg & Lenz Taguchi, 2005; Dahlberg & Moss, 2005; Lenz Taguchi, 2000; MacNaughton, 2005).

담론/물질 분리의 '양분법적인(either-or)' 논리에 도전하고 이를 극복해야 할 필요성

이 장(章)의 후반부에서 소개하고자 하는 내부작용 교육의 관점에서 볼 때, 앞서 설명한 권력생산에 관한 두 가지 이해 방식, 즉 구조적인 것을 중시하는 관점 및 일상 담론적인 것을 중시하는 관점은 둘 다 **물질**(*the material*)을 수동적이고 고정된 것으로 구분하는 관점이다. 우리는 어린이를 적극적인 세계탐구자로 보기 시작하면서 담론을 공동으로 변화시키고자 노력한다. 그러면서 결국 우리의 교육실제를 탐구적인 학습으로 만들기 위하여 더욱 적극적으로 어린이를 초대하는 형태로 조직하고자 고민하게 된다. 그러나 점토나 모래 구성물 등의 물질을 여전히 수동적인 상태로만 간주하고, 이것이 어린이에게 영향을 미쳐 변용하게 만드는 행위주체성을 발휘한다는 점에 관해서는 생각하지 못한다. 우리가 담론이 생산하는 권력에 대하여 생각할 때, 행위주체성, 즉 현실을 바꾸고 개조하는 적극적인 힘이 대개 주변의 질료(matter)나 인공물과 같은 물질(material)의 세계를 뺀 담론들에만 있다고 생각한다는 것을 깨달아야 한다(Barad, 2007; Hekman, 2008). 그러나 담론적인(discursive) 것과 관련하여 생각할 때 질료를 '죽은' 것이나 수동적이지 않은 다른 것으로도 생각할 수 있다. 유아교육 활동에서 질료나 재료 같은 물질이 그 자체의 행위력을 갖는 것으로 생각할 수는 없는가? 물질 자체가 어린이, 학습, 그리고 교사로서의 우리 자신에 관해 적극적으로 의미를 만들어 낸다고 볼 수는 없는가? 담론적인 의미 만들기에 있어 물질이 적극적인 역할을 하는 것으로 여기는 것이 불가능한가?

의도적으로 만든 이 질문들에 대하여 이제 대답을 한번 모색해 보고자 한다. 만약 우리가 이 질문들에 긍정적으로 대답한다면, 권력은 교육실제에서 생산되고 동시에 물질화된다. 이는 우리의 담론적 실천에 의해서만 아니라, 우리의 교육실제를 적극적이고 담론적으로 물질화하여 구체적인 모습으로 현실화하는 재료들에 의해서도 이루어진다. 담론적 이해의 내부작용적인(intra-active) 생산 과정 속에 물질이 행위주체적으로 관여하기 때문이다. Barad(2007)는 물질을 **수행적 행위주체자**(이 책의 서론 부분에서 이미 언급한)로 보았다. 모든 종류의 유기체와 질료는 수행적 행위주체자로 이해된다. 모든 것은 행위주체성의 지속적인 흐름으로, 내부작용과 물질화의 역동적인 과정에서 자신의 역할을 한다. 이 과정을 통해 세계의 한 부분이 세계의 다른 부분에게 지각 가능한 것으로 나타나게 되는 것이다(Barad, 2007: 140). 심지어는 교실에서 어린이들이 원형으로 함께 모이는 활동을 위하여 교사가 마루 위에 표시해 놓은 점들조차 어린이의 몸에 적극적으로 행위한다. 이 점들은 어린이가 자기 자리를 찾아갈 수 있도록 해 줌으로써 어린이에게 이해될 수 있는 그 무엇이 되도록 자신을 적극적으로 만든다. 그리고 어린이가 제자리를 벗어날 경우 우리 눈에 띔으로써 신호를 보낸다(Hultman, 2009). 만약 그것이 그 어떤 종류의 행위(action)의 원천으로 인식된다면, 수행적 행위주체자는 유기체인 인간만 지칭하는 것이 아니라 마루 위 점들과 같은 비유기체인 비인간적 존재도 포함하는 것이다.

물질을 인간과 마찬가지로 행위주체자적 존재로 생각할 때 우리는 **'이것 아니면 저것**(*either-or*)'의 양분법적인 흑백논리식 사고나 **'둘 다 모두**(*both-and*)'라는 양시적(兩是的) 또는 양비적(兩非的) 사고에 갇히지 않게 된다. 우리가 주장하는 사고는 담론적인 것과 물질의 분리를 넘어서는 것이다. 이는 내부작용들 사이에 있는 사이-내부(in-between)에 초점을 두는 사고방식일 뿐 아니라, 담론과 사물 및 질료, 그리고 유기체들 사이의 관계가 상호 의존적이고 서로 얽힌 것이라는 데 초점을 둔다. 이제 우리는 담론과 물질에 관하여 새로운 방식으로 사고할 수 있다. 구체적으로 말하면 담론적인 것을 물질적인 것에 내재하는 것으로, 그리고 물질적인 것을 담론적인 것에 내재하는 것으로 보는 방식이다. 이는 그것들이 서로에게 의존적이고 서로를 구성해 주는 것임을 의미한다. 그러므로 물질적인 것과 담론적인 것의 입장에서 권력생산이 어느 한쪽에서 시작되거나 끝난다고 말하기가 불가능하다. 내부작용의 관점에서는 담론과 사물, 질료와 유기체 간에 구분이 명확하지 않다. 왜냐하면 그것들은 항상 내부작용과 상호 접속 관계에 있고 서로 영향을 주고받아 감응하며 변용되기 때문이다. 이것이 Barad가 **물질-담론적인 것**(*the material-discursive*)에 관하여 쓴 이유로, 담론과 질료 사이의 상호 접속성과 분리 불가능성을 말한다. 물질적인 것은 우리의 담론적 이해에 감응을 준다. 이는 담론적 이해가 우리 주변의 물질적인 실재에 감응을 주는 것과 마찬가지이다. 이 책의 서론에서 이미 Barad의 말을 인용한 바와 같이, "물질적인 것과 담론적인 것은 내부작용의 역동 속에 서로 연루되며 서로를 함축한다."(Barad, 2007: 152) Barad를 좀 더 인용하여 보다 핵심적인 설명을 들어 보자.

> 물질적인 것과 담론적인 것은 서로를 수반하는 관계이다. 담론적 실천이나 물질적 현상이 존재론적으로나 인식론적으로나 그 어느 것도 먼저 선행하는 것이 아니다. 그 어느 쪽도 다른 쪽의 입장에서 설명될 수 없다. 다른 쪽으로 감환될 수도 없다. 어느 한쪽이 다른 쪽을 규정짓는 데 우월한 위치를 점할 수 없는 것

> 이다. 어느 한쪽이 다른 쪽이 결여된 상태에서는 그 정체가 명료하게 분절될 수 없다. 질료와 의미는 서로를 분절해 준다.
> (2007: 152)

이 내용은 다음에 어린이의 사례를 제시할 때 더 논의하기로 한다. 그때 내가 내부작용 교육(intra-active pedagogy)이라고 부르는 것을 이해하는 데 필요한 몇 가지 중심 개념도 소개할 것이다.

내부작용 과정으로서 변형과 위반, 학습이 일어나는 사례

An example of transformation, transgression and learning as intra-active processes

유아교육을 전공하고 있는 학부 학생 크리스틴 론데는 교사교육 과정의 두 번째 학기에 교육실습을 나가서 2~3세 유아들과 함께 작은 프로젝트를 하였다. 크리스틴은 그때 작성한 활동 기록을 나에게 보여 주었다. 이 교육실습의 목적 중 하나는 교육적 기록작업을 어린이와 교사의 입장에서 학습과 성찰을 위한 도구로 사용하는 방법을 배우는 것이었다. 기록작업은 어린이로 하여금 더욱 배움에 도전하도록 그들의 배움을 가시화하는 것이었다. 이와 동시에, 교사가 학습에 대해 지니고 있는 선입견, 즉 교육실제에 대하여 사고하고 조직하는 종래의 인습적인 방식에 대하여 비판적으로 도전할 수 있게 하였다. 나는 학생들에게 교육 활동에서 어린이들 사이에서 '진행되고 있는' 무엇인가를 포착하는 게 중요하다고 말하였다. 즉, 어린이들의 놀이나 일상적 삶에 있어 계속 재등장하는 질문이나 이슈 같은 것이 있는지 주의를 기울이라는 말이었다. 나는 학생들에게 자신이 포착한 내용을 기록하여 그 다음 놀이나 학습을 위해 활용하라고 하였다.

크리스틴은 후일 교육연구소에서 발표하기 위해 짤막한 파워포인트 자료를 만들었다. 그는 1~2세 된 영아들이 오후에 실외 놀이를 하는 중에 땅에서 주운 나무 막대기를 장총이나 권총으로 활용하는 것을 기록하였는데, 그 이야기를 시작하였을 때 우리는 순간적으로 깜짝 놀랐다. 아이들은 놀이터를 돌아다니며 총을 쏘는 흉내를 내고 소리치며 사냥하는 모습을 보여 주었다. 크리스틴이 "이것이 윤리와 젠더에 대한 프로젝트입니다."라고 말했을 때, 내 가슴이 의문과 갖가지 예측으로 빠르고 힘차게 뛰기 시작하는 것을 느꼈다.

크리스틴은 자신이 어떻게 그 어린 소년들을 관찰하게 되었는지 말하면서, 다른 교사들이 소년들의 작은 몸을 조용히 제지하면서 위험한 공격적인 놀이보다 좀 더 안전한 다른 활동에 관심을 돌리도록 유도했다고 하였다. 그러나 교사들은 이에 성공하지 못하였고, 아이들의 울음만 유발시켜 당황하였다고 한다. 또한, 어떤 경우에는 교사들이 그 소년들을 실내에 불러 모아놓고 공격적인 게임은 허용될 수 없다는 유아학교의 규범과 가치에 대해 말하면서 화를 내기도 했다고 한다. 하지만 이것으로 그 아이들의 총기 게임을 막을 수는 없었다. 오히려 마치 이 놀이를 더욱 열망하게 만든 것 같았다는 것이다. 결국 교사들은 별도의 학부모 회의를 열어서 유아학교의 규범과 가치를 토론하기 시작하였으며, 학부모들에게 제발 가정에서 장난감 총과 칼을 버리고 전쟁 게임을 못 하게 하라고 부탁하였다고 한다.

크리스틴은 어느 날 한 아이가 늙은 소나무 가지에서 주워 온 막대기를 자기 친구에게 겨누며 "내 총은 살아 있어. 이건 널 죽이고 싶어해!"라고 크게 소리치는 것을 들었다. 그는 이 소년을 불러서 단호하면서도 호기심에 가득 찬 자상한 목소리로 물었다. "만약 네 총이 살아 있다면 이건 이름을 가져야 해. 네 총의 이름은 뭐니?" 그 아이는 놀라면서 거기에 조용히 서 있었다. "그게 너랑 같이 살고 있니?" 크리스틴은 계속 물었다. "이 유아학교의 여기 놀이터에서 살고 있니?" 그 아이는 크리스틴에게 오랫동안 조용한 눈길을 보낸 다음 대답하였다. 그는 막대기를 주워 왔던 나무를 가리키며 "이 총의 이름은 에릭이고요. 얘는 저 나무 밑에서 자기 엄마랑 살고 있어요." 하고는 다시 달아났다. 크리스틴은 실습 일지에 이 짧은 대화를 기록하였다. 이 대화는 그가 교육실습 기간 중에 수집한 교육적 기록의 일부였다.

다음 날 아침 크리스틴은 막대기를 갖고 노는 소년들에게 잠시 이야기 나눌 시간이 있느냐고 물었다. 아이들이 허락하자 이들을 실내에 불러 모아 앉히고 말했다. 바로 전날 마크와 짧게 얘기할 기회가 있었는데, 마크의 이야기 내용이 매우 재미있어서 노트에 적어 놓았다고 하였다. 그리고 그 내용을 전체 모임에서 읽어 줘도 되는지 마크에게 물었는데, 그가 좋다고 대답하였다. 곧 소년들은 자신의 막대기도 이름을 갖고 있으며 집에서 같이 살고 있거나 큰 방의 의자 밑과 같은 장소에 살고 있다고 한결같이 큰 소리로 말하기 시작했다. 크리스틴은 "좋아, 그러면 너희들 한 사람씩 이야기해 보자." 하고 말하였다. 아이들이 각자 자신의 이야기를 말하기 시작하자 각각의 막대기는 그 어떤 표정과 특성을 지니고 가족과 또래친구가 있는 사회적 맥락 속의 존재들로 표현되었고, 전체 분위기는 점점 더 상상과 유머로 가득 차오르기 시작했다. "이제 막대기에다 물감을 칠하고 예쁘게 장식을 해서 어느 것이 누구 것인지 알아볼 수 있게 하자."라고 크리스틴이 제안했다.

이 이야기를 더 상세하게 하지 않아도 우리는 어떻게 소년들이 장총이나 권총 등으로 막대기를 사용하던 상황에서 또래 역할의 놀잇감으로 전환하고 가족을 만들며 더 이상 총으로는 사용할 수 없을 정도로 장식을 하는 상황까지 이르게 되었는지 상상할 수 있다. 더욱이, 이렇게 관심을 전환함으로써 소녀들도 함께 참여할 수 있었다. 그들은 막대기를 갖고 인형을 만들고자 하였다. 그리하여 막대기를 갖고 하는 놀이와 심미적 작업은 거의 전체 아이에게로 확장되었다. 어떤 아이는 막대기가 나무의 일부분인 것에 착안하여 막대기 인형과 그 삶에 대한 이야기를 함께 만들었다. 막대기가 어떻게 한때 나무의 일부분이었는지, 곧 비와 태양과 땅의 혜택을 받고 있는 자연의 일부였는지에 대해 아이들은 경이로워하였다. 막대기가 나무에서 떨어져 나온 다음에 겪게 되는 삶과 죽음에 관해 토론하는 것을 흥미로워하기도 하였다. 막대기는 단지 나무의 일부로 생각되거나 총기로 사용될 수 있는 것이라고 인식되는 대신, 유아학교 어린이들의 공동체에서 흥미로운 주제 사물이 되었다.

내가 이 이야기를 하는 것은 이 책에서 말하는 내부작용 교육의 윤곽을 설명하기 위해서다. 이를테면, 이 일화에서 이론/실제와 담론/물질의 통상적인 구분이 어떻게 깨졌는가? 그 외 다른 이분법적 구분 개념도 깨진 것이 있는가? 이 과정에서 새롭게 생겨난 중요한 전환점은 어느 지점인가? 이 일화에서 질료, 즉 물질의 질료가 어린이들의 배움을 위해, 또한 학습자로서 그들의 주체성을 구성하는 과정에 어떻게 중요하게 작용하였는가?

그림 1.1 막대기에 색칠하기

그림 1.2 완성된 막대기

그림 1.3 막대기를 살펴보기

이 일화에서 어린이들의 세계와 놀이의 중요성을 인식하고, 어린이들의 언어와 생활 경험의 관점에서 고려하며 협상해 나가는 것은 그다지 어려운 일이 아니다. 이것이 레지오 에밀리아에서 그토록 성공적으로 개발되어 스웨덴의 유아학교와 각급 학교에 도입된 귀 기울이기 교육의 토대이다(Åberg & Lenz Taguchi, 2005; Elfström et al., 2008; Furness, 2008; Rinaldi, 2006). 놀이에 대한 어린이의 생각과 그들이 유아교육기관 마당에서 시간을 어떻게 보내는지 살펴서, 이를 적극적으로 활용하는 일이 곧 이론을 만들어 내고 교육을 실천하는 것이 아니고 무엇인가? 앞의 일화에서 이 소년들은 아마도 그저 무료한 상태였을지 모르고, 단순히 막대기를 집어 들고 마당을 돌아다니는 것 외에 다른 놀이를 진지하게 생각해 보지 못한 상태가 아니었을까? 이 아이들은 익히 시청해 온 텔레비전 프로그램을 흉내 냈을 뿐인지도 모르기 때문에, 이들의 놀이를 더 확장해 주기 위해서는 아이들의 행동에 대해 크리스틴처럼 많이 이해하여 더 적극적으로 이를 활용해야 하지 않겠는가? 또는 이 아이들은 남자아이가 자신의 남자다움을 우리 사회에서 기대하는 방식으로 나타내려면 어떤 놀이 행동을 해야 한다고 이미 강력한 문화적 메시지를 받은 것이 아닐까? 이러한 점들을 충분히 고려하여 아이들의 놀이성을 확장하고, 이들이 배움을 심화시키는 방식으로 놀이하며 사고하고 행위를 하도록 하려면 어떻게 막대기 놀이를 지도하여야 할 것인가?

여러 가지 가능한 지도방식이 있을 것이다. 그러나 어떠한 방식이든, 내부작용을 상조하는 접근에서 중요한 짐은 우리가 교사로서 우리의 도덕적 가치와 학습 목적을 어린이들에게 강요하지 않고, 어린이들이 놀이나 배움의 상황에 가져오는 것을 가시화하고 그것을 정당하게 취급하는 것이다. 오히려 우리 교사는 그들에게 귀 기울이는 대화의 상황, 바로 그곳에 있고자 한다. 그리하여 어린이의 것과 차이 나는 우리의 이해를 바꾸고, 어린이가 행하는 다양한 의미 만들기와 전략의 차이들을 배우고자 한다. 이것은 어린이들이 이미 행하고 있는 것으로, 우리가 이것을 가져와서 활용함으로써 어린이가 더욱 확장된 범위로 탐구하고 더 깊은 배움을 이루어 나가도록 도전하게 할 수 있다(Åberg & Lenz Taguchi, 2005; Dahlberg & Moss, 2005; Elfström et al., 2008; Furness, 2008; Lenz Taguchi, 2000, 2006, 2008b; Olsson, 2009; Reggio Children, 2001; Rinaldi, 2006). 앞의 일화에서 크리스틴은 아이들에게 막대기를 다른 방식으로 내부작용하도록 제안함으로써 그들의 놀이 의욕을 북돋아 주고자 하였다. 그런데 아이들이 막대기를 총기에서 인형으로 변형하기 위해 여러 가지 미적인 물질을 활용하고 이름을 붙여 주며 인간적인 속성을 부과했기 때문에, 종래의 지배적인 세계관에서 볼 때는 대개 그것을 '인간화'했다고 쉽사리 생각할 수 있다. 이러한 해석에서는 행위주체성이 여전히 어린이에 있다는 관점인데, 그렇다면 어린이들은 막대기를 변형하기 위해 수동적인 물질을 사용하는 것이 된다. 그러나 우리가 물질의 관점으로 시선을 바꾸면, 어떻게 물질의 현실이 물질-담론적인 내부작용, 즉 물질과 아이들, 크리스틴 사이에서 발생한 그 무엇과 관련하여 행위주체성을 갖게 되었는지 알게 된다. 매끈하게 빛나는 색종이의 행위주체적인 힘이 아이에게 막대기를 애초에 생각해 보지 않은 방식으로 변형할 욕망을 불러일으켰다고 볼 수 있다. 우리는 그 얇은 색종이가 팔락거리면서 막대기 끝에서부터 감겨 나가면서 내는 바스락거리는 소리와 행위주체적인 부산함을 들을 수 있다. 이러한 부산한 소리와 움직임은 아이의 담론적 사고와 연결되고, 막대기는 여러 막대기와 아이들이 벌이는 놀이 속에서 다시, 그리고 다시, 거듭 변형된다.

이 막대기들의 담론적 의미는 아이들이 막대기로 무엇을 하는가에 따라 놀이의 여러 국면에서 행위주체적으로 변화한다. 어린이들은 막대기를 갖고 여러 다른 방식으로 놀이하고 새로운 재료를 보태거나 하면서 그것에 대해 계속 다르게 알아가게 된다. 단순하게 이해하자면, 막대기는 물감, 리본, 빛나는 색종이, 풀 등의 재료와 연관되는 과정에서 또래를 겨누는 총기로부터 보살펴 주고 함께 상호작용하는 인형으로 변화하였다. 이 재료들은 또래-막대기-인형의 외양과 속성을 활성화하고 '인간화'하면서 그것을 물질화한 것이다. 물질화에 관한 Barad의 사고방식에서는 단순히 담론과 의미 만들기가 중요한 문제가 아니라, 질료가 그 행위주체성 속에서 어떤 중요한 작용을 하는가가 중요한 문제인 것이다(Barad, 1998: 108). 더 복잡하게 이해하면, 물질의 관점에서 볼 때는 아이들이 지속적으로 막대기에 대한 이해를 바꾸어 가는 놀이 과정에서 물질이 **질료로서** 중요하게 작용하였고, 소년들과 내부작용하였다. 애초에는 막대기에 관한 아이들과 교사 사이의 내부작용, 즉 막대기에 관한 대화와 주변을 돌아다니는 움직임 등에 주의가 한정되어 있었는데, 점차 종이의 펄럭거림 및 바스락 소리, 그리고 담론적 이해와의 내부작용 관점으로 더 넓어지고 확대된 범위로 옮아가게 되었다.

교사의 입장에서는 애초에 개별 어린이들의 인지적 지식 구성 또는 어린이들 간의 대화에 초점을 두었던 것에서, 배움의 사건, 즉 배움이 일어나는 공간과 상황 속에서 어린이와 물질 재료 **'사이-내부(*in-between*)에서'** 발생하는 학습 사건(event of learning)으로 초점이 이동하였다. 반짝이는 얇은 색종이 몇 장이 유아학교의 아틀리에에 있는 접착풀과 함께 어떻게 어린이와 그의 나무 막대기에게 일종의 행위를 할 수 있었을까? 만약 어린이가 계속 막대기를 갖고 논다면 이 막대기의 변형이 어린이의 사고와 막대기의 개념화에 어떤 작용을 할 것인가? 또 다른 물질과 아이디어 또는 어린이들과 새로운 상호 접속도 일어날 수 있을까? 우리는 물론 내부작용 교육에서 어린이가 배움을 얻어 가는 과정에 관심이 있다. 그러나 개별 어린이가 이전에 이미 학습했거나 경험했을 수 있는 그 어떤 것을 알기 위하여, 내부작용을 기반으로 하는 교육은 단지 개별 어린이 자체나 어린이가 말한 내용을 주변 환경 및 물질과 분리된 것으로 보지 않는다. 우리는 배움의 사건이 일어난 공간에 관하여 교사들이 제기한 질문에 주목할 필요가 있다. 그것은 방 안에 있는 물질과 방에서 어린이들이 어떻게 그것을 사용하는지, 그리고/또는 방에서 놀이를 어떻게 지속할 것인지를 규정하는 코드들에 관하여 생각하게 만드는 질문이다. **어린이의 배움이 일어날 때 방 안에 있는 어린이와 물질의 사이-내부에서 일어나는 내부작용으로부터 물질-담론적인 힘과 강도가 발현되는데, 바로 이것들이 함께 배움을 구성해 나가는 것이다.** 그리하여, 학습이란 어린이의 내부에서 단순히 일어나는 것이 아니라 어린이와 어린이의 몸, 담론적 새겨짐(discursive inscriptions), 배움의 공간에 존재하는 담론적 조건들, 사용 가능한 물질 재료들, 구체적인 공간 속에 있는 유기체의 시간-공간 관계(인간을 단지 그러한 물질적 유기체 중 하나로 포함하는) 등의 사이-내부에서 발생하는 내부작용의 현상이다.

이러한 관점에서는 배움의 사건 속에 있는 모든 유기체와 물질은 자신의 행위주체성을 갖는다고 이해해야 한다. 그것들은 각 유기체와 물질의 서로 다른 잠재성에 따라 서로 다른 강도와 힘을 갖고 매번 다르게 내부작용한다. 그러나 어떤 질료들은 변화나 변형의 과정에서 다른 것들처럼 쉽게 또는 유연하게 관여하지 못한다. 예를 들면, 방 안의 벽면은 움직일 수 없다. 그러나 방 안 내부는 가구나 사물 및 물질과의 내부작용에서 쉽사리 변경될 수 있다. 물과 점토는 높은 강도와 속도로 변형될 수 있다. 구성 블록도 쌓아올린 것이 무너진다거나 하면 새로 쌓는 것이 가능하다. 물질들 사이의 힘의 강도와 속도는 수없이 다양한 교육공간의 물질-담론적 조건에 따라 달라진다. 이 또한 어린이가 참여하는 말과 의미창조의 담론적 생산, 즉 내부작용이 일어나는 과정에 관련된다. 보다 많은 개념을 활용할 수 있는 좀 더 연령이 높은 어린이는 물질을 다루고 동시적으로 진행 상황을 개념화하면서 담론적-물질의 내부작용을 가속화할 수 있을 것이다. 우리가 지식이나 경험, 학습 등으로 부르는 현상은 이와 같은 모든 물질-담론적 조건들에 따라 서로 간의 내부작용 속에서 전적으로 달라진다. 이러한 방식으로 사고할 때, 교사는 방, 공간, 시간, 사물들이 어떻게 조직되고 구조화되어 있는가를 민감하게 의식할 필요가 있으며, 서로 다른 유기체들 사이에 어떠한 종류의 내부작용이 가능한지 파악할 필요가 있다.

현장에서 일어나는 현상으로서의 지식은 물질-담론적 물질화(material-discursive materialisation)로 볼 수 있다. 다시 말해서, 의미는 교사 또는 교육실습생과 같이 담론적으로 체화된 존재와 재료 속 물질세계에서 협상되는 것이다. Barad(1998)가 **행위주체적 실재론**(*agential realism*)이라고 부른 것에 따르면, 물질화는 내부작용의 역동 차원에서 이해된다(p. 106). 그리고 물질화는 담론과 의미 만들기가 얼마나 중요한가의 문제일 뿐 아니라 질료가 그 행위주체성에서 어떤 중요한 작용을 하는가의 문제이다(p. 108). 그런 까닭에, Barad의 행위주체적 실재론에서 새로운 점은 질료를 인식함에 있어 체화된 다른 존재들과 질료 및 담론적 사고와 함께 일어나는 내부작용의 물질화 과정에서 질료가 행위주체적으로 기능한다고 보는 것이다(p. 109). 그러므로 내부작용으로서 배움은 물질-담론적 과정이다.

앞서 예로 든 막대기 놀이 일화와 관련지어 볼 때, 내부작용은 우리의 담론적 의미 만들기(막대기를 가족 놀이의 놀이감으로 활용하는)와 물질 사물들(막대기, 물감, 종이) 사이에 놓인 구분을 용해시키고, 배움의 내용(또래관계, 사회관계, 그리고 나무란 무엇이고 그것이 어떻게 살아가는지에 대한)과 학습자의 주체성(그 아이들이 좋은 또는 나쁜 또래로서 각자 자신을 어떻게 인식하는지, 또는 사회적 삶이나 나무의 삶에 대하여 호기심을 갖고 더 많이 배우고자 하는 자신을 어떻게 느끼는지) 사이의 경계를 허물어뜨린다. 이러한 방식으로 학습 과정을 이해하는 것은 이론/실제 간의 경계를 넘어서는 것인 동시에, 담론/물질 및 주체/객체 간의 구분을 넘어서는 일로, 학습자와 학습되는 내용 간의 분리불가능성을 드러내는 것이다. 더욱이, 아이들이 놀이를 변형하여 여성적/남성적인 것이라고 명명하기 힘든 방식으로 또래관계와 나무에 관한 내용으로 전개하기 시작했을 때, 이 일화는 남성/여성의 구분을 전체적으로 넘어서서 발전하는 모습도 보여주었다. 특히 그들이 놀이 내용을 바꾼 후로는 소녀들도 관심을 갖게 되어, 이후 발현되는 다양한 배움과 놀이 상황에 보다 많은 어린이가 참여하기 시작하였다.

이 놀이의 전체적인 발전 과정에서 무슨 일들이 일어났는지 일련의 구체적인 사건들을 중심으로 살펴보면, 어린이의 학습과 되기(becoming)를 변화시키는 매우 중요한 전환점들이 있었음을 알게 된다. 첫 번째 전환점은 크리스틴이라는 교육실습생이 마크에게 그가 들고 있는 막대기의 이름을 물었을 때 일어났다. 두 번째 전환점은 어린이들이 막대기를 삶과 죽음을 겪는 살아 있는 나무의 일부분이라고 말하기 시작했을 때 일어났다. 이러한 구체적인 사건들에서 완전히 새로운 무엇인가가 발생할 수 있었던 것이다. 이 과정에서 크리스틴이 마크와 아이들에게 제기한 질문들은 Deleuze의 관점에서 보면 일종의 새로운 발명적 '탈주선(line of flight)'(Deleuze & Guattari, 1987)을 촉발시키는 역할을 하였다. 그것을 통해 아이들은 막대기 놀이에 대해 다시 생각해 보고, 이제 나무를 살아 있는 존재라고 인식하는 공동의 이해에 이르게 되었다. 이로써 아이들에게 일종의 새로운 되기가 일어났던 것이다.

독자도 아마 짐작하겠지만, 교사인 우리가 어린이가 하는 활동과 말을 담론적으로 이해하기 위하여, 코드화하고 탈코드화하며 재코드화하는 일을 어떻게 잘 선택할 수 있는가, 또는 어린이 스스로 자신의 활동을 코드화, 탈코드화, 재코드화하도록 어떻게 안내할 것인가가 중요하다. 다시 말해서, 어떻게 의미를 제공하고 읽어 내는지, 그러한 의미 만들기가 내부작용 과정에서 어떻게 다시금 구성되도록 할 것인지의 문제이다. 이 문제는 우리가 아이들에게 수행의 전제 조건으로 어떤 종류의 놀이와 배움을 제공할 것인지, 그리하여 이 놀이에서 어떤 배움의 현상이 나타날 것인지를 결정하게 될 것이다. 다른 말로 하면, 결국 배움이라는 현상으로 물질화되는 것은 우리가 아이들에게 무엇을 말하고 그들의 탐구를 어떻게 격려 또는 제약하는지, 우리가 아이들의 놀이 일정이나 탐구과정을 어떻게 조직하는지, 어떤 물질재료를 어떠한 시간대에 어떠한 환경에서 제공하는시 등등에 달려 있는 것이다(Åberg & Lenz Taguchi, 2005; Lenz Taguchi, 2000, 2004, 2006, 2008b). 이 모든 내용은 이 책의 제4장에서 더 상세하게 다룰 것이다.

이 소년들의 놀이와 탐구 활동을 기록작업의 형식으로 받아 적고 사진을 찍음으로써 아이들의 말은 물질적 실재(material reality)의 형태를 띠게 되었다. 말이 문자로 **물질화되면** 그 기록된 말은 강력한 행위주체성을 지니게 된다. 앞서 크리스틴이 자신의 연구 일기에 마크의 말을 기록해 두었다가 또래 소년들에게 큰 소리로 읽어 주기로 결정했던 것처럼 말이다. 그것은 즉각적으로 새로운 내부작용이 발생하도록 한다. 다시 말해서 기록작업이 새롭게 첨가된 이 물질을 포함하여 새로운 의미 만들기와 탐색적 행위가 일어나도록 활성화하는 것이다. 크리스틴은 자신이 사진 찍고 녹음하며 받아 적었던 내용을 주위 성인 및 어린이들에게 자신이 한 말과 행동을 읽어 보고 그 내용에 귀 기울이며 들여다보게 하는 방법으로 사용하였다. 그리하여 그들은 자신들이 무슨 활동을 할 것인지 공동으로 협상하게 되었고, 새로운 배움과 질문 사태 속으로 도전해 나갈 수 있게 되었다. 문자와 사진으로 기록된 내용은 이해 가능한 내용의 물질적 한계를 구성해 주었으며, 이는 크리스틴이라는 교육실습생의 담론과 함께 내부작용하였다. 기록작업에 기초하여 아이들과 토론하면서 구성된 의미는 크리스틴으로 하여금 아이들과 함께 더 확장된 탐색 활동을 할 수 있도록 이끌어 주는 역할을 하였다. 크리스틴은 아이들과 함께 막대기들이 원래 붙어 있었던 몸체는 나무이며, 나무는 자신의 고유한 삶을 살고 있는 존재이고 아이 자신들과 마찬가지로 물을 마시고 숨 쉬는 존재라는 확장된 배움으로 나아갈 수 있었다.

이론/실제와 담론/질료 분리를 넘어선다는 것은 존재론적 인식론의 차원으로 들어서는 것이다

Going beyond the theory/practice and discourse/matter divides means embracing an onto-epistemology

앞에서 나는 배움이란 개별 아동이 물질-담론적인 교육공간과 관계없이 혼자서 성취하는 것이 결코 아니라는 점을 분명히 하고자 하였다. 내부작용 교육 관점에서 소년들의 막대기 놀이 일화를 해석하려고 시도한 것이다. 배움이란 서로 다른 유기체, 질료, 담론들이 상호작용하는 내부작용 속에서 생산된다. 배움이 일어나는 사건을 말이나 사진으로 기록작업 속에 현실화시키면서 고정하면 배움이라는 현상을 파악할 수 있다. 이 과정에서는 모든 것이 어떻게 서로 접속되어 있고, **하나임**(*one-ness*)의 상태 및 **일의성**(*univocity*)의 상호 의존적인 전체의 일부로서 다른 모든 것과 감응하며 변용되는지 알아차릴 수 있게 된다('일의성'은 Colebrook(2002)이 자신의 방식으로 차용한 Deleuze의 개념이다). 아래에서 곧 말하겠지만, 이와 관련하여 Barad는 우리를 세계 내부에 있는 존재나 위에 있는 존재 등으로 분리된 상태가 아니라, 세계**의** 존재(being-*of*-the-world)라고 불렀다. 우리가 자신을 다른 것들과 전체적으로 상호 접속된 존재로 생각할 때(전혀 윤리적인 의미가 아니라) 어떤 결과가 일어날 수 있는지 이 책의 제7장에서 더 이야기하겠다. 여기에서는 이러한 사고방식으로 이론/실제와 담론/물질 분리를 넘어서는 기본적인 이론적 토대를 소개함으로써 이 장(章)을 마무리 짓고자 한다. 아래에 소개하는 개념과 사상들은 다음 장에서 교육실습생들의 점토 작업과 관련지어 더 논의할 것이다.

존재론적 인식론(onto-epistemology)을 소개하며

학습 활동을 계획하고 수행하고 평가할 때, 내부작용 교육에서 터득한 배움의 내용으로부터 학습자를 결코 분리할 수 없다는 사실이 얼마나 중요한지 강조하고 싶다. 우리는 세계와 상호 의존적인 관계 속에서 '**함께-되어 가기**(*becoming-with*)'(Haraway, 2008: 4)의 과정 속에 있다. 이는 물질-담론적으로 체화된 현실에서 일어나는 내부작용을 통해 알게 되는 내용이다. 우리는 그렇게 물질-담론적으로 체화된 현실의 내부에서, 그것과 함께 살고 있는 것이다. 레지오 에밀리아 유아학교와 이에 영향받은 스웨덴 유아학교 교사들은 모두 어린이가 현재 어떠한 모습의 **존재인가**와 그가 지금 지속적으로 **되어 가고** (*become*) **있는 존재**의 모습 사이에 어떠한 경계도 없다는 것을 경험하였다. 구체적으로 말하면, 어린이는 물질-담론적인 사건들이 꾸준하게 지속적으로 일어나며 흘러가는 가운데, 배우는 무엇이 **되어 간다**. 그러므로 만약 사물과 학습 내용과 물질이 Karen Barad가 주장하는 것처럼 서로 의존적인 관계에 있다는 것을 우리가 이해한다면, 철학자들이 말하는 존재론(존재에 관한 이론)과 인식론(지식과 앎에 관한 이론)이 종래의 관점에서 보듯이 그렇게 분리될 수 있는 게 아니라는 것도 알게 될 것이다. Barad(2007)는 **존재론적 인식론**(*onto-epistemology*)을 '존재 **속**(*in* being) 앎의 실천에 관한 학문'(p. 185, 나의 강조)으로 규정한다. 그는 앎과 존재는 서로에게 연루되어 서로를 함축하고 있으므로 앎을 존재로부터 분리하는 것은 불가능하다고 말한다.

> 우리는 세계 밖에 서서 지식을 습득하는 것이 아니다. 우리가 이미 세계**의**(*of* the world) 일부이기 때문에 그 무언가를 알게 되는 것이다. 우리는 세계의 일부이고 그것의 특이한 되어 가기이다.
>
> (p. 185, 나의 강조)

Barad는 이 말의 의미를 앎의 실천과 관련지어 다음과 같이 말한다.

> 앎의 실천이 인간의 실천이라고만 전적으로 주장할 수 없다. 그 이유는 단순히 우리가 그 실천에 비인간적인 요소들까지 사용하기 때문이 아니라, 앎이라는 것이 **세계의 일부가 자신을 세계의 다른 부분에다 이해 가능한 상태로 만드는 일**이기 때문이다.
>
> (p. 185. 나의 강조)

이 관점에서는 학습 사건이란 체화된 실재가 물질화된 사건이다. 학습이란 이러한 사건들에 우리가 불가피하게 참여함으로써 생산된다. 또한, 학습은 다양한 물질-담론적(몸적, 물질적, 담론적) 생산의 복잡한 내부작용을 통하여 현상(지식)을 생산해 낸다(Barad, 1998: 105). 이 모든 수행적 행위주체자(performative agents)는 각자 자신을 다른 것들에게 이해 가능한 상태로 만들면서 서로를 분주히 알아간다. 그리하여 이 과정에서 서로를 변형하고 변화시킨다(이러저러한 방식으로). 학습 사건은 마치 개념 및 관념, 감응을 다루는 우리의 사고하는 몸/정신 속에서 일어나듯이, 물질적 사물들을 다루는 우리의 양손 사이에서 동시적으로 발생하는 것이다. 이러한 이해 과정에서는 우리가 당연시한 이분법적 사고방식, 즉 주체/객체, 이론/실제, 지성/몸, 담론/질료의 구분을 넘어서서, **질료**(*matter*)를 참으로 중요하게 이해할 수 있게 된다. 그리하여 학습의 필수불가결한 일부인 물질적 실재와 공간 및 장소, 그리고 내부작용적인 힘과 강도를 그 고유한 성격에 따라 정당하게 취급할 수 있게 된다(Barad, 1999, 2007, 2008; Alaimo & Hekman, 2008; Hekman, 2008).

여기에서 중요한 문제는 질료와 담론 사이에 본질적이고 명확한 경계가 있는 것이 아니고 존재와 앎(knowing) 사이에도 확실한 경계가 있는 것이 아니라는 점이다. 앎이 교수와 학습에 광범위하게 관련되는 담론/언어 속의 이해 및 사고의 문제인 것과 마찬가지로, 몸과 물질의 문제도 된다(Alaimo & Hekman, 2008; Barad, 1999, 2007). 그리하여 Barad의 행위주체적 실재론은 '인간적인' 것을 후기인본주의적(post-humanist) 관점으로 이해한다. 이 관점에서는 존재론적인 것과 인식론적인 것이 서로 분리불가능하게 한데 병합한다(Barad, 2007, 2008).

> 매우 중요하고 간과할 수 없는 문제는 실재(reality)의 성격에 대한 것이다. 그것은 단순히 세계에 대한 인간 경험의 문제나 이해의 문제가 아니다. 그것은 인간의 몸이 세계 내에서 어떻게 위치하고 어떠한 상황에 처하는가의 이슈를 넘어서서, 몸이 어떻게 세계와 함께, 또는 세계**의** '일부'로 구성되는가 하는 것이다[다시 말하면, '세계 **내** 존재(being-*in*-the-world)'가 아니라 '세계**의** 존재(being-*of*-the-world)'이다].
>
> (2007: 160)

마치 비인간(non-humans)과 사물처럼, 우리 각자는 모든 다른 것과 함께(그것들의 일부로서) 얽혀 있는 내부작용을 통해 **발현한다**(*emerge*). 그러므로 심지어 우리는 세계와 우리 사이의 상호작용에 앞서 존재할 수도 없다. 우리가 그 무엇인가에 자신을 접속할 때까지 단순히 산소로 호흡하는 그 무엇일지언정, 아직 아무 것도 아닌 것이다. 모든 유기체는 살아가기 위해서 실존의 조건으로 최소한 다른 유기체 또는 질료와 접속되어 있다. 이것이 우리 자신이 세계 **속**의 실재라고 할 수 없고, 단지 세계**의** 결과일 뿐이라는 이유이다. 발생하는 모든 것은 전체 속에서 상호 간의 공존으로부터 발생한다. 그리하여 우리 자신이 무엇인가 하는 것, 또는 우리가 지속적으로 무엇이 **되고 있는가** 하는 문제는 우리 앎의 과정으로부터 분리할 수 없다(Barad, 2007). 다음 장에서는 내재성의 존재론이 우리가 학습 현상을 이해하는 데 어떠한 중요성을 지니는지 논의할 것이다.

CHAPTER 2

존재론적 인식론에서 배우기와 되기

Learning and becoming in an onto-epistemology

> 우리는 이 세계의 외부 관찰자가 아니다. 더 나아가 이 세계에서 특정 장소**에만** 자리 잡고 있는 것도 아니다. 그보다 우리는 내부작용이 진행 중인 세계에 속해 있는 **일부**이다.
>
> (Barad, 2007: 184, 나의 강조)

위의 Karen Barad 인용문을 진지하게 받아들여, 학습자인 우리 스스로가 다른 인간뿐만 아니라 주변 모든 것의 일부에 해당한다고 생각한다면, 유아교육에서 어떤 결과 혹은 교육적 상황을 생각해 볼 수 있을까? 학습자와 학습한 바가 명확히 구분되지 않고, 세계에서 이기(being) 방식이 우리의 알기(knowing)에 달려 있고, 우리의 알기(knowing)는 세계에서 우리의 이기(being)와 지속적 되기(becoming)에 달려 있다고 가정할 때, 우리는 어떻게 배우고 가르칠 것인가?

이 장에서는 나는 존재론적 인식론(onto-epistemology)의 관점에서 배우기와 되기에 관한 이해와 방법을 개관하고자 한다. 이를 위해 점토상 제작에 참여한 예비교사들을 예로 들겠다. 이 장 전체에 흐르는 기본 개념은 위 인용문과 직접 관련이 있다. 즉, 우리는 우리 자신을 세계 위에 올려놓고, 세계를 넘어서거나 세계를 초월하려고 세계에 투입된 것이 아니다. 오히려 우리는 세계의 다른 것과 동일한 물질(substance)로 만들어졌고 그 세계의 일부에 속한다. 또한, 우리는 상호 의존적 되기(becoming)로 우리 자신의 생각을 서로에게 이해시킨다. 다시 말하면, 우리가 세계에 전적으로 의존할 때만이 우리는 지식을 생성할 수 있으며, 세계에 대한 배움도 가능해진다. 우리는 존재하기 위해서 세계에 기댄다. 이와 같은 사실이 교육에 어떤 결과를 불러올까? 교사들이 이 사실을 알게 될 경우 우리는 무엇을 다르게 행할 수 있을까?

여러 존재론으로부터 배움 이해하기

Understanding learning from different ontologies

초월성과 내재성: 단도입적으로 둘의 차이가 무엇인가?

나는 오늘날 배움에 관한 여러 관점 중 가장 우세한 관점 몇 가지를 살펴보면서 논의를 시작하고자 한다. 살펴본 이들 관점은 모두 초월적 존재론을 지칭한다. 그리고 초월성과 내재성의 존재론이 이 책에서 다루고자 한 존재론적 인식론(onto-epistemology)과 어떤 관련이 있는지를 밝혀 보고자 한다. 아울러 이 논의에서 나는 Todd May(2005)의 도움을 받고자 한다. Todd는 우리가 이해할 만한 선에서 Deleuze를 소개하면서 위의 사항을 분명하게 밝혀 주고 있다. 간략히 말하면, 여러 존재론 가운데 초월론이라고 불리는 우세한 관점의 존재론이란 인간인 우리와 우리를 둘러싼 세계가 서로뿐만 아니라 위에 존재하는 것 혹은 우리를 능가하는 것과 분리되어 있음을 뜻한다. 그리고 우리는 이것을 보편적 진실, 불변 혹은 무한으로 여긴다. 대다수의 사람은 이를 보편적 불변의 법칙 혹은 심지어 신이라고 지칭하기도 한다. 이와는 달리 세계 그 자체는 유한하며 변화한다. 신이 세계를 초월하기 때문에 세계와 신은 동일 물질이 될 수 없다. 초월론적 사고 위계에서는 인간의 주관성은 신 다음에 등장한다. 인간 주체는 물질의 세계를 초월하며 물질을 구성하고, 언어, 건축, 예술 등을 통해 물질에 양식과 표현을 부여한다. 따라서 인식론에서 인간 주체는 지식이 놓이는 자리에 해당한다. 그러나 이 주체는 존재론적으로는 신의 뜻을 따른다. 오직 신 혹은 초월적 진리만이 인간의 경험을 승인하고 보장해 주기 때문이다(May, 2005: 27-8). May가 덧붙이길, 인간의 역할은 진리나 신의 (존재) 양식을 관찰하고 해석하는 것이다. 그의 주장에 따르면, 우리가 초월론적 관점으로 지식생산자와 학습자로 활동하게 될 경우 "삶은 얼어붙고 응고되며 흐름은 막힌다."(2005: 27) May의 말에 의하면, 우리가 유일한 진리, 법칙, 관점의 판단에 따를 때 이런 경우가 일어난다. 즉, 계속 살아지는 삶을 구성하는 차이와 변형의 복잡한 조합 바깥이나 그 위에 우리가 설 때 발생한다.

반면에 내재성이란 정확하게 세계와 우주에 존재하는 차이들의 복잡한 조합에 관한 것이다. 여기서는 인간이든 비인간이든 간에 모든 질료(matter)는 동일한 물질(substance)로 이뤄져 있다. 초월론의 위계적 관점은 따라서 '허물어진다.' 즉, 그 어떤 것도 우위에 있거나 진리의 혹은 특권적 위치를 점할 수 없다. 질료, 유기체(인간이든 비인간이든 간에)와 사물 사이에 고정되거나 본래부터 주어진 경계란 존재하지 않는다. 대신에 상호적 내적작용과 상호 간 회절의 지속적 흐름만이 존재할 뿐이다. 회절(diffraction)이란 물리학에서 나온 개념으로, 예를 들어 바다에서 파도의 구르기, 누르기, 변형하기로 가장 잘 설명된다. 그러나 물리학에서는 파동의 종류를 뜻하며 음파나 빛 파동이 이에 해당된다. Barad(2007)에 따르면 "회절은 파도가 겹쳐졌을 때 파도가 합쳐지는 방법과 함께 파도가 장애물을 만났을 때 발생하는 파도의 굽어짐과 퍼짐이다."(p.74) Barad가 제시한 예를 보면, 커다란 돌과 같은 바다 장벽이 회절의 도구로 쓰이는데, 여기서 파도가 굽어지고 겹쳐진다(pp. 74-5). 이것은 겹침의 운동(movement of overlapping)으로 장애물과 회절을 의미하는 겹쳐진 개별 파도와 함께 내부작용 속에서 자신을 변화시키는 파도에서의 겹친 운동이다.

따라서 힘과 운동으로서 회절은 생산, 실행, 현상의 일부로 상이한 문제 사이-내부에서(in-between) 내부작용하는 가운데 생성된다. 예를 들어, 돌과 내부작용하는 파도는 동시에 우리가 실재라고 부르는 것을 같이 만들어 낸다. 이것은 실재(reality)로 모든 질료와 유기체 간 상호 관계에 놓인 위계 없는 '허물어진' 체계이다(Barad, 2007). 이와 함께 끊임없이 지속되는 의사소통 체계에 해당한다. 여기서 각각의 파도는 개별 질료(matter)와 유기체의 행위주체적(agentic) 강도와 동력을 수단으로 하여 다른 파도에, 또 그다음 파도에 영향력을 행사한다. Spinoza, Nietzsche, Deleuze, Guattari와 같은 철학자들은 적어도 20세기 중반 이래부터 선도적 현대 물리학자들과 생물학자들과 함께 초월성의 존재론을 포기했다. 그 대신에 창조성에 관해 좀 더 깊이 생각해 보면서 세계, 진화, 삶, 삶과 앎을 더 잘 이해할 필요가 있다는 점을 깨달았다.

학습자와 세계의 분리

여러 존재론 중에서 지배적 초월론에 따르면, 학습자와 세계 혹은 관찰 주체와 관찰 대상은 서로 분리된다. 초월론적 존재론에 기반을 둔 교수학습의 관점에서 볼 경우, 세계는 어린이나 학습자에게 **재현되거나 제시되는 과정에** 있다. Osberg와 Biesta(2007)에 따르면, 17세기 현대식 학교 교육이 생긴 이래로 배움은 이 두 관점 중 하나에 해당해 왔다. 첫 번째 관점에 따르면, 우리는 세계를 재현하는 언어의 도움을 받아 기존 세계를 **재현하려고** 애쓴다. 학습자로서 여러분은 책, 강의 또는 기타 학습 자료에서 나온 이 재현의 여러 언어이론(지식구성체, language constructs)을 재생산한다. 이들은 실재(reality)를 재현하는 지식의 본질로 받아들여진다. 가르침(교수)의 차원에서 볼 경우, 도구적 접근 혹은 교사중심 접근법이 우리가 취할 수 있는 것이다. 이 관점의 핵심은 우리가 지식이론(지식구성제, knowledge construct)을 '저 밖의' 세계의 진정한 재현으로 받아들이고, 우리와는 별개로 존재한다는 점을 인정하는 데 있다. 오직 세계만이 그 자체에 대한 진리구현이 가능하다. 인간은 '발견자'이며 '발표자'이다. 즉, 인간은 과학에서 여러 담론으로 구성된 다양한 언어를 통해 세계를 재현함으로써 세계를 명확하게 하고 또 알 수 있도록 한다.

두 번째 관점에 따르면, 학습이란 여러분 스스로 세계를 탐구하기 위해서 기존 세계에 **제시**(*presentation*)**된** 바를 다루는 것이다. 교육 이론 역사에서 볼 때 이 관점은 전혀 다른 부류에 속한다. 예를 들면, 첫 번째 관점은 재현의 패러다임과 관련이 있다. 두 번째 관점에 따르면, 학습(또는 배움)은 아는 사람(교사)과 아직 모르는 사람(학습자) 간의 도구 교환으로는 성립될 수 없다. 그보다 학습은 학습자 편에서의 적극적 탐구의 결과이다. 이 관점에 따르면, 학습자의 배움이란 자연스러운 타고난 호기심의 결과이며, 학습자의 연령에 따라 타고난 능력에 맞춰 학습하기에 충분할 만큼 성숙한가의 정도에 따라 학습이 진행된다. 학습이란 낮은 단계의 인지 복잡성과 언어 추상화가 점점 더 높은 단계로 진행되는 과정이다. 이러한 인지 및 구성주의 학습이론에 따르면, 학습자는 연령 증가와 성숙 정도에 따라 점진적 단계를 걸쳐 자신의 지식이론(constructs: 구성체)을 육성하고 발달시킨다(Bredekamp et al., 2000, Gestwicki, 2006, Marton & Booth, 1997, Marton & Tsui, 2004; Pramling Samuelsson & Pramling, 2008). 아마 독자들도 이 관점에 익숙할 것이다. 이 관점에서는 단계 형태로, 학습자의 인지 능력과 성숙도 수준에 따라 학습 대상으로 구성한다. 기록 작업의 경우 특정 내용이나 능력을 배우는 과정에서 학습자의 발달과 관련하여 학습자의 위치를 결정한다. 또한, 학습된 바는 대상(object)으로 간주되며, 대부분 알기 쉬운 언어이론을 통해 기존 세계에 있는 문제들(matters)이 재현된다. 따라서 이 견해는 지식구조와 기술의 재생산에 근거하여 수립되었다.

두 번째 관점은 여러분 스스로 세계를 탐구하기 위해 세계에 제시되는 것으로 전혀 다른 의미를 지닌다. 이런 종류의 학습이해 방식이 유치원이나 학교에서 채택되어 실행되는 경우는 매우 드물다. 그러나 사회구성주의 담론에서 본다면 가능하다. 유아교육 분야에서 레지오 에밀리아 유치원은 이런 학습 과정을 실행한다고 볼 수 있다. 여기서 어린이는 세계에 관한 자신의 언어 구조를 구성하는 능력을 구비하고 있다고 여겨진다. 어린이들은 의미 만들기에 협력해서 참여하고 따라서 학습자 공동체(Dahlberg & Lens Taguchi, 1994; Dahlberg et al., 2007; Reggio Children, 2001; Rnaldi, 2006)에서 문화와 지식의 구성자에 해당한다. 그러나 학습자의 학습과 지식이론의 구성에서 어린이가 능동적 실행자로 받아들여지지만, 행위주체자는 이 관점에서도 여전히 **인간** 언어와 재현이다. 따라서 세계 그 자체는 계속해서 이전부터 존재해 왔고, 수동적이며, 학습자와 분리되어 있다. 인간 언어와 담론은 여전히 학습자의 구성 요소이며, 이는 인간이 세계에서 이해하고 행위하는 방법에 해당한다.

학습의 이해에 관한 위의 모든 방식에 따르면, 학습자는 세계 자체와 분리되어 있다. 학습은 내적과정으로서, 개인 학습자의 마음/지성 안에서만 일어나거나 어린이들 사이-내부에서(in-between) 혹은 어린이와 성인의 상호작용 과정에서 이루어진다. 학습은 재현(representation)의 패러다임에서와 마찬가지로 언어로 재현되거나 담론적 사회구성주의 패러다임에서처럼 언어를 통한 구성적 담론의 의미 만들기로만 이해된다. 따라서 세계 자체는 '죽은' 또는 수동적이고 행위주체성을 갖지 않는다. 세계와 질료(matter)는 학습이 구성되는 데 있어 상호작용하는 것으로 중요시되지만, 근본적으로 '도구'에 불과하다. 또한, 수동적인 것으로서 지식을 구성하는 '바깥'에 위치해 있다. 때때로 물질 도구가 학습을 완수하는 데 사용되기도 한다. 그러나 도구 자체는 수동으로 여겨지며 해당 도구를 다루는 어린이만이 능동적일 뿐이다.

이런 사고방식은 필연적으로 분리라는 이원론의 세계관을 따른다. 유물론 페미니스트들(material feminist)(Alaimo & Herman, 2008; Barad, 2007; Hekman, 2008)이 설득력 있게 주장한 견해에 따르면, 모더니스트 이분법을 넘어서야 한다고 주장하는 구성주의자, 담론주의자 심지어 후기구조주의자조차도 자신들의 이론 공식에 의미의 실행 생성자로 물질 세계를 포함시키지 않는다. 이들의 글을 살펴보면, 학습에 대한 이들의 견해에서는 물질과 몸은 그저 담론에 지나지 않으며, 스스로 행위주체성을 갖고 있다기보다 담론에 적힌 수동적 객체로 남아 있다. 오직 인간만이 세계에 관해 배울 수 있다. 세계 자체는 학습이나 변화에 상응하는 상호 의존적 과정에는 속하지 않는다. 문화는 벌써부터 존재한 '바깥'에 놓인 천연 자연과는 별개의 것으로 인간에 의해 생성된다. 담론적 의미 만들기(discoursive meaning making)는, 예를 들어 인간인 여성이 자신의 몸에 새겨 넣는 경우 능동적이라 할 수 있지만, 그에 반해 물질로서 몸은 담론적으로 새겨지기만을 기다린다는 점에서 수동적이라 할 수 있다. 따라서 이분법적 분리는 제자리에서 서로 침범하기보다는 생산의 힘으로 남아 있을 뿐이다.

얽힌 되기(entangled becomings)로서 학습자와 세계

다음으로 논의될 내용은 얽힌 되기이며, 여기서 나는 학습자와 세계에 관한 사고와 관련하여 매우 중요한 몇 가지를 개괄하고자 한다. 이 이론은 양자물리학뿐만 아니라 재개념화된 진화론에 기대고 있어 처음에는 익숙하지 않을 수도 있지만 바라건대, 여러분이 이후에 보게 될 점토상 예시에서 살펴보면 좀 더 잘 이해할 수 있을 것이다. Barad가 『**우주를 중간에서 만나기**(*Meeting the Universe Halfway*)』(2007) 서문에서 쓰기를, "[존]재는 사적인 일이 아니다." 세계와의 우리 관계는 **세계의 일부에 해당하는 존재**로서의 관계에 해당한다. 따라서 세계에는 '독립적이고 자립적인 존재'란 없다(p. ix). Barad의 존재론적 인식론은 양자물리학에 바탕을 두고서 재현의 실증주의적 자연주의 패러다임과 모든 것을 담론으로 이해하는 사회적 구성주의 패러다임 **둘 다에** 의문을 제기하였다. Barad의 주장에 따르면, 인간으로서 우리는 다른 존재와 질료와 마찬가지로 세계**의** 물질적 대상으로서 우리 스스로를 이해해야 한다.

재개념화된 진화론에 따르면, 우리의 잠재력은 진화론적 관점에서도 제한적이긴 하지만 변화 가능하다(Jablonka & Lamb, 2005; West-Eberhard, 2003). 모든 유기체의 이런 진화적 변화는 세계의 질료와 유기체 사이-내부에서(in-between) 내부작용하는 가운데 지속적으로 일어나고 있다. 마음을 개념화하고 사고하는 것은 우리 몸에 내재되어 있다. 그리고 이것은 사고의 세포, 체액 및 시냅스 사이의 정보 흐름 속에서 일어난다. 생물학적 및 유전적 연구 결과에 따르면, 발달과 진화는 상이한 유기체의 유전적, 구조적 잠재성이 포함된 매우 복잡한 과정이다(예: 인간 몸 자체와 그 속에 든 기관들처럼). 이 잠재력은 환경적 상황에 따라 결정되는 시공간적 강도와 영향에 따라 예기치 못한 또는 기대치 않은 방식으로 구현되지만 의식, 정서 및 우리가 사회적으로 구성한 문화에 의해서도 구현된다. 따라서 생물학자 Jablonka와 Lamb(2005)은 유선적, 후성유전학적, 행동적, 상징적/문화적 차원에서 진화를 어떻게 이해해야 하는지에 대해 설명하였다. 다시 말하면, 우리 몸은 그 구성에 따라 할 수 있는 것에 제한이 있지만, 몸은 신체적, 문화적 환경 모두의 내부작용에 따라 이런 제한에 도전할 방법으로 필연적인 변화를 추구한다.

다음 인용문에서 Deleuze(1988)는 철학자 Spinoza가 17세기에 모든 종류의 몸—동물, 소리의 몸, 마음이나 생각, 사회의 몸 또는 집단의 몸, 그리고 인간 몸(p. 127)—을 어떻게 이해했는지 기술하고 있다. Spinoza의 설명은 현대 생물학자와 물리학자가 내재성의 존재론에서 변화의 상호 관련성에 관한 이해를 기술한 방식과 매우 흡사하다.

> 첫째, 몸은 작지만 크기가 무한한 입자로 이루어져 있다. 몸은 움직임과 휴식의 관계이며, 입자 간의 빠름과 늦음의 관계인데

> 이는 몸, 몸의 특성을 나타낸다. 둘째, 몸은 다른 몸에 영향을 미치거나 다른 몸으로부터 영향을 받는다. 즉, 몸은 영향을 주고 영향을 받는 능력이며, 몸은 그 특성으로 정의된다. … 다시 말해, 몸은 형태나 기능으로 정의되지 않는다.
>
> (p. 123)

사회과학에서 페미니스트 연구자들은 이런 사고방법을 다른 식으로 관련짓는다. 예를 들어, '피부를 통한 사고'의 가능성이 Sara Ahmed와 Jackie Stacey(2001)의 저서에서 연구되었다. 피부는 몸의 경계가 아니라 간섭의 영역 혹은 영토이다. Barad가 서로 다른 질료(matter) 사이-내부에서 일어난 일에 대해 언급한 바에 따르면, 질료들 사이 의사소통적 '파도'의 '회절'에 해당한다(2007: 74-7). 존재하는 시각적 경계는 없을 뿐더러 우리 몸과 세계 다른 질료 사이에는 경계가 존재하지 않음을 물리학자들은 보여 주고 있다. 노벨상 수상 물리학자인 Richard Feynman(Barad, 2007: 156)에 관한 Barad의 언급을 보면, 몸의 경계가 존재한다는 것은 심리적 믿음의 오해이다. Barad의 결론에 따르면, 몸은 속성이나 고유의 경계가 있는 객체가 아니라 질료—'담론의 현상이다.'(p. 153) 인간의 몸은 이런 생각에서 보면, 본질적으로 비인간과 다르지 않다. '인간을 구성하는 것은 고정된 또는 정해진 개념이 아니며, 자유롭게 떠도는 관념도 아니다.' 오히려 그것[인간의 몸]은 내부작용의 결과이다(p. 153).

Barad(2007)는 이기(being)와 학습하기 사이의 용해관계(dissolved relation)에 근거하여 이론을 정립하면서, 양자물리학자인 Niels Bohr의 방정식 이론을 채택하였다. Bohr는 Newton의 고전물리학을 반박하면서 서구 인식론에서 일반적으로 물리학의 필수로 여긴 몇 가지 기본 가정에 의문을 제기하였다. 주체/객체에 대한 본래의 분리와 언어의 표상적 지위가 가장 중요하다. Bohr가 주장하기를, 관찰 실행자로부터 관찰 대상을 분리하는 것은 불가능하다. 주체와 객체 사이의 '컷(cut)', 즉 관찰되는 것은 Newton적 전통에서처럼 내재적이거나 고정되어 있는 것이 아니라, 특정 관찰 장치를 사용하여 특정 관찰 상황에서 진행된 것이다(p. 142). Bohr가 양자역학에 대한 자신의 이해를 통해 반박한 대상은 관찰자에게 어떤 방식으로도 종속되지 않는 독립된 실제 '외부' 세계에 대한 전통적 물리학 개념이었다. 따라서 Bohr 이론은 공간분리 가능성에 대한 초월적 노력과 함께 Einstein 같은 물리학자들이 세계를 알기 위한 주요 전제 조건과 객관성의 조건으로서 주장한 '외재성(externality)'을 비판하였다(p. 173). Bohr는 Einstein의 형이상학적 신념에 동조하지 않았기 때문에 경계, 분리 및 차이 그 자체에 관해 다르게 생각할 수 있었다. Bohr에게는 의사소통에서 우리가 분리된 상태로 비춰지는 것은 실제로는 현상의 '일부분'이며, 이는 존재론적으로 결정되지 않은 내부작용에 해당한다(pp. 174-5).

그러므로 우리의 의미 만들기와 학습하기는 우리 주변의 물질 세계에 의존한다. 물질 세계는 우리 생각이 작용하듯 우리의 사고에 작용한다(Barad, 2007). 우리의 사고는 돌을 바꿀 수 있으며, 돌은 우리의 사고를 바꿀 수 있다. 우리 사고는 돌의 성질과 모양을 갖춘 돌로서 할 수 있는 일에 대한 아이디어를 제공한다. 우리는 돌로 무언가를 만들거나 신처럼 숭배하거나, 추억용으로 돌에 무엇인가를 새겨 넣을 수 있다. 또는 그 속에 묻혀 있는 금속을 얻기 위해 깨뜨려서 조각으로 만들 수 있다. 따라서 담론이 우리와 내부작용하는 것처럼 우리 주변 물질 세계의 행위주체자적 특성으로 구성된 방식대로 담론은 구성된다. 아울러 우리 지각과 내부작용이 가진, 그리고 개념적 마음에 놓인 한계를 통해 담론은 구성된다. 지구온난화와 환경문제에 직면해서, 우리가 거의 알지 못하는 그 자체의 행위 논리에서 도출된 예상하지 못한 방식으로 "세계가 우리를 반격할 것이다."(Barad, 1998: 112)라는 생각을 쉽게 받아들인다. 우리 문화와 생활방식은 본질적으로 고정된 전제 조건으로서가 아니라 우리와 마찬가지로 살아 있는, 변화하는 진행자인 자연에 의해 조성된다. 자연이 문화에 의해 모양을 갖추고 구체화되듯이, 문화는 자연으로부터 구체화된다. 즉, 이것은 우리가 자연을 사용하고 자연으로부터 살고 자연을 변화시키는 방식이다. 현재의 우리와 우리 존재는 매우 상호 관련적이며 상호 의존이기 때문에 구별이 안 된다.

존재론적 인식론 관점에 대한 주요한 결론 하나를 언급하면, 이것이 교육에 적용될 경우 비맥락화되고 보편적인 '최고의 학습방법'은 없다는 점이다. 교육적 실천에서 우리의 참여를 간단히 이해하면 그것은 구성적 습관(constituting habits)에 해당한다. 구성적 습관이란 교수학습의 습관으로서 아이디어와 학습 개념과 마찬가지로 대상과 질료의 물질-담론적(material-discourse) 조건에 달려 있다. 물론 아이디어와 개념은 사회-역사적, 정치적 맥락에 달려 있다. 교육적 실천이 사고와 행동의 습관으로 구체화된 물질-담론 현상들이 혼합된 것이라는 점을 받아들이게 될 경우, 실천에 어떤 시사점을 줄 수 있을까? 이런 사고의 교육적 실천은 교사 스스로 우리가 살고 있는 물질-담론적 맥락에서 복잡성, 차이점과 다양성을 활용하는 것과 마찬가지로 이들을 더 잘 파악하게 되는 결과를 불러올 것이다. 어린이와 학생용으로 마련된 교육공간에서 물질-담론적 내부작용으로 인한 사고와 행위의 반복적 습관이 무엇인지에 대해 비판적으로 분석해 볼 필요가 있다. 학생들을 위해 우리가 제공한 교수학습 실천에서 이런 사고와 행위의 습관은 우리가 보고, 비판하고, 변화시킬 수 있는 것들이다. 축적된 이 경험은 우리로 하여금 서로 내부작용하는 아동, 학생, 내용, 질료, 환경 사이에 놓인 차이와 다양성을 활용하게 만들며, 아울러 정의를 행하게 한다.

위의 내용을 요약하면 다음과 같다. 능동적으로 지식을 구성하고 **행위주체성**을 가지고 물질을 포함하여 학습의 모든 측면에 관해 사고를 시작한다는 것은 우리에게는 새롭고 익숙하지 않은 일이다(Barad, 1999, 2007, 2008). 이것은 오늘날은 사회과학에서 '물질 전환기(material turn)'로 불린다. 유사한 맥락으로 우리는 제1장에서 살펴본 '담론 전환기(discursive turn)'인 실천의 생산이자 생산력으로 담론을 인정하기까지 시간이 상당히 걸렸고 처음에는 꽤나 어색했다. '담론 전환기' 이후 수십 년이 흘렀다. 이제 Barad와 유물론 페미니스트들(material feminist)(Alaimo & Hekman, 2008)에 따르면 '물질 전환기'의 시대이지만 우리는 담론 전환기(discursive turn)로부터 배운 바에 계속 의존하고 있다. 이제 우리는 문화와 담론이 구성 세력으로 받아들여졌기에 다음과 같은 정당한 질문을 우리 스스로에게 던져야 할 것이다.

> 질료(matter)가 수동적이고 불변으로 여기는 반면, 언어와 문화는 왜 그들 자신의 행위주체성과 역사성을 부여받을까? … 언어는 중요하다. 담론은 중요하다. 문화는 중요하다. 문제로 보여지지 않는 것들만이 중요하다는 사실은 특히나 중요하다.
>
> (Barad, 2007: 132)

교육적 실천의 핵심 쟁점인 배우기와 알기와 관련해서 Barad가 주장하기를, 우리는 모든 종류의 이원적 사고, 특히 인간/비인간, 주체/

객체, 담론/실재, 구성주의자/실재론의 이분법적 구분을 뛰어 넘고, 이 과정에서 '행위주체성'과 '사실주의' 두 개념을 재고해야 된다. 결론으로 Barad는 자신의 행위주체적 사실주의 접근이 할 수 있는 바를 명료히 기술한다.

> (그것은) 지식생성에서 인간과 비인간적 요소의 역할에 대해 설명을 통해 인식론적 실천에 대한 생각을 전통적 사실주의 대 사회구성주의의 논쟁을 넘어서도록 만든다.
>
> (1998: 89)

존재론적 인식론 접근에서 알기에 관한 이해 방법: 사례

How knowing can be understood in an onto-epistemological approach: an example

이 절에서는 위의 이론 논의를 명확히 하기 위해 사례를 들고자 한다. 이 사례는 세 가지 다른 관점으로 읽힌다. '세계**에서** 이기(being-*in*-the-world)'로 여기서는 질료와 유기체가 여전히 분리되어 있다. '**담론**에서 이기(being-in-*discourse*)', 여기서는 모든 것이 축적으로 구성된 담론에 의해 구성된다고 본다. '세계**의** 이기(being-*of*-the-world)'로 상호의존의 얽힌 상태라는 위에서 언급한 존재론적 인식론에 해당한다. 이 책의 개요에서 언급했고 제5장과 제6장에서 더욱 자세하게 설명된 재개념화 교사교육 내 일부 학생-교사와 함께 수행된 학습 실험에서 사진과 기록작업을 일부 발췌하여 사용할 것이다. 학습 이벤트는 점토상을 만든 후 그것을 변형해서 점토 조각으로 되돌리는 것이다. 이 과정을 글과 사진에서 매우 면밀하게 관찰하고 기록작업하였다.

그림 2.1 점토상 만든 후 점토로 되돌리기

학생들에게 제시된 질문은 다음과 같다. '자신의 손과 같은 크기의 점토 인물을 만들 수 있는가? 나중에 한 발로 서 있을 수 있는가?' 그림 2.1의 몽타주 사진은 이 과정을 보여 준다.

'세계에서 이기(being-in-the-world)': 다른 실재와의 관계 속에서 분리된 실재

17세기에 뿌리를 둔 재현의 관점을 간단히 요점을 되풀이하고 적용하는 것으로 시작하고자 한다. 재현(representation) 관점의 가정에 따르면, 언어는 투명한 매개체로 실재의 사실적 그림을 알고 있는 마음(the knowing mind)으로 전달한다. 모더니스트 패러다임으로 불려온 인식론(배우기와 알기에 대한 이론)은 앞에서 언급했듯이 인간과 비인간 사이, 몸과 다른 문제 사이의 명확한 경계에 관한 개념을 당연시해 온 관념에 근간을 둔 존재론으로, 실재에 대한 객관적 접근의 관념에 바탕을 두고 있다. 이 관점에서 보면 점토상과 점토 조각을 만드는 학생들의 몸과 손은 본질적으로 각각 분리되어 있다. 학생들은 점토가 어떻게 인물상으로 변모하고 점토로 돌아가는지 관찰한다. 예를 들어, 학생들은 점토가 인간 손의 따뜻한 체온으로 어떻게 그 특성이 바뀌는지, 또 점토를 건조시키는 공기의 산소로부터 그리고 점토를 부드럽게 하고 마침내 녹이는 물로 인해 어떻게 바뀌는지 메모한다. 기록작업에 대해 토론할 때, 학생들은 두께에 따라 점토를 완전히 부드럽게 하는 데 필요한 정확한 온도와 점토를 굳히는 데 필요한 시간에 관해 질문하였다. 흩어져 있어서 체계적이고 정확한 관찰은 없었지만, 학생들은 자신들이 과학실험에서 행한 점토에 관한 '진짜 지식'을 얻었다는 점에 동의를 표했다. 이런 관점에서 인간은 세계의 관찰자가 되며, 알기(knowing)와 이기(being)의 실행은 각각 분리되어 있었다(Barad, 2007: 160).

'담론에서 이기(being-in-discourse)'

위의 재현적 사고방식은 명확하게 담론적 사고에 의해 강하게 반박된다. 담론 사고(discursive thinking)에 따르면, 실재는 축적된 의미 만들기 담론의 결과이다. '언어 전환기(linguistic turn)'에 이어 실재는 언어로 표현된 의미 만들기에서 전적으로 우리에 의해 구성된다. 즉, 우리는 **담론**(*discourse*)이라고 지칭한다('언어적 전환', 서문 p. 50 참조). 이 사고에서 보면, 담론은 언어 표현, 문법, 그리고 그저 언급된 것이 아닌 특정 시간, 문화 또는 맥락과 집단에서 의미가 있다고 여겨진 것과 언급이 가능한 것을 제한하거나 가능하도록 만드는 의미 형태이다(Barad, 2007: 146; Butler, 1990; Foucault, 1990). 이제 점토상과 관찰집단을 비평적 관점에서 날카롭게 분석할 경우 이 점토 인물상 만들기에서 일어난 일을 어떻게 이해하게 될까? 협력적 비판 토론에서 (여)학생들은 자신이 만든 모든 인물이 여성적인 성격을 갖지 않는 '찰흙 남성' 또는 성 중립의 인물임을 곧 깨닫게 되었다. 그 인물들은 대머리, 가슴이 없는 나체, 그리고 다리와 팔이 달리기, 조깅, 춤, 스케이트 타기 등의 활동적인 자세를 취하고 있었다. 생강쿠키를 구울 때도 재료에 관계없이 항상 인간을 그리거나 제작했을 때, '남자'라고 말하는 스웨덴의 문화 습관이 원인이라는 점에 학생들은 동의

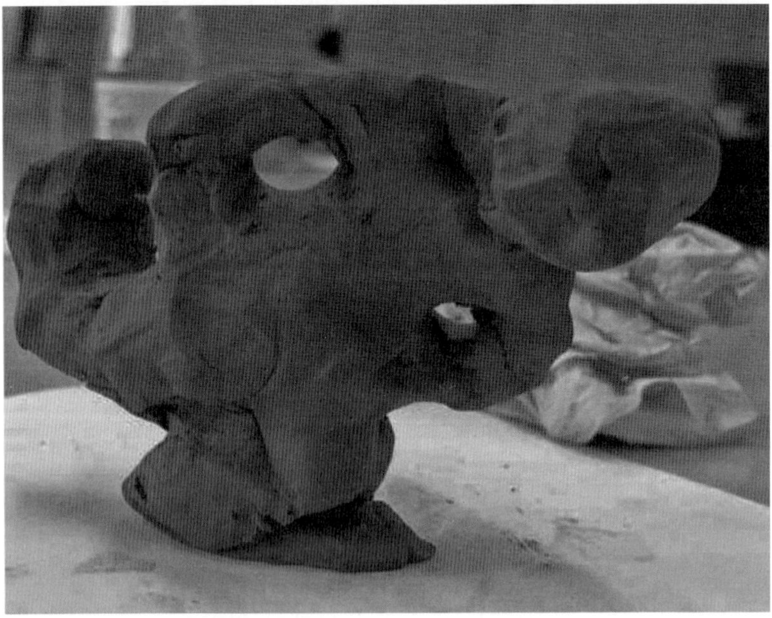

그림 2.2 스케이트 타는 모습의 점토상

하였다. 왜 인물은 항상 당연히 남성인가? 왜 스웨덴에서 '중립적' 단어가 남자용 단어와 같은 단어인가? 이러한 질문들이 등장하면서 페미니즘의 기본 이론과 지배적 남성/여성 격차에서의 권력과 가치의 비대칭에 쉽게 관련지어졌다.

무게중심과 균형중심 차원에서 물리학과 점토 질의 과학 측면에 관해 토론하면서 학생들은 스스로 한정시켜 과학적 담론의 '일상적' 용어로만 표현했다는 점에 수긍했다. 그런데 그 담론은 철저히 길들여진 것이다. 논쟁에서 학생들은 물리학, 수학, 기하학 언어로 점토 성질을 구체적으로 정의한 어려운 과학 단어보다는 요리, 빵굽기, 댄스 및 문학과 같은 익숙한 분야의 여성적 언어를 통해 점토의 성질을 이해했다. 따라서 학생들의 결론에 따르면, 여러 가지 담론에 접근이 가능할 때 말할 수 있게 된다는 것이다. 또한, 여러 가지 담론을 통해 여러분은 구체적이고 상이한 방법으로 점토 인물상을 알 수 있게 된다는 것이다.

실재(reality)를 알기 위한 유일한 길이 담론(discoursive)이라고 생각할지라도 실재는 여전히 언어, 담론 혹은 문화와 분리된 채 '저 바깥에' 놓여 있다. 그리고 실재는 소위 '스스로 말하기'가 되지 않는다(Alaimo & Hekman, 2008: 3). 점토상의 물질 세계는 담론으로 구성되어 있다. 즉, 점토상은 우세한 담론 때문에 남성의 모습을 취한다. 그리고 점토는 행위주체성이 없고 우리와는 분리된 수동 물질로 남아 있다. 담론 패러다임(discursive paradigm)에서 **'담론에서 이기** *(being-in-discourse)*'는 기존 세계**에서** 종래 관찰자들과는 달리 전적으로 텍스트/담론인 이기(being)와 알기(knowing)에 대한 것이다. 실재 패러다임에서부터 담론 패러다임에 이르기까지 하나의 인식론적 조건에서 다른 인식론적 조건으로의 전환이며, **양자택일**로 이해가 가능하다. 그러나 나는 여기서 다음 사항을 강조하고자 한다. 관찰자와 관찰 대상을 원래 분리된 것으로 생각하지 말고 모든 것이 담론적으로 구성된다고 본다면, 담론 관점은 이분법을 깨는 중요한 하나의 시도가

그림 2-3 남성 뒷모습의 점토상

된다. 그러나 담론**에만** 초점을 맞추고 물질로서 여전히 이해되어야만 하는 것을 언급하지 않을 경우, **담론/실제** 이분적 구분이 다시 구축되는 위험은 분명 거기에 놓여 있다. 일반적 방식으로, '그것'이 무엇인지를 이해하면 의미 만들기는 배제된 것, 즉 반대의 것에 달려 있다. 이분법은 결여되거나 배제된 것으로 굳어진다. 따라서 점토 인물상이 단지 담론일 뿐이라면, 이것이 **아닌** 것은 **물질이며 실재이다**. 따라서 담론 패러다임, 즉 '**담론에서 이기**(*being-in-discourse*)'는 담론과 관련된 문제가 어떻게 해결되고 이론화되는지에 대한 방법을 제공하지 않는다. 따라서 이분법은 타파되지도 침해될 수도 없다.

Barad(2007: 63-4)는 다음과 같이 언급하면서 Butler 이론에 많이 의지했다고 밝혔다. Judith Butler(1990, 1993, 2004)의 저술에 나오는 **물질화**(*materialisation*)와 관련된 광범위한 주요 개념을 이 관점에서 이해하면, 담론과 관련하여 물질의 행위주체성을 인정하는 데 이분적 구분을 침범하지 않았기 때문에 이해될 수 있다. Butler적 용어로 담론은 몸의 '표면'에 새겨져 있으며, 몸은 담론에 의해 변형된다. Barad에 따르면, 이는 **물질인 몸 그 자체와 상호 참여해서가 아니라** 담론의 행위주체성을 통해 가능하다. Barad는 이어서 Butler 이론은 물질화에서 능동적 행위주체자의 참여가 아니라 담론적 실행의 수동적 결과로 문제를 다시 새겨 넣는다(p. 151). Foucault와 Butler가 몸 이론화를 하는 데 중요한 방법들을 제시했음에도 불구하고 보여 주지 못한 부분은, 바로 물질화와 주체화의 과정에서 **몸 그 자체가 얼마나 능동적이었는가** 하는 점이다(pp. 64-5). 그렇다면 우리는 어떻게 세계와 자신을 알게 되고, 담론/실재, 문화/자연, 언어/물질과 같은 이분적 구분을 넘고 해체하여 **질료**를 어떻게 중요하게 만드는가?

다르게 사고하기: 존재론적 인식론과 내재성 존재론

'세계에서 이기(being-in-the-world)' 혹은 '담론에서 이기(being-in-discourse)' 관점에서 사고하기(thinking)에 대해 반박하고자 할 경우 무엇인가에서 '벗어나려는' 시도의 본능을 거부해야 한다. 관찰하기 위해 바깥으로 빠져나올 수는 없다. 그리고 영원히 안에 갇혀 있을 수도 없다. 뫼비우스 띠(Möbius strip)[11]에서 혹은 클라인 병(Klein bottle)[12] 만들기에서 내부는 수학모형 내에 영원히 물질화되었기 때문에 외부에 해당한다. 뫼비우스 띠는 표면이며, 단지 한 면과 한 모서리만으로 되어 있다. 클라인 병은 경계가 전혀 없고, 별도의 '내부' 또는 '외부' 면이 없는 지향이 없는(non-orientable) 표면이다.

Deleuze는 다음과 같이 쓰고 있다. "순수 내재성을 언급하고자 한다. 그것은 **삶**(LIFE)이며 그 외는 아무 것도 아니다."(2001: 27, 대문자 강조) Deleuze는 내재성을 **삶**과 **삶의 방식**으로 설명한다. 여기서 모든 물질은 내재성이라는 공통 지대에 놓여 있다(2001: 26). Deleuze의 사고는 17세기 철학자 Spinoza의 연구물에서 많은 영향을 받았다. Spinoza에 관해 쓴 책에서 Deleuze는 전체의 일부가 되는 것이 어떤

---

11) 역자 주: 뫼비우스 띠(Möbius strip)는 한 면만을 가지며, 띠를 따라서 가운데를 자르더라도 하나의 띠가 된다. 1858년 독일의 수학자 아우구스트 페르디난트 뫼비우스와 요한 베네딕트 리스팅이 거의 동시에 독립적으로 이 띠의 성질을 발견했다.

12) 역자 주: 독일의 수학자 펠릭스 클라인의 이름을 따서 명명한, 뒤틀림을 위해 원통 표면의 두 끝을 반대 방향으로 결합하여 얻는 위상공간이다.

뫼비우스 띠

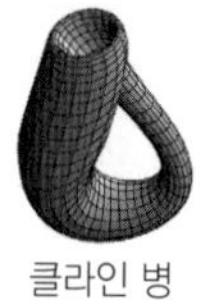

클라인 병

의미인지에 대해 밝히고 있다—오직 하나만이 있다. 모든 몸은 살아 있는 개별성에서 이해되어야 한다. 아울러 형태(form)가 아닌 더 높거나 낮은 속도에서 의사소통되고 변형되는, 또 자신들과 달라지는 입자들의 복잡한 관계로서 이해되어야 한다(1988: 123). Deleuze의 주장은 계속 이어진다.

> 모든 몸을 위한 [하]나의 자연, 모든 개인을 위한 하나의 자연, 자연은 무한 수의 방식으로 변화하는 개인 그 자체이다. 더 이상 단일 물질에 대한 확인이 아니라 모든 몸, 모든 마음 및 모든 개인이 자리 잡고 있는 **내재성이라는 공통 지대**(*common plane of immanence*)로부터 펼쳐내는 것이다. … 따라서 Spinoza의 중간에 위치한다는 말은 이 양식의 지대에 있거나 그보다 이 지대에 스스로를 장착시키는 것이다. 이것은 삶의 양식, 삶의 방식을 뜻한다.
>
> (1988: 122, 원문 강조)

따라서 내재성은 세계 모든 것이 인간의 담론적 사고와 초월적 존재론에만 의존하지 않는다는 점을 강조하기 위해 인류 출현 이전(pre-human) 혹은 초인간(un-human)적 차원에서 설명된 바에 따라 작동한다(Colebrook, 2002; Grosz, 2005). Deleuze의 제안에 따르면, 이미 지적한 바와 마찬가지로, 하나의 자연 혹은 일의적 이기(being)의 지대만이 존재할 뿐이나 다양하고 다원적인 되기(becomings), **일의성**(*univocity*)(Colebrook, 2002: 95) 또한 함께 존재한다.

이것에 대해 좀 더 구체적으로 생각해 보고 학생과 점토상에 대해 다시 생각할 수 있도록 우리의 일상생활에서 당연한 것으로 받아들여지고 우리 언어에 장착되어 있는 지배적 초월론을 다시 살펴보도록 하자. Deleuze와 Guattari(1994)에 따르면, 이런 사고는 **'나'를 언급하는 습관**에 달려 있다. 자신인 '나'를 언급할 때, 자아는 타인과 사물과 분리되어 있다. 따라서 '저' 여기 있어요(here am 'I')라는 말은 점토 인물상을 만드는 학생을 말한다. 그리고 여기 점토 조각이에요(here is a piece of clay)는 내가 '점토상(clay man)'을 만들고 있다는 것이다. 내 생각 안에 있는 모든 것은 '나'를 언급하는 이 습관에서 나온다. "개념과는 별도로 모든 사람이 자아, 사고하기 및 이기가 무엇을 의미하는지 알고 있다."(1994: 129)라고 추정된다고 Deleuze는 썼다. 다시 점토상으로 돌아가 보자. 여기서 '나'는 점토상에서 분리되어 점토상에서 벗어난 위치에서 점토상을 '경험적으로 관찰하고' 그것에 '대해 생각한다'. 점토상은 기존의 물질로 만들어진 죽은 질료이며, 바로 점토이다. "'나는 생각한다'의 순수 자아(pure self)는 따라서 모든 전제를 경험적인 자아로 되돌려 놓았기 때문에 시작에 불과해진다."라고 Deleuze는 썼다(1994: 129). 따라서 '나'가 아닌 것은 다른 것이며, **동일한 것이 아니다**. 그것은 부정, 모순, 반대이다. 따라서 물질, 점토로서의 점토상은 그 자체를 '나'라고 부르는 인간이 **아니며** 생각하는 자아가 아니다. 차이는 정체성과의 차이, 즉 무언가에 대한 차이이며 그것은 항상 초월적 사고의 경우에 해당한다(Colebrook, 2002; Smith, 2003). 요약하면, 우리 자신을 인간의 '나'로서 다른 세계와 구분하고 그 위에 놓음으로써, 우리는 다른 유기체와 질료에 대한 상호 의존성을 쉽게 이해할 수 없게 되어 초월성 존재론에서 질료처럼 낮은 위상을 갖게 된다.

교육학의 관점에서 볼 때, '질료'와 '나' 사이 이런 구분은 학습의 주체가 무엇을 할 수 있는가의 문제로 집중된다. 즉, 무엇을 배웠는지, 얼마나 발달하고 성숙했는지, 무엇을 개념화하거나 수행했는지에 초점이 맞춰진다. 배우기와 알기라고 부르는 힘은 물질적 점토의 과정, 학생들의 손과 담론적 사고의 몸에서 일어나는 내부작용의 산물이 아니라, 그러한 사고의 학습 주체 내에서 비롯된다. 내재성의 관점에서 볼 때 우리는 환경과 학습자와 내부작용하는 물질의 행위주체적 특성을 포함한 학습 질료 전체에 집중해야 한다. 이런 식으로 생각할 때 점토는 학습자 정체성에서 분리되지 않으며, 또 다르지 않다. 그 대신에 Deleuze는 부정 없는 차이를 제안한다. 그 차이는 **그 자체로**는 차이가 있지만, 어떤 것에 반대되거나 부정적이지 않다(Deleuze, 1994). 따라서 점토 인물은 학습자와 마찬가지로 모든 내부작용 변화가 일어날 때 자신과 구별된다. 그것 혹은 학생은 자신의 변형 과정에서 새로워진다. 그것은 이것과 같은 점토 인물이거나 이것, **또는** 이것 같은 **그리고** 이것인 점토 인물(clay man)에 해당한다. 다른 것**과** 비교한 차이보다 **그** 자체의 차이이다.

당연하고 한결같은 '나'에 대해 의문을 제기하고 또 그런 '나'를 받아들이지 않게 될 경우, 모든 유기체와 질료 사이의 상호 연관성(inter-connectedness)에 대한 확신을 갖게 된다. 그것은 **긍정**(*positivity*)으로서 무언가가 다른 것이 **아니기** 때문에 무언가가 있다고 생각할 때처럼 항상 부정으로 이뤄진 초월적 이분법 사고를 뛰어넘게 한다(Deleuze, 1994). 교육학에서 우리 생각이 바뀔 경우, 규범을 벗어나서 아동을 판단하게 되므로 더 이상 부정적으로 구성하지 않게 된다. 그 대신에 우리는 학습 사건(learning events)에서 다른 것과 함께 스스로 내부작용하는 어린이의 계속되는 변화와 차이 생성(differentiations)을 긍정하는 실행을 할 수 있게 된다. 더욱이 그것은 우리로 하여금 개별 아동에 대한 우리의 견고한 환원적 시선을 벗어나 사이-내부의 공간에서 일어나는 것을 포함하는 더 부드럽고 넓어진 세심한 시선을 갖도록 해 준다. 따라서 교육학에서 도전은 '나'를 버리지 않는 것이다. 오로지 전적으로 상호 의존하는 가운데, 이(this) '나'가 어떻게 구성되는지에 관한 생각을 시작하는 것이다. 그것은 다른 '나'들과 함께가 아니라, 사회역사적, 지리적 맥락에 자리 잡은 유아학교를 둘러싼 환경에서 그것 주변에 있는 모든 질료, 인공물, 물리적 강도와 힘과 함께이다.

'세계의 이기'의 상태에서 알기

알기(knowing)란 제1장에서 이미 언급했듯이(Barad, 2007: 185) 세계의 일부 또 다른 질료에 대해 알게 하고 또 알 수 있는 질료로 만드는 일이다. 점토상의 예로 돌아가 보자. Barad는 아마 다음과 같이 제안할지도 모른다. 학생들은 만들 '점토상'을 담론적으로 생각하는 동안 학생들의 손이 점토를 본뜨고 있다. 본뜨는 동안 학생들이 담론적으로 이해한 바(성차별화된 담론)는 (머리카락 없는) 머리, (상의탈의된 가슴 없는) 몸, 춤추거나 스케이트를 타는 것과 같은 다른 자세이다. 추운 겨울 아침에 스케이트 타는 인물의 이미지 혹은 땀 흘리는 조깅자 등의 이미지에 담론적으로 장전되어(charged) 따뜻한 손가락과 손에서 부드러워지는 점토와 내부작용한다. 그래서 담론적으로 생각하는 손이 진흙을 본뜨지만, **진흙도 손과 학생들의 담론적 사고를 형성한다**. 유연성과 입체감이 있는 행위주체적 특성을 가진 점토는 그 자체로 구체적 성질과 잠재성을 통해 **점토로서 학생들로 하여금 알게 만든다**.

매우 친밀하고 경계가 없는 상호 관계 안에서 손을 써서 내부작용하는 가운데 '점토 인물(clay men)'이 본떠지고 **스스로 본뜰 때**, 점토는 학생들이 (기존) 개념에 **일치하거나**(*with*) 그에 **저항한다**(*against*). 행위주체적 특성들(무한한 잠재력과 일시적인 한계)을 지닌 모든 점토덩어리의 반응과 저항은 점토의 특정한 물질 조각으로서, '점토상'이 될 수 있는 개념을 물질화한다. 그러나 점토가 '무엇'이며 무엇이 되는가는 각각 개별 학생에 따라 달라진다. 학생들은 자신의 '점토상'에 대한 정서적 감응(emotional affection)을 쌓아서 그것이 어떻게 만들어졌고 다시 점토 덩어리로 돌아갔는지에 대해 토의하는 과정을 거쳐 이름을 지어 주고 관계를 맺었다. 형성된 감응의 관계는 제1장의 막대 인형과의 관계와 많은 공통점이 있다. 따라서 학습은 종종 우리가 잘 인정하

그림 2.4 점토로 사람을 빚는 학생의 손

지 않는 정서, 감응, 욕정, 욕망 및 상상력을 포함한다. 학습의 이러한 측면을 스스로 인식함으로써 우리는 마음/몸과 사고/느낌의 구분을 넘어서게 된다(Colebrook, 2002; Deleuze, 1990; Grosz, 2005).

위의 내용을 요약하면 다음과 같다. 특정의 전제 조건을 가진 일련 사건들 속에서 상이한 질료들 스스로 잠재성과 순간의 한계에서 각각의 사건에 알 수 있도록 한 결과가 '점토 인물'**인 것이다**. 점토는 함께 되기(becoming-with) 과정에 있으며, 담론적으로 행위하는 학생의 손에서 **체화된 사고**(*embodied thinking*)이다. 동시에 학생들의 담론적으로 사고하는 손은 상호되기 과정, 즉 점토와 함께 되기(becoming-with the clay)에 있다(Haraway, 2008). 따라서 알기와 사고하기는 내부작용의 물질적 실행(material practices of intra-acting)으로 이해될 수 있다고 Barad는 썼다(2007: 90). 그러한 알기는 스스로 차이에 집중하게 되는 것이다. 이것은 점토상을 점토로 다시 돌리라고 요청받았을 때 학생들에게 명확해졌다. 학생들은 부드럽고 따뜻한 '점토상'으로 만든 후 대기의 습도와 함께 내부작용하면서 건조하고 단단하게 변화시키고, 마침내 점토 덩어리 상태로 다시 전환시킨다. 아울러 증발 과정이 일어날 때 머리 내에서 발에 이르기까지 명백하게 건조 속도 또는 더딘 건조를 관찰했다. 그다음, 물에 넣고, 점토 물과 점토를 천천히 팽팽하게 하는 물과 '점토상'이 새로운 상태의 되기가 될 때까지 물질을 바꾸고 변형시키는 물과 점토 사이의 내부작용을 경험했다(그림 2-1 참조).

제4장에서 좀 더 자세하게 논의하겠지만, 내부작용 교육(intra-active pedagogy)은 어떤 종류의 학습 과정이 이루어질 것인지, 어떤 종류의 학습이 성취될 것인지 절대 명확하게 계획될 수 없다. 학습과 지식에 대해 존재론적 인식론적으로 이해할 경우, 정확한 학습 결

과를 예측할 방법은 없다. 이것이 바로 교수와 학습이 다른 방식으로 생각되어야 하는 이유이다. 교육적 기록작업은 매우 귀중한 도구를 제공해 준다. 그리고 이 도구는 기록작업에서 학습 사건의 일부분을 '빼내서' 우리 앞에서 그것을 물질화시켜 주기 때문에 아주 중요한 도구라고 할 수 있다. 기록작업을 하면서, 여러분은 그것의 복잡성과 차이 생성의 혼합에서 나온 학습 사건을 읽을 수 있게 된다. 예를 들면, 점토가 물과 내부작용하는 차원에서 나온 혹은 점토와 내부작용하는 손에서 나온 것이 이에 해당된다. 여러분은 상이한 내부작용에서 일어나는 것들을 분석해 볼 수 있을 것이다. 하나의 질료나 유기체가 어떻게 그 자체로 점토에 대해 서로에게 이해되도록 했는가? 이러한 분석을 통해 교사로서 여러분은 다음 날 물어볼 질문, 교육환경 조직, 계획에서 어떤 내부작용이 가능한지를 결정할 수 있게 된다.

'세계의 이기'로서 앎의 몇 가지 교육적 결과

Some of the pedagogical consequences of knowing as 'being-of-the-world'

이기(being)와 알기(knowing)가 분리될 수 없고, 우리를 둘러싼 우리의 이기와 물질 실재(material reality)와 내부작용하면서 세계를 알아가게 된다는 Karen Barad의 생각이 옳다고 생각된다면, 유아교육에서 학습 과정을 어떻게 가르치고 실행하며 평가하는지에 대해 결과가 명확하게 제시되어야 할 것이다. 존재론적 인식론 면에서 내재성과 사고의 관점에서, 나는 어린이에게 귀 기울이는 대화가 없는 상황에서 질료, 인공물 및 환경으로 가르치는 것이 가능한지 나 스스로에게 다음과 같은 질문을 던지고자 한다. 어린이나 학생들에게 자신이 생각하는 것을 비롯하여 놀이나 학습에 무엇을 가져올지에 대해 그들에게 묻지 않고서 우리가 어떻게 가르칠 수 있을까? 어린이들과 학생들의 사고와 행위 전략이 갖는 복잡성과 다양성을 고려하지 않고서 어떻게 가르칠 수 있을까? 우리가 다루는 물질로, 우리가 거주하는 환경으로, 유아교육에서 시간과 장소 및 공간의 조직으로 내부작용을 하는 방법을 고려하지 않고서 어떻게 가르칠 수 있는가? 이것은 단순히 발생할 내부작용을 관찰하는 문제 정도가 아니다. 따라서 어린이들과 동료들과 협력하여 학습하려는 시도에 관한 준비, 계획 및 추진 방법에 대한 결과가 제시되어야 한다.

존재론적 인식론 관점에서 배움이란 우리가 교육실제를 살아가고 행동하는 데서 사물들의 **바로 중간에서** 일어난다. 발생하는 사건 속에서 우리가 어떻게, 무엇을 배웠는지를 스스로 알고자 한다면, 현재 발생한 일과 현재의 다양성을 지닌 꽉 채워진 실제 현실의 한 가운데에서 발생하고 있는 일에까지 스스로를 열어 놓아야 한다. 이 개방을 가능하게 하기 위해 내가 강조하고 싶은 바는 다음과 같다. 언제든지 그런 개방이 일어날 것이라는 점을 고려해야 한다. 또 철저하게 계획할 필요가 있으며, 또 **일어날 수 있는** 문제가 될 내부작용의 가능성도 고려해야 한다. 또한, 우리 계획에서 벗어날 수 있도록 계획해야 한다. 일어날 일에 대해 사전에는 생각할 수 없는 질문이나 의견을 끼워 넣을 준비가 되어 있어야 한다. 혹은 이전에 계획되지 않은 새로운 물질을 제공하거나 새로운 행위나 사고방식을 제안할 만반의 준비가 되어 있어야 한다. 이에 대해서는 제4장에서 좀 더 자세하게 살펴보겠다.

여러 가지 담론을 본다고 해서 여러분이 사물을 다르게 생각하게 되는 것은 아니다. 그러나 이는 여러분이 사물에 **가치를 다르게 부여**

하고 판단하도록 해 준다. 점토상 같은 경우가 이에 해당한다. 따라서 우리는 왜 이 점토상을 만들고 있는가 하고 질문할 수 있다. 교사교육자들은 정확하게 우리가 무엇을 배우기를 바라는 것일까? 이는 내부작용이 일어나는 가운데 알기가 나타날 때 담론의 종류를 결정한다는 점을 학생들이 찾아낸 시점이다. 이후에는 배울 가능성이 있는 것이 무엇인지 판단하고, 어떤 학습의 종류와 질이 성취되었는지를 평가한다. 따라서 학생들은 가르치기 위해 우리가 정한 교수목표를 한편으로는 선택된 담화에 대한 깊이 있는 학습을 가능하게 했지만, 우리가 선택한 목표의 결과로 인해, 그렇지 않았으면 발생했을 가능한 내부작용의 사건을 비롯하여 수많은 담론과 담론의 관점에서 우리가 할 수 있는 것이 무엇인지를 이해할 가능성이 제한되고 배제되었다. 예를 들어, 학생들과의 내부작용에서 행위주체적 점토 자체인 물질 관점에서의 알기가 배제될 가능성이 있다. 이것은 우리가 지금까지 말하고 쓰는 언어에서 많은 부분을 가지지 못했기 때문이다. 내부작용 교육(intra-active pedagogy)에서 학습목표와 윤리에 대한 이런 주요 이슈들은 이 책 마지막 장에서 살펴보겠다. 다음 장에서는 교육적 기록작업이 내부작용 교육학에 얼마나 중심을 차지하는 도구인지를 심층적으로 살펴보겠다.

CHAPTER 3

교육적 기록작업의 도구

The tool of pedagogical documentation

> 의미란 개별 어휘나 여러 어휘로 구성된 속성이 아니라, 이해 가능한 것과 이해 불가능한 것의 차이가 어우러지는 댄스 속에서 이루어지는 세계의 **지속적 수행**(*an ongoing performance*)이다.
>
> (Barad, 2007: 149, 원문 강조)

Barad에 따르면, 의미란 행위주체성을 가진 몸/질료가 서로에게 자신을 이해시키고자 노력하는 연극 혹은 댄스 속에서 지속되는 수행이다. 우리가 어떤 **유형**(*kinds*)의 의미를 만드는지가 중요하다. 이것은 우리가 어린이는 어떻게 배운다고 여기는지 등을 포함하는 의미 만들기(meaning-making)의 수단, 도구 혹은 장치가 **중요하다**는 것을 의미한다. 이에 따라 어린이 학습자와 함께하는 학습 활동에서 우리가 사용하는 도구 혹은 '장치(apparatuses)'로 어떤 유형의 지식을 생성할지 스스로 질문해 보아야 한다.

우리가 일상적 실제에서 교육적 기록작업(pedagogical documentation)에 관해 말할 때 종종 관찰 도구, 실제의 기록을 구성하는 도구를 지칭하곤 한다. 이 장에서는 교육적 기록작업을 **물질-담론적 장치**(*material-*

discursive apparatus)로 바라봄으로써 더욱 정확하게 정의하는 관점을 소개하고자 한다. Barad에 따르면, 무엇인가를 관찰하는 데 사용되는 장치는 '물질적 (재)배치 혹은 담론적 실제' 과정에 참여하는 것으로 이해할 수 있다(2007: 184). 이는 교육적 기록작업이라는 장치가 **그 자체로서**(*in itself*) 담론 지식을 생성하는 능동적 행위주체자(agent)임을 의미한다. 이는 메모, 사진, 비디오필름 등의 관찰을 통한 물질적 결과물을 만들어 가면서 어린이의 학습에 대한 의미를 구성해 가는 과정의 일부이다. 즉, 우리가 얻게 되는 기록작업(사진, 메모지, 제작물)은 **재료/질료**의 측면에서 이해할 수 있지만, 고정된 본질을 가진 고정된 물질이 아니라 내부작용의 수행(intra-active performances)과 되기(becoming)의 과정 속에 있는 실체, 즉 '물건(thing)이 아니라 행위(doing)'(Barad, 2007: 183)라는 사실이 중요하다는 것이다. 그러나 교육적 기록작업은 기록하는 순간에 **있었던** 실제의 재현(representation)으로서 실제를 기록하는 것이 **아니다**. 오히려 교육적 기록작업이란 생성되는 교육실제와 연관하여 적극적으로 **행위하고 수행하는** 것이다. 이 장에서는 이 의미를 더욱 자세하게 제시하고자 한다.

교육적 기록작업의 생산에 사진, 비디오필름, 관찰기록, 어린이가 행하거나 만든 것에 대한 스케치, 혹은 구성물 그 자체 등 구체적으로 어떤 유형의 기록작업을 생성하고 수집할 것인가가 중요하다. 관찰 장치를 **어떻게** 사용할 것인지, 즉 카메라를 어떤 방향으로 향하게 할 것인지, 무엇을 적을 것인지, 어떤 도구를 사용할 것인지 등등의 선택이 모두 중요하다. 카메라의 버튼을 누르고 비디오카메라의 초점을 맞추면서 녹음기를 어디에 놓을지 결정하거나 어린이가 손으로 행하고 있는 것 중 무엇을 적을지 선택하는 것, 그 모두가 우리가 이해하고 알게 되는 것에 중요한 영향을 준다. 관찰자와 관찰 장치는 물리학의 맥락에서 Barad가 특정하게 구성된 '**컷**(*cut*)'이라 지칭한 것을 함께 구성한다. 이러한 컷은 관찰하는 행위주체와 객체 **사이-내부의**(*in-between*) 내부작용(intra-action)에서 생기는 것이다(Barad, 2007: 115). 이는 한편으로는 객체와 관찰 주체(장치와 과학자 혹은 교사) 간에는 본래 고유한 구분이 없다는 것을 의미하지만, 또 다른 한편으로는 관찰이 여전히 사실상 **일시적으로 구성된 구별**(*temporary constructed distinction*), 즉 구성된 컷을 생산하는 것을 의미한다. 이렇듯 구성된 '컷'은 우리로 하여금 **조금이라도** 기록작업 일부에 관해 서로 이야기를 나누고 연구할 수 있도록 실제에 대한 물질적 관찰을 가능하게 해 준다. 관찰기록의 일부 혹은 **수행 행위주체**(*performative agent*)로서 관찰 사진, 스케치, 언어적 기록은 그 자체의 행위주체적 힘(force)과 물질성(materiality)을 수단으로 하여 모든 것을 작동시킬 것이다. 따라서 다른 질료와 유기체들과의 내부작용을 위한 새로운 가능성이 생기게 될 것이다.

이 장의 첫 부분에서 나는 앎의 장치로서 교육적 기록작업을 어떻게 이해하는지에 관해 이론적으로 소개하고자 한다. 두 번째 부분에서는 몇몇 사례와 관련지어 이러한 이론을 살펴보고자 한다. 관찰과 기록작업 실제를 새로운 방식으로 사유하는 것은 새 신을 신은 것처럼 처음에는 불편할 수 있을 것이다. 그러나 사례를 통하여 새로운 방식의 사유에 대하여 독자 여러분의 고유한 사고 및 실제와 관련지어 더 편하게 느낄 수 있도록 돕고자 한다.

귀 기울이기 교육에 대한 관점 넓히기

Widening and expanding our perspectives of a pedagogy of listening

레지오 에밀리아 유아교육에서 관찰하고 기록하는 실제는 기록지, 사진, 비디오 등 '학습의 흔적으로 가시화된 귀 기울이기(listening)'(Rinaldi, 2006: 68)라는 측면에서 이해되고 있다. 내부작용을 중시하는 교육에서의 교육적 기록작업에 대한 나의 이론이 레지오 에밀리아에서 실천하는 귀 기울이기 교육(pedagogy of listening)에 상당히 의존하기는 하지만, 지식 생산에 있어서 물질이 가진 행위주체성(agency)을 포함하는 측면에서 레지오 에밀리아 철학을 보완해 준다고 생각한다. Barad(1999, 2007, 2008)로부터 영감을 얻은 내부작용 교육은 물질, 담론, 사람 **사이-내부에서의** 상호 관계, 상호 접속, 충돌과 회절의 파동 속에서 생산되는 현상에 명시적으로 초점을 맞춘다. 달리 표현하면, 내부작용 교육의 강조점은 상호 의존적인 공동의 '귀 기울이기'와 관찰에 있으며 이는 단순히 어린이들, 어린이와 성인, 말하는 것과 행하는 것 사이와 내부에서 이루어지는 개인 내 및 개인 간 관계를 다루던 것에서 초점을 더 확대한 것으로, 학습 사건의 내부작용 속에 물질의 수행 행위주체성을 포함시키는 것이다.

레지오 에밀리아에서 저술된 문헌에서는 물질의 행위주체자로서 힘과 강도가 그저 함축적으로만 드러난다. 그 이유는 도입부에서도 이미 지적한 바와 같이 물질이 중요하지 않아서가 아니라, 단지 유기체(인간 및 비인간), 객체, 질료와 사물 사이-내부에서의 내부작용 과정을 가시화하거나 실체화하는 데 사용할 수 있는 어휘나 개념이 결여되어 있기 때문이다. 이것은 교육에 참여하는 인간 주체, 그리고 개인 내 및 개인 간 과정에만 초점을 맞추는 것을 당연시해 왔던 것에서 초래되었다고 생각한다. 교육학은 개별 유아의 내부에서 이루어지는 인지적 과정으로 이해되거나 다른 사람, 특히 학습할 내용을 알고 있는 교사와의 만남을 통해 이루어지는 것으로만 받아들여져 왔다. 따라서 사물, 질료, 인공물(artefacts), 재료, 구비된 환경과 건축물과의 만남은 교육의 한 과정으로 적극적으로 고려되지 않았던 것이다.

현재 논의의 맥락에서, 그럼에도 불구하고 물질의 힘과 강도가 레지오 에밀리아, 그리고 레지오에서 영감을 얻은 스웨덴 교육에서 이루어진 프로젝트의 기록작업에서 종종 나타난다는 사실을 지적해 두고 싶다. 기본적으로 물질은 중요하지만 수동적인 도구로만 제시되는데, 능동적인 어린이와 교사들이 사용할 배경 정도로 간주되거나, 필요한 전제 조건을 대략적으로 구성하는 것으로 여긴다. 기록작업을 자세히 들여다보면, 어린이의 내부작용을 통한 학습 과정에서 그 지체로 생명력과 행위주체성을 가진 존재로서의 대상과 인공물은 어린이의 대화와 그에 대한 분석에서만 나타난다. 이러한 상호 내부작용은 교사나 연구자에 의해 기록작업이나 생성된 텍스트 속에서 확연하게 찾아질 수도 없고 분석되어 있지도 않다. 교사가 분석해 온 것은 어린이들이 행하거나 말한 것인데, 이는 아직까지 이러한 방식으로 이론화할 수 있는 언어가 없었기 때문이라고 본다. 그러나 사실상 레지오 에밀리아 교사들이 그 어떤 교육실제보다 더욱 두드러지게 잘하는 것은 성인이 의도적으로 조직하고 계획한 도전적 환경 속에서 어린이들 사이에 이루어지는 가장 사적인 학습의 과정을 기록하는 것이다. 이러한 기록작업은 우리로 하여금 어린이들이 학습의 과정에서 자신들 주변에 있는 다양한 생명체와 사물이 가진 행위주체성을 어떻게 식별하는지 읽어 내고 들을 수 있게 해 준다. 제1장에서 예시되었던 것처럼 어린이가 나뭇가지를 '인격화된(humanised)' 인형으로 여겼을 때, 성인인 우리는 종종 이를 단순히 물활론적인 물질의 '인격화(humanising)'로 이해하려 한다. 그러나 어린이가 자신을 둘러싼 세상을 연구하면서 가진 개념적 문법은 **내부작용이자 행위주체적인 현실주의자 문법**(*realist grammar*)이라고 해도 될 것이다. 따라서 만약 우리가 더 귀를 기울인다면, 어린이가 주변의 다른 생명체, 물체, 사물을 다루고 함께할 때 이러한 물질이 어린이 및 어린이의 사고와 내부작용하면서 우리에게 '말하는 것'을 '듣고' 관찰할 수 있을 것이며 그 변화 양상을 볼 수 있을 것이다. 예컨대 우리 성인이라면 광합성의 복잡함이라고 할 것을, 스톡홀름 외곽의 한 유아교육기관에 다니는 어린이들은 힘을 갖고 있는 빛이 식물을 소리쳐 부르며 뿌리로 힘껏 내려가고 다른 물질로부터의 저항 정도에 따라 그 속도와 강도를 달리하는 것이라고 묘사하였다(스톡홀름 외곽 Skarpnäck에 위치한 Eken 유아교육기관의 아틀리에리스타 Karin Furness가 제공한 기록작업). 내부작용을 중시하는 교육학 측면에서 사유함으로써 우리는 식물의 뿌리, 흙, 종이와 펜의 '목소리'와 '언어'를 더 잘 식별할 수 있게 되며 변형(transformation)과 학습의 과정에서 이들이 가진 행위주체성을 관찰할 수 있다.

교육적 기록작업의 '기계적' 속성

The 'machinic' quality of pedagogical documentation

그 자체로서는 특정한 정체성을 갖지 않는 교육적 기록작업은 우리가 살아가고 있는 교육실제를 **물질**(*material*)로 만드는 공간을 창조하는 운동 혹은 힘으로 이해할 수 있을 것이다. 어린이, 개념, 물질 간의 내부작용 현상이 발생하고 체화되는(즉, 가시화되어 우리가 읽어 낼 수 있게 되는) 공간을 함께 이루는 기록작업은 물질적인 사진필름, 이미지, 관찰 등으로 구성된다. 달리 표현하면, 기록작업은 사건의 한 컷이 현실화되고 그로부터 더 나아가는 내부작용이 생성될 수 있는 일시적 '영토' 혹은 공간을 생성하는 것으로 이해될 수 있다. Deleuze와 Guattari식으로 표현하면, 교육적 기록작업은 '**기계적으로**(*machinically*)' 작동하는 것으로 이해할 수 있다(Colebrook, 2002: 57). 그들의 사유에 따르면 기계(machine)란 어떤 것에 대한 메타포나 매커니즘이 아니라, 살아가는 운동을 지속할 수 있게 하는 유기체, 질료, 인간 간의 접속(connections)을 가능하게 하고 생성하기에, 삶의 사건 그 자체이다. '기계'는 그 자체의 주체성(subjectivity)을 가지지는 않으며, 그것이 생성해 내는 접속, 그 이상은 아니다. 즉, "이것이 기계가 하는 일이다. … 이는 **탈**영토화(*de*terriorialisation) 혹은 **그 자체 이외의 것 되기**(*becoming other than itself*)의 끊임없는 과정이다."(Colebrook, 2002: 56, 나의 강조) 혹은 Barad의 표현처럼, 관찰하고 기록하는 장치나 실제는 내부작용 행위를 가능하게 하는 생산자다. 더구나 내부작용으로 생성되는 현상은 내부작용하는 신체나 질료 그 자체가 아닌 그 이상의 것이다. 다른 말로 표현하면, 교육적 기록작업은 학습과 새로운 되어 가기의 과정이 지속되도록 해 준다. 따라서 교육적 기록작업이라는 장치는 교육이라는 맥락 속에서 기계적으로 작동하는 장치이다. 이는 그 자체를 운동이자 힘으로 보아야 하는 장치이자 기계이며, 동사(verb)로 이해해야 하며, 오직 그것이 생산해 내는 것들에 의해서만 식별할 수 있다. 따라서 명사 형태의 기계 혹은 장치로 이해해서는 안 된다.

카메라와 사진의 예를 들어 이를 다시 살펴보고자 한다. 카메라 자체는 특정한 기능을 가진 **메커니즘**으로 볼 수 있는 반면, 기록작업의 일부로서 사진 자체는 Deleuze와 Guattari 이론에서의 기계처럼 다른 것들과 서로 접속됨에 있어서 어떠한 한계도 없다(Colebrook, 2002: 56-7). 속해 있는 내부작용이라는 사건 속에서 끝도 없이 새로운 접속과 간섭을 통해 새로운 의미들을 생산할 수 있다. 따라서 사진을 세계 혹은 촬영되는 것의 재현으로 이해해서는 안 된다. 그보다는 교육적 기록작업의 일부로, 교육공간에서 일어나고 있는 사건의 구성된 한 컷을 이루는 것으로 보아야 한다. 그러나 교육적 기록작업은 지식으로 생산되는 것을 제한하고 한정할 수 있으며, 심지어 의미 만들기의 측면에서 우리가 개념화하고 이해하는 바에 따라 특정한 앎의 방식을 배타적으로 조장하기조차 한다. 어떤 사건이든 물질적이면서 **그리고** 동시에 담론적이기 때문에, 카메라의 물질적 가능성이나 거기에서 생성되는 사진의 질적 수준의 한계와 마찬가지로 우리가 가진 담론 이해의 한계는 사건으로부터의 앎이라는 현상 측면에서 생성 가능한 것을 제한하고 한정되게 한다(Barad, 1998: 112 참조).

이에 따라 나는 교육적 기록작업을 **살아 있으며**(*alive*), 그로부터 특정 사건에서 차별화된 다원적 지식을 생산할 수 있는 것으로 그려내고자 한다. 단지 기록지, 사진, 비디오필름, 어린이 탐구놀이의 산출물을 갖고 먼저 사고해야 하는 것을 비롯하여 이런 방식으로 교육적 기록작업을 하는 것의 복잡성을 인식하고 있기에, 지금까지 개관한 이해 방식을 이 장의 후반부에 이어질 예들을 통해 더 명확하게 제시하고자 한다. 그 전에 관찰자로서 교사 혹은 연구자는 누구인가, 그리고 내부작용을 중시하는 교육의 관점에서 보거나 관찰한다는 것은 무엇을 의미하는가에 대한 논의와 함께 이론적 소개를 이어 가고자 한다. 이는 독자로 하여금 어린이 발달의 관찰과 기록에 대하여 지금까지 100년 이상 지속되며 당연시되어 온 방법들에 이러한 사유방식이 어떻게 진지한 의문을 제기하고 도전하는지를 이해하기 쉽게 도울 것이다.

'관찰자'로서의 '나'는 누구인가? 장치의 '일부'인가?

Who am 'I' as an 'observer'? A 'part' of the apparatus?

물리학자이자 과학철학자인 Barad(1999, 2007)의 이론에 따르면, 관찰 장치(관찰 프로토콜, 카메라, 산출되는 이미지 등)와 이를 사용하는 관찰자(교사 혹은 어린이 자신) 간에 본질적이고 명확한 경계란 있을 수 없다. 그들 사이-내부에서의 내부작용적 접속에서는 서로가 서로에 완전히 의존하게 된다. 달리 표현하면, 주체 혹은 아는 자(knower)를 대상 혹은 앎의 대상(known)으로부터 구분한다는 것은 불가능하다. 이렇게 보면 Barad(1999)가 **물질-담론**에 대하여 논할 때 물질의 개념적 차원(담론적 의미)과 물질적 차원이 하나로 뒤얽혀 있다고 말한 이유도 쉽게 이해할 수 있다. Barad는 "이론적 개념은 측정에 요구되는 상황에 따라 정의된다."(Barad, 1999: 3)라고 했던 Niels Bohr를 인용한다. 이는 우리가 살아가는 경험, 그리고 세상 속 특정 현상에 대한 구체적이고 물질적인 관찰(예컨대 현미경이나 카메라의 사용)을 통한 구성의 결과로 개념이 형성된다는 것을 의미한다. 이러한 물질-담론적 경험은 우리가 개념을 명명하고 특정한 방식으로 의미를 부여할 수 있게 해 준다. 따라서 모든 개념은 "인간과 비인간

(non-humans)의 특정한 내부작용으로 이루어진 현상"(Barad, 1998: 116)의 결과이다. 관찰자와 관찰 대상은 본질적이거나 당연시되는 주체/객체 구분이 없으며 "**이분법적이 아닌 전체**(*non-dualistic whole*)를 형성하는 물질적이자 개념적인 장치"라고 Barad(1998: 95, 나의 강조)는 말한다. 현실에서 물질화되고 현실화(actualised)되는 사건의 기록지나 사진, 그리고 우리가 구성하는 의미의 담론적 연계는 교육적 기록작업을 수단으로 하여 앎의 생성 속에서 서로 떼어 낼 수 없게 뒤얽히게 된다. 그 어떤 관찰도 서로 얽힌 과정 속에서 관찰자와 관찰장치 모두에 의해 만들어진 물질-담론적 상호 접속(interconnections)으로부터 '자유롭거나' 객관적일 수 없다.

이상의 결과로 교육실천자들은 관찰과 기록작업, 즉 우리의 앎의 장치에 얽히게 된다. 하나를 다른 하나로부터 떼어 내어 구별하는 것은 불가능하다. 따라서 **이론/실제**(*theory/practice*)라는 이분법적 분리는 완전히 해체된다고 할 수 있다. 우리는 개념을 실제로 물질화하며, 실제 및 관련된 물질은 일어나고 있는 일에 대한 우리의 이해를 좌우한다. 모든 것은 이론/실제, 담론/물질 간의 경계가 없는 상호 접속, 간섭, 회절 파동(waves of diffractions)으로의 내부작용이며, **경계가 모호한 뒤얽힘**(*blurred entanglements*)이다. 따라서 담론/물질을 따로 떼어 낼 수 없다(Barad, 2007). Barad는 "앎이란 멀리 떨어져서 무엇인가를 재현하는 것을 통해 이루어지지 않으며, 그보다는 **세상에 물질적으로 직접 참여하는 것**(*a direct material engagement with the world*)을 통해 이루어진다."(2007: 49, 원문 강조)라고 기술하였다. 이는 제1장과 제2장에서 개관하였던 초월성(transcendence) 존재론의 바탕이 되는, 존재론적으로 별개라고 가정되는 실체(entities)에 대한 믿음에 근본적인 의문을 제기하는 것이다.

여기서는 교육적 기록작업에 대한 이후 논의를 그 내재적(immanent) 특성[13]과 관련지어 이어 가면서, 관찰자와 관찰되는 것 간의 본질 분리를 잠시 재가동할 것이다. 이러한 이원화 혹은 분리에 저항하려면 데카르트적(Cartesian) '정신의 습관(habit of mind)'을 버려야 한다고 Barad(2007: 49)는 이야기하는데, 왜냐하면 이로 인해 이분법적으로 생각하게 되고 앞에서 기술한 바와 같이 인간을 물질 세계로부터 떼어 내어 격리시키고 그 위에 군림하려 하게 만들기 때문이다. 경험과 기록작업을 통해 우리가 보는 것은 어떤 특권적 관점으로 설명될 수 없다. 어떤 존재도 우리의 존재를 설명하거나 명령하는 데 사용될 수 없다. Deleuze의 내재적 철학에 영향을 받아 Colebrook(2002)은 근거나 아는 자(knower) 없이 오직 존재의 일의적 차원, 즉 **일의성**(*univocity*)만이, **오직 경험 그 자체의 흐름**(*only the flow of experience itself*)만이 있을 수 있다고 한다. 그러나 우리가 실제를 기록하고 관찰하는 것은 기록작업을 통해 배움을 얻고 이후의 학습 사건을 위해 생산적으로 사용하기 위함이다. 이러한 방식으로 우리는 다른 모든 유기체와 그 내부의 물질과 상호 참여하면서 전체, **하나 됨**(*one-ness*) 속의 동등한 참여자로서 우리를 볼 수 있게 된다. 간단하게 표현하면 **"우리는 우리가 이해하고자 하는 그 본질의 일부이다."**(Barad, 2007: 67, 나의 강조)라고 할 것이다. 이 책의 마지막 장에서는 유아교육의 윤리학과 정치학 문제와 관련지어 교육적 기록작업의 이러한 측면에 대한 이해를 심화시키고자 한다.

---

13) 역자 주: 내재성이란 외적인 그 어떤 초월적 항(신, 왕, 아버지, 어머니, 이데아, 주체 등)의 도입 없이 상호적으로 변화하는 관계를 의미한다.

'본다'는 것, 관찰한다는 것은 무엇을 의미하는가?

What does it mean to 'see' and observe?

이제 교육실제에서 사용하는 앎의 장치와 그 생산적 효과를 살펴볼 것이다. 학교와 유아교육기관에서 이러한 장치는 대부분 어린이의 운동 능력, 사회적 기능, 이야기 듣기 능력 등을 수동적인 관찰자가 지켜보는 관찰과 관련된 것이다. 이러한 발달심리학적, 행동주의적 실제는 주로 고전물리학과 유사하게 이해할 수 있는데, 즉 관찰되는 '객체'와 '관찰자' 간에는 뚜렷하고 본질적인 경계가 있으며, 관찰자는 능동적이며 행위주체성을 가지는 반면, 관찰되는 객체는 수동적이고 행위주체성을 갖지 못한다는 뉴턴식(Newtonian) 아이디어에 기초하는 것이다. 이 아이디어에 대해서는 양자물리학이 지금까지 의문을 제기하며 수많은 문제점을 증명해 왔다(Barad, 1998, 1999, 2007). 이 아이디어는 아동발달과 학습에 관련된 과학적 지식 생성 측면에서도 의문을 제기할 필요가 있다. 교육실제의 사례에서, 예를 들면 아동의 인지적 기능과 발달을 관찰할 때 언어 개념 형성의 진보 상태를 파악하고 특정한 연령에 따른 발달 단계 혹은 성숙 단계를 부여하곤 한다.

앞에서 개관한 교육적 기록작업은 최소한 1930년대 이래로 발달심리학 이론에 따라 어린이를 관찰하고 기록해 온 스웨덴의 오랜 전통에 저항하는 것이다(Lenz Taguchi, 1996, 2000). 거의 100여 년 동안 아동의 발달을 판단하는 데 있어 관찰 프로토콜과 실험이 사용되어 왔다(Burman, 2007; Lenz Taguchi, 1996, 2000; Walkerdine, 1984). 교육학적 관찰 방법은 의학과 심리학의 과학실제에서 직접적으로 차용된 것이었다. Valerie Walkerdine(1984)은 자신이 **심리학-교육학** 결합이라고 불렀던 현상을 신랄하게 비판한 초기 교육연구자이다. 그 결합 현상이 최소한 1950년대 이래로 유아교육의 이론과 실제를 지배해 온 교육모델을 낳았다. 이는 '선천적인(natural)' 생득적 발달과 교사에 의해 관찰되고 정상화되고 규제될 수 있는 자연적 학습 개념에 기초한 것이었다.

1950년대와 1960년대에 스웨덴 유아교사교육에서 주로 사용되었던 방법은 관찰 상자(observation box)와 일방향 스크린(one-way screen)[14]이었다. 이 상자를 예로 드는 이유는 눈으로 볼 수 있는 것이 실재 혹은 실제의 진실을 반영하고 재현한다는 것을 신뢰할 수 없다는 문제점을 매우 분명하게 드러내기 때문이다. 그 상자는 바닥 한가운데 혹은 벽 쪽으로 붙여 배치되었으며, 성인 한 명이 들어가 앉아서 일방향 스크린을 통해 유아 놀이를 관찰할 수 있을 정도의 크기였다. 다른 서구 국가의 교사들과 마찬가지로 스웨덴을 대표하는 유아교사들도 유아의 약점을 찾아 교정해 줄 수 있도록 관찰 상자를 사용해 모든 유아를 관찰할 것을 권고하였다(Boman, 1946; Lenz Taguchi, 1996, 2000). 다만, 그러한 관찰의 주된 이유는 상당히 좋은 의도에서 나왔다는 사실, 즉 교사에게 어린이의 자연스러운 발달을 이해하도록 가르쳐서 어떤 행동이나 말을 할 수 있을 만큼 충분히 성숙하지 않았는데 그러한 행동이나 말을 하도록 강압하지 않게 예방하기 위함이었다는 점은 인정해 주어야 할 것이다(Lenz Taguchi, 1996, 2000; Ulin, 1946).

14) 역자 주: 관찰자는 반대쪽에 위치한 외부 현상을 관찰할 수 있지만 바깥에서는 안이 보이지 않게 되어 있다.

어린이가 '진정으로' 어떠한지 알고, 그리하여 발달하고 성장하는 생명체로서 그들을 올바르게 다루고 '자유롭게 해 줄' 수 있기 위해서 관찰한다는 생각은 과거에도 그리고 지금도 여전히 존재한다(Burman, 2007; Dahlberg et al., 2007; Lenz Taguchi, 1996, 2000; Walkerdine, 1984). 서로 다른 젠더, 문화적 배경 등을 가진 어린이의 다양성과 학습의 복잡성을 다루는 방법에 관한 현시대의 질문으로 다시 돌아가 보면, 이러한 유형의 사고는 오늘날 발달에 적합한 실제(DAPs)에서 가장 두드러진다. 이는 우리가 가르치는 어린이들을 어떻게 다루어야 할지 알기 위하여 복잡한 현상을 단순하게 환원시키고 복잡한 세계를 더 쉽게 관리하고 통제하려는 것으로 이해할 수 있다(Lenz Taguchi, 2009a, 2008c). 유아교사가 유아별로 작성하는 개별화 교육계획이 대부분 더 현대적인 이론에 맞추어 수정되었어도, 여전히 관찰 상자의 시대에 사용되었던 것과 거의 동일한 유형의 인지, 정서, 사회, 신체 등의 발달 차트에 기초한다(Elfström, 2004). 많은 비판적 연구에서 현대의 개인에게 '자유', 평등 혹은 정의를 부여하는 것과 발달심리학, 그리고 교사, 심리학자, 의사 등 전문가의 규준에 의하여 결정되는 '정상적인(normal)' 보편적 발달 관점에 의존하는 것 간의 모순을 지적해 왔다(Burman, 2007; Hultquist, 1990, 1998; Popkewitz, 1998; Rose, 1989, 1999; Walkerdine, 1984). "가시성(visibility)으로 공간을 열어 주고서는 각각의 '자유로운' 인간을 표준화된 시점 속에 가두는 것을 포함하는 … 공간과 바라봄(gazes)의 테크놀로지"에 대한 Nicolas Rose(1996: 9)의 비판은 여전히 유효하며, 현대 사회의 디지털 감시 가능성을 볼 때 더더욱 그러할 것이다.

무엇이든 제대로 보기 위해서는 의미 구성, 즉 구어 혹은 문어 형태로 개념화하는 작업이 필요하다. 우리는 구체적인 문화적 맥락 속에서 이루어지는 우리의 삶과 일상적인 실제로부터의 관찰에 기초하여, 이론, 개념, 가설 등의 접근 가능한 형태로 담론 개념과 아이디어를 활용한다. 관찰을 통해 유아를 어떻게 이해하게 되는지 더 잘 파악하기 위하여 다시 Barad로 돌아가 과학에서의 실험과 관련된 글을 살펴보고자 한다. 예컨대 현미경 장치를 사용한다면, 그것을 통해 '본다는 것'은 단순히 쳐다보는 것, 관객으로 무엇인가를 수동적으로 보는 것이 아니다. 이는 달성해야 할 복잡한 일련의 실제를 필요로 하는 하나의 성취로 이해하여야 한다(Barad, 2007: 51). 과학 실험에서 '본다는 것'은 **행위**(*doing*)와 반복적 **실천**(*practising*)에 의해 학습되는 것이다. 어린이의 언어발달이 정상적인지 알기 위해서는 듣기나 언어 활용에서의 결핍 등과 같이 특정 연령집단에 있어 정상적인 것으로 규정되는 준거, 통계적 평균치와 연관 지어 부족한 점을 찾는 법을 연습하여야 한다. 그러한 실제는 스스로 보아야 한다고 믿는 것에 비추어 중요하지 않은 것을 변별하는 법을 배우는 것도 포함한다. 따라서 무엇을 볼 것인가에 대한 **확신**(*conviction*)은 모든 과학실험에서 관찰의 필수 전제 조건이다. 당신이 알고 있는 이론적 담론이 무엇을 볼 것인지를 알려 준다. 그 현상이 일련의 관찰에서 계속 증명된다면 진실로 간주된다.

그러나 Ian Hacking이 저술한 바와 같이 "현미경에서 현상을 통제하고 창조할 수 있게 해 주는 것은 많은 수의 서로 연동된 낮은 수준의 일반화"(1983: 209, Barad, 2007: 51에서 재인용)이며, 그 어떤 반복도 이전의 것과 완전하게 동일할 수는 없음을 반드시 인식해야 한다. 이것은 사실상 각 상황에서 관찰하여 정확하고 동일하게 본다는 것은 불가능하다는 것, 심지어 현미경으로도 불가능하다는 것을 의미한다. 따라서 우리는 무엇을 찾고자 하는가에 대한 기대 및 신념과 연관 지어 관찰한 것을 가감하는 것이다. 완전히 동일한 반복이란 불가능하기에, 이는 과학실험에서 불가피한 부분이다. 한 명의 동일한 과학자가 반복한 현미경 관찰도 동일할 수 없다면, 특정한 상황하에서 특정한 환경 안에서 특정한 유아를 동일하게 관찰한다는 것, 더구나 다른 특정한 환경과 상황에서 다른 특정한 유아를 관찰한 것에 비교하여 동일하게 관찰한다는 것이 어떻게 가능하리라고 기대할 수 있겠는가?

이것이 바로 Loris Malaguzzi와 레지오 에밀리아의 동료 유아교사들이 논의하고자 하였던 관찰과 기록에 관련된 문제점들이다. 이들은 어린이의 정상적 발달을 관찰하기 위하여 관찰도구를 사용하는 대신, 듣거나 본 것을 범주화하려는 욕구를 버리고 그 도구를 반대로 돌려서 어린이들의 방략과 개념화의 차이에서 나타나는 다양성에 목소리를 부여하고자 하였다. 지식과 문화의 공동 구성자로서 어린이에게 목소리를 부여하는 것이 교육적 기록작업 실제에서 이들이 방점을 두는 주된 목적이었다. 두 번째 목적은 어린이의 배움이 더욱 심화되도록 도전해 주는 데 사용하는 것이었다(Dahlberg et al., 2007; Reggio Children, 2001; Rinaldi, 2006). 1960년대 후반에 시작하여 오늘날까지 발전시켜 온 것은 유아교육실제에서 환원주의적 표준화 전략으로 관찰과 기록작업을 사용하는 것에 대한 결연한 저항이었다.

존재론적 인식론 관점에서 앎(*knowing*)을 이해하는 법

How to understand *knowing* in an onto-epistemological perspective

그리하여 존재론적 인식론(onto-epistemology)에 기초한 관찰과 기록으로부터 어떻게 알 수 있는지 어떻게 이해할 수 있는가? 존재론적 인식론은 물질의 행위주체성을 포함하며 이 도구의 활용 전략을 반대로 뒤집어 심화시킨다. 현미경 관찰 혹은 유아 관찰의 순간으로 돌아가, 이 '구성된 컷(constructed cut)'에서 우리가 관찰하는 것을 Bohr는 현상이라고 부른다. 이렇게 관찰된 현상은 우리가 '실제로(reality)' 보는 것, 그러나 실은 서로 뒤얽힌 존재 상태에서 객체, 앎의 '장치'와 관찰자 간에 이루어지는 내부작용으로부터 나타나는 이미지 혹은 감각인 것이다. Barad는 "[현]상은 실재를 구성한다. 실재는 사물 그 자체(things-in-themselves)나 현상 뒤의 사물(things-behind-phenomena)이 아니라 현상 **내의** 사물(things-*in*-phenomena)로 구성된다."(2007: 140, 나의 강조)라고 적고 있다. 현상은 모두 내부작용이며 그로부터 나온다는 것을 의미한다. 즉, 현미경으로 들여다볼 때 우리가 관찰하는 것은 우리의 생물학적으로 구성된 눈의 한계(그것이 볼 수 있는 것), 현미경의 질적 수준(그것이 보여 주어야 하며 보여 줄 수 있을 것이라는 인간의 사유에 의해 만들어진 것의 한계 속에서 보여 줄 수 있는 것), 그 고유성을 관찰하게 되는 질료/사물(그리고 기온, 공기, 연령, 필요한 에너지원 등에 의해 받는 영향), 그리고 담론에 영향을 받은 우리의 사유(개념, 교육과 관련된 이론, 문화, 언어 등), 우리의 이전 경험, 그리고 담론에 지배되는 몸에 영향을 주는 현미경 사용의 연습량 사이에서 이루어지는 내부작용인 것이다. Barad에 따르면 "대상과 관찰 도구 혹은 장치 간의 [상]호작용은 서로 분리할 수 없는 상호작용을 이루며"(1999: 4) 이러한 불가분성 속에서 그 사이-내부에서 이루어지는 **상호작용**은 현상 그 자체의 일부가 되며 이는 우리가 아는 것, 즉 지식이 된다. 그렇기에 현상은 관찰 대상으로부터 인식론적으로 분리된 관찰자의 측정에 의한 결과가 **아니다**. Barad는 다음과 같이 표현한다.

> **[현]상은 내부작용하는 '행위주체성'의 존재론적 불가분성/뒤얽힘이다.** … 내부작용(intra-action)의 개념[독립된 실체 혹은 관계항(relata)이 이미 존재한다고 추정하는 일반적인 '상호작용(inter-action)'과 대조를 이룸]은 심오한 개념 전환을 나타낸다.
>
> (2007: 139, 원문 강조)

현미경을 통한 관찰에서, 이 모든 분리 불가능한 행위주체의 주름들(folds)을 관통하는 컷이 있다. 이러한 컷은 행위주체적이며 다원적인 질료, 몸, 유기체, 인공물(artefacts) 간, 혹은 인간 주체와 물질적 질료 간 상호 의존성의 결과이다. 다시 반복하면, 주체와 객체 간의 고정된 구분을 당연시하는, 우리에게 익숙한 데카르트(혹은 뉴턴)식 컷이 아니다. 내부작용은 의미 구성이 현상으로 구성되는 행위주체적 상황의 컷을 작동시키는 물질적 배치이다. Barad는 컷이란 불확정적일 뿐만 아니라 행위주체들에 의해 협상되는 것이며, 다른 물질에 상호 의존적이라고 한다(2007: 140).

행위주체들에 의해 협상된 컷이라는 측면에서 사유한다는 것은 교사로서 우리가 실제에 대하여 훨씬 더 폭넓게 다룬다는 의미이다. 우리는 교실의 물질적 객체, 가구와 건축을 포함하는 교육환경 전체와 관련지어 우리의 바라봄과 그 모든 감각과 상호 접속된 몸을 부드럽게 하고 넓히고 확장한다. 우리는 사람들 사이 내부에서만 이루어지는 개인 간(inter-personal) 관점에서부터 다양한 유기체와 물질 간의 내부작용으로 초점을 옮기게 된다. 여기서 인간 주체는 그러한 유기체의 하나일 뿐이며 담론은 인공물 및 사물과 내부작용하면서 또 다른 구성을 한다. 이러한 것들로부터 생성되는 지식, 그리고 우리가 이론적 **개념**(*concepts*)으로 이해하는 것은, Bohr와 Barad에 따르면 "세계에 대한 특정한 물질적 명료화(articulations)"(Barad, 2007: 139)로 이해된다. 달리 표현하면, 개념이란 행위주체성을 가진 주체나 질료와 마찬가지로 물질적이면서 행위주체적이라고 간주할 수 있다.

물질화하는 앎의 장치와 그 생성물: 두 가지 예시

Materialising appratuses of knowing and what they produce : two examples

아래에서는 예시를 통해 논의를 전개함으로써 관찰과 기록을 사용하고 이해하는 방식이 어떻게 변화되어 왔는지를 보여 주고자 한다. 특정한 장소 혹은 공간에서 어떤 유아를 관찰할 때 우리가 무엇을 볼 수 있고 보게 될 것이라고 생각하는가에 대한 담론 확신에는 어린이의 발달과 학습에 대한 다양한 사고양식이 영향을 준다. 관찰 상자의 예로 돌아갔다가, Piaget 실험을 살펴보고 이어서 스톡홀름 외곽의 레지오 에밀리아에 영감을 얻은 한 유아교육기관의 만 1세 영아과 함께 한 물의 탐색을 살펴보고자 한다.

여기에서는 관찰된 것 혹은 관찰될 수 있는 것에 대한 세 가지 관찰 및 이해 방식을 제시함으로써 논의를 단순화시킬 것이다. 먼저 제시할 두 방식은 서로 극단에 있는 것으로, 하나는 우리가 '저기 어딘가(out there)'에 있는 본질과 실재를 관찰할 수 있다는 신념이고, 다른 극단에는 우리가 관찰하고 알 수 있는 것은 문화와 담론 속에서 인간이 구성한 것뿐이라는 신념이다. 그러나 나는 Barad와 같이 내부 작용을 강조하는 교육학에서의 관찰에 대한 세 번째 방식을 제안함으로써 그러한 양극화와 사고의 분열을 **넘어서고자**(*beyond*) 하는 노력에 초점을 맞출 것이다. 관찰 장치를 사용하고 관찰로부터 지식을 생성하는 세 가지 방식은 서로 다른 존재론 및 인식론에 연계되어 있으며, 따라서 제2장에서의 이론적 논의로 돌아가 관련성을 살펴볼 수 있다. 앞의 두 가지 관찰방식을 제시하는 이유는 독자로 하여금 자신의 경험으로부터 기록작업 실제의 다양한 활용방식을 찾아볼 수 있게 하고, 동시에 앎의 장치로서 관찰 활용에 대한 세 번째 방식과 대조시키기 위함이다. 이러한 방식은 존재론과 인식론의 분리를 넘어서는, **존재론적 인식론**(*onto-epistemology*)에 기초한다.

'어린이의 언어는 인지발달 정도를 반영한다'

이제 관찰 상자 속으로 장소를 다시 이동해 볼 것이다. 놀이하고 있는 어린이들을 상자 안에서 쳐다보고 관찰할 때 보게 되는 것은 무엇인가? 첫 번째 방식의 경우 그 어린이의 '진정한 본성'을 알 수 있다고 생각하며 신체, 사회, 정서, 인지발달에 대하여 고정된 연령별 범주로 이루어진 발달 프로토콜을 찾아볼 것이다. 두 번째 방식에서는 인류학자, 사회학자 혹은 사회적 구성주의 교육연구자처럼 보는 것과 듣는 것을 그대로 적어 내려가면서 다양한 문화적 개념과 담론 측면에서 이해하고자 할 것이다.

첫 번째 경우를 더 자세히 살펴보면, 관찰 상자라는 실제는 관찰자가 관찰 대상에서 분리된 재현적, 이분적 패러다임(주체/객체 이분화) 안에서 이루어진다. 과학적 지식이란 물질적 실제의 언어로 정확하게 반영하는 것, 사실상 거울처럼 그대로 반영하는 것(담론/실제 분리)으로 이해된다. 이제 관찰 상자에서 나와서, 만 5½세 여자아이 비르지타의 인지발달을 평가하는 Piaget 실험을 살펴보고 이런 식으로 관찰하고 이해하는 방식을 더 자세하게 알아보고자 한다(Arvidsson, 1974). 이 실험은 어린이에게 각 물체가 물에 뜰지 가라앉을지를 답해 보게 한 다음, 앞에 놓인 물그릇에 물체를 직접 넣어 보게 하면서 다양한 물체의 무게를 판단하도록 한다. 마지막으로 왜 뜨거나 가라앉으리라고 생각하는지에 대한 질문에 대답한다. 표 3.1에서 제시된 물체, 그 물체가 뜰 수 있는가에 대하여 추측해 보게 했을 때 비르지타의 대답, 교사의 기록(정답/오답), 그리고 그 물질이 뜨거나 가라앉는 이유에 대한 대답을 볼 수 있다.

표 3.1 각 물체가 뜨거나 가라앉는 이유를 묻는 질문에 대한 비르지타의 대답

물체	뜰 수 있을지에 대한 대답	교사의 기록	뜨거나 가라앉는 이유에 대한 대답
성냥	'뜬다'	정답	'그건 나무로 만들어져서요.'
압정	'뜬다'	오답	'그건 철로 만들어져서요.'
종이 뭉치	'가라앉는다'	오답	'그건 종이로 만들어져서요.'
나사못	'가라앉는다'	정답	'모르겠어요.'

1990년대까지 스웨덴에서 널리 사용된 유아교육에서의 유아관찰법에 관한 Arvidsson(1974)의 저서에서는 비르지타의 인지발달을 덴마

크 발달심리학자인 Rasmussen의 연구 결과와 관련지어 언급한다. 그의 연구 결과에 따르면 만 5세아는 일반적으로 물에 뜰 수 있는 사물을 '뜨는 것(floaters)'으로, 가라앉는 사물을 '가라앉는 것(sinkers)'으로 겨우 이름을 붙일 수는 있지만, 그에 대하여 추상적이고 적용 가능한 규칙을 도출할 수는 없다. 이 연령의 유아는 관찰을 일회적이고 분리된 경험으로만 인식하는 인지발달 수준에 있기 때문이라는 것이다. 즉, 사물 간의 관계, 물에 뜨거나 가라앉는 여부에 대한 추상적인 이론은 구성할 수 없다는 것이다. 그러나 누적된 경험에 기초하여 규칙을 구성할 수 있는 정도까지 인지발달이 이루어진 만 7~9세 어린이는 가능하다고 보았다. 겨우 만 5½세인 비르지타가 "그건 나무로 만들어져서요."라고 자신의 생각을 표현할 수 있다는 것은 자기 연령의 일반적인 인지 능력보다 높은 수준임을 나타낸다는 것이다. Rasmussen에 따르면, 이것은 만 8세 혹은 9세가 되어서야 어린이들이 온전하게 습득할 수 있는 능력인 것이다(Arvidsson, 1974).

그 기저에 있는 인식론과 존재론 측면에서 이 예시를 비판적으로 살펴보면, 어떻게 언어가 어린이 외부의 물질 세계에서의 사건을 반영하고 재현할 것으로 기대되고 있는지 분명하게 볼 수 있다. 이 경우 실재와 담론은 분리되어 있다. 언어적 개념화를 기준으로 인지 기능의 수준을 결정한다. 즉, 관찰 내용에 관련된 언어 구조가 더 정교할수록 어린이의 인지 기능과 추상적인 방식으로 세상을 이해하는 능력이 더욱 발달한다고 본다. 관찰 프로토콜은 이러한 신념과 기대에 온전히 기초하고 있으며, 이는 우리가 바라보고 알아채는 것이 무엇일지를 결정한다. 기록작업의 도구, 앎의 장치가 인지(cognition), 그리고 그것이 유아교육에서 물질화되고 이해되는 방식을 결정한다. 어린이가 언어로 말할 수 있는 것, 그리고 자기 삶의 경험을 언어로 표현할 수 있는 것에 어떻게 연결시키는가를 바로 우리는 관찰하며 어린이의 인지발달에 대한 보편적 프로토콜에 연관시킬 수 있다. 달리 표현하면, 관찰 프로토콜 구조에서 물질화된 교사의 이론적 확신과 담론적 기관 사이에 이루어지는 내부작용이 있는 것이다. 따라서 교사가 보고 듣는 것은 교사가 생각하고 기대하는 것과 내부작용하는데, 이는 프로토콜 범주에 따라 구조화된 것이다.

인간의 생각과 행위를 구조화하는 실제는 Deleuze와 Guattari가 '홈 파인(striated)' 그리고 '매끈한 공간(smooth space)'이라고 부른 개념으로 분석될 수 있다. Deleuze와 Guattari는 홈 파인 공간(striated space)을 설명하기 위하여 고도로 구조화된 인프라를 가진 도시의 이미지를 사용하였으며, 매끈한 공간을 설명하기 위하여 사막 혹은 바다의 이미지를 사용하였다(1987: 475-500). 거리의 길과 집들은 우리 몸으로 하여금 특정한 방향으로 나아가게 하며 계획, 구조화, 건축되어 온 방식으로 길과 계단을 따라가게 만든다. 그러나 사막이나 바다에서는 거의 어떤 방향이든, 어떠한 길이든 선택하여 여행할 수 있다. 사막이라는 공간은 도시의 인프라처럼 구조화되거나 홈이 파여 있지 않다. 교육기관은 특정한 시간에 특정한 물질을 사용하는 활동을 계획하고 조직하는 등 홈이 파인 공간이다. 더구나 교사로서 우리가 위와 같은 관찰 프로토콜의 범주를 통해서 어린이의 행동을 바라보고 어린이가 하는 말을 듣는다면 그곳은 매우 깊은 홈이 파인 공간일 것이다. 사실상 프로토콜은 교사가 어린이에게 무엇을 물을지, 그 사건에서 무엇을 보고 행할지를 결정하며, 이에 따라 어린이가 대답하거나 행할 수 있는 것도 거의 마찬가지로 좌우된다. 프로토콜은 이러한 방식으로 관찰하고 소통하도록 교사의 생각과 어린이의 자기 이해에 범주를 적극적으로 강요하는 **수행 행위주체**(*performative agent*)이다. 따라서 프로토콜은 이를 활용하는 교사의 내부작용에 홈 파인 교육공간을 만들어 내는 수행 행위주체인 것이다.

교육공간을 분석하는 데 이러한 개념을 사용할 때, 그러한 홈 파인 공간이 반드시 '나쁜 것'은 아님을 이해하는 것이 중요하다. 간단히 표현하면, 홈 파인 공간은 일상 삶과 실제에 필요한 구조를 이해하게 하는 것으로, 만나고 헤어질 때 인사를 나누는 가장 간단한 사건을 비롯하여 특정한 문화 속에서 적절하게 행동하고 말하고 서로 관계 맺는 방식을 끊임없이 협상하지 않아도 되는 사회적 존재가 될 수 있게 해 주는 것이다. 대조적으로 매끈한 공간은 그렇게 구조화된 관습이 없는 공간이다. 매끈한 공간은 우리가 다르게 행동하거나 생각하기 위하여 당연시했던 행위와 사유 습관을 문제 삼거나 해체할 때 생성될 수 있다(Colebrook, 2002; Deleuze & Guattari, 1987; Williams, 2008). 완전히 비구조화되어 있고 전혀 계획되지 않은 매끈한 공간은 혼돈스러울 수 있으며 어린이에게는 위험할 수도 있다(Davies & Gannon, 출간 예정). 이후의 분석에서 이것을 더 자세하게 논할 것이다. 모든 공간이 그 속에서 이루어지고 있는 사건의 흐름 속에서 다소 더 매끈하거나 더 홈 파인 정도를 끊임없이 전환하며 혼재되어 있음을 인정하고 이해하는 것이 핵심이다. 때로는 매끈한 공간에서 홈 파인 공간으로, 그리고 홈 파인 공간에서 매끈한 공간으로의 이동을 유발한 것이 무엇인지 파악하기 어렵다. 아래와 같이 홈 파이거나 매끈한 교육공간으로 이해될 수 있는 것을 제대로 파악하려면 맥락을 주의 깊게 분석해야만 한다.

위의 예처럼 관찰 프로토콜에서 구어(spoken language)나 신체 행위를 범주화하는 것은 사유 및 행위 공간을 보다 홈 파인 공간으로 변환시키는 데 효과적인 방식이 된다. 예를 들어, 위의 프로토콜에서 단순하게 '예' 혹은 '아니오'라고 대답하게 하는 것은 우리의 사유에 이분화된 범주라는 강력한 영향을 준다. 비르지타에게 그 사이의 어떤 것이나 그를 넘어서서 대답할 수 없게 만든다. 솜뭉치가 처음에는 물에 떴다가 서서히 가라앉을 것이라고 대답하는 것은 불가능하게 된다. 그러나 비르지타에게 어떤 것이 물에 가라앉거나 뜨는 **이유**(*why*)를 묘사하도록 한다면 이는 더 열린 질문이 되며 사유의 여지가 있는 조금 더 매끈한 공간이 될 것이다. 그러나 비르지타의 대답은 여전히 편향된 것을 볼 수 있는데, 이 질문에 대한 답을 언어로 표현하는 **방법**(*how*)에 대한 기대가 크게 영향을 미친다는 사실을 알 수 있다. 비르지타는 "그건 철로 만들어졌기 때문에 가라앉아요." 등과 같이 각 물체가 무엇으로 만들어졌는지 물질 유형에 대하여 반복하여 말하였는데, 마치 이것이 자신에게 요구되는 유형의 대답임을 아는 것처럼 보인다. 개방적 질문임에도 불구하고 상당히 홈이 파인 교육공간이라는 맥락 속에서 그 대답을 이해해 볼 수 있다.

'담론과 반영성이 중요한 것이다. 물질 세계는 영향을 받지 않는다'

Piaget 실험과 대조되는 또 다른 예시도 유리그릇에서 물체가 물에 뜨는지 가라앉는지 조사하는 것을 포함한다. 이 예는 관찰에서 우리가 보는 것에 대한 담론적, 사회구성주의적, 문화적 접근을 좀 더 자세하게 이해할 수 있게 해 준다. 이 이해 방식은 Piaget식의 인지적, 구성주의적 학습이론과는 여러 측면에서 차이가 나지만, 여전히 물질을 수동적으로 여기며 인간만이 유일한 수행 행위주체로 간주한다.

1990년대 후반에 나는 만 1세 영아가 상당수 있던 스톡홀름 외곽의 한 유아교육기관인 Täppan과 협력한 적이 있었다. 유아교사 중 한 명인 말린 쉘랑더(Malin Kjellander)는 어린이집에 새로 들어온 만 1세 영아들을 두 명씩 짝지어 실내 탐구 활동을 해 보기로 결정하였다. 이는 서로 친해지게 하고 유아교육기관에서의 일상을 도전적이고 흥미롭게 경험하게 해 주려는 의도였다. 말린은 대부분의 만 1세 영아가 물에 관심을 가진다는 것을 알고 있었다. 말린은 영아 두 명씩 함께 물을 탐구할 수 있도록 작은 방을 준비했다. 기저귀를 차고 있는 만 1세 두 명씩 높이가 상당히 낮은 테이블 주변에 깔아 둔 수건 위에 올라서서 물이 담긴 커다란 유리그릇에 다양한 물체를 넣어 보는 기회를 가졌다. 몇 주 동안 이루어진 이 탐구 활동 기간에 말린은 실외

그림 3.1 테이블 가에서 실험하고 있는 두 어린이

사진 제공: Malin Kjellander.

에서 가져온 작은 나뭇가지, 솔방울, 나뭇잎, 종이, 돌, 유리구슬, 나사못을 비롯하여 철로 만들어진 여러 물건 등 매우 다양한 물체를 제공하였다. 교사는 아이들에게 그중 일부는 물에 뜨고 일부는 가라앉는다는 것을 보여 주었다.

아이들은 놀라워하며 스스로 탐구하기 시작했다. 자신의 그릇, 그리고 다른 아이의 투명한 그릇을 들여다보며 물체를 하나씩 실험해 보았다. 아이들 중 일부는 물 탐구에 완전히 몰입하여 한 번에 50분 동안 이 교실에 머물렀다. 말린은 사진을 찍었고, 아이들이 실험하는 동안 프로젝터로 교실 벽에 사진 일부를 투사하여 보여 주었다. 그러자 아이들은 마치 방에 다른 아이가 있기라도 한 것처럼 벽에 확대되어 투사된 영상 화면과 내부작용하였다. 그림 3.2와 같이 자신이 본 것을 따라했는데, 한 영아가 확대된 영상 화면 속 영아의 행동을 따라서 자신도 물을 틀기 위해 싱크대에 올라가고 있다. 탐구에서 이러한 확장과 집중은 놀라웠다.

아이들이 바깥 놀이터에 나갔을 때, 다른 교사들은 만 1세밖에 안 된 이 영아들이 비가 온 뒤 물웅덩이에 어떤 물체가 가라앉을지 뜰지에 대하여 정확하게 아는 것으로 보여 매우 놀랐다. 영아들은 물웅덩이에서 일어나려고 하는 일, 혹은 막 일어난 일에 대하여 서로 동작을 취하고 이야기하고 웃고 소통하였다. 그 교사들은 영아들의 행동, 말, 동작을 관찰하여 기록하였다. 그들은 이제 만 1세인 영아가 '그건 나무로 만들어졌어요'와 같이 언어로 표현할 수는 없을지라도 어떤 물체가 물에 뜨거나 가라앉을지에 대한 지식을 상당히 갖고 있다는 데 동의하였다. 만 1세 영아가 규칙을 만들 수는 없을지라도 그저 일회적이거나 분리된 사건으로 경험한 것이 아니라는 사실이 분명하였다. 오히려 영아들은 아직 언어화하지는 못할지라도 자신들의 누적된 경험에 기초하여 그러한 규칙들을 깊게 인지하고 있는 것으로 보였다.

Täppan의 말린과 동료 교사들이 했던 관찰과 관련지어 인지발달 수준을 어떻게 알 수 있을까? Täppan에서의 경험을 Piaget 실험과 인지적 구성주의 학습 접근과 비교해 볼 때, 구어로 개념화될 수 있는 인지발달이 어떻게 배치되고 재고될 수 있는지 알 수 있다. 말린의 경험은 인지발달에 대한 주류 이론에 도전하는 것이었다. 말린의 경험은 자신이 구성해 주었던 특정한 조건, 만 1세 영아들과의 탐구 장치

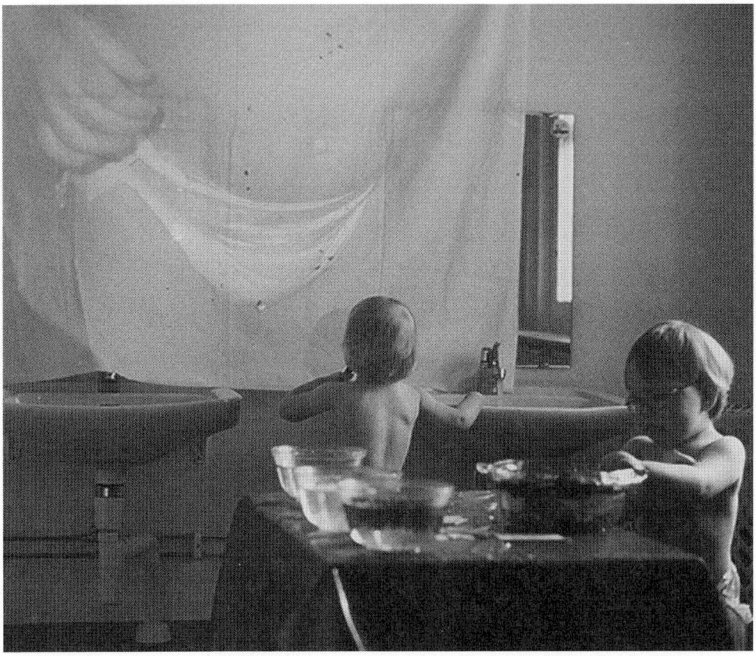

그림 3.2 두 어린이와 벽에 비친 사진

사진 제공: Malin Kjellander.

라는 조건하에서 어떤 일이 일어날 수 있는지를 보여 주었으며, 이는 말린이 그런 식으로 실험을 구성하지 않았더라면 일어나지 않았을 수도 있는 것이다. 사실 처음에 말린은 동시에 교실에서 3명이나 4명이 물 실험을 하도록 했었는데, 그 교실에 한 번에 두 명만 있었을 때보다 주의집중이 감소되는 것을 관찰했었다. 자신의 기록작업을 살펴봄으로써, 실험하고 있을 때 아이들에게 사진 슬라이드를 보여 준다거나 물의 성질을 연구할 수 있도록 새로운 물체를 적극적으로 선정하거나 기존의 것을 없애는 등 학습 과정에 도전적 요소를 줄 수 있는 다양한 방식을 시도할 수 있었다.

Deleuze와 Guattari(1987)의 매끈한 공간과 홈 파인 공간의 개념을 활용하여 이 예를 이해해 보면, 물에 뜨는지 가라앉는지에 대한 이 탐색은 구조화되고 감독받는 Piaget 실험과 비교해 볼 때 어린이들이 작동하고 창조하고 사유하기에 훨씬 더 매끈한 공간이 된다. 다양한 질료와 인공물을 물그릇에 넣어 보는 생생한 경험에 기초하여 지식이 구성될 수 있는 공간은 비르지타에게 했던 Piaget식 실험 사례보다 훨씬 더 매끈하였다. 그러나 그 실험공간이 Piaget식의 실험공간보다 매끈함에도 불구하고 그 공간에서 무엇을 할 수 있는가의 측면에서는 여전히 구조화되어 있다. 즉, 다른 곳이 아니라 단지 그릇에만 물체를 넣어야 하며 테이블 옆에 얌전히 서 있어야 하고, 테이블 주변을 뛰어다니거나 위에 올라가거나 물그릇에 들어가서도 안 되는 것이다. 달리 표현하면, 아이들은 이 홈 파인 공간에서의 코드를 읽어냈고 기본적으로 그 코드에 따라 행동하였다. 반면에 교사의 학습 과정은 매끈한 공간을 이루는 것으로 볼 수 있는데, 이는 교사 자신의 기대치와 선입견에 끊임없이 도전하였기 때문이다. 이로 인해 말린은 다음 날 실험을 준비할 때 비디오 장면이나 교실에서 관찰했던 것에 기초하여 다르게 생각하고 행동하게 되었다. 스스로 학습자로서 배우는 교사의 공간은 변이와 변화에 열려 있는 것이다.

이 두 실험에 대하여 Deleuze와 Guattari(1987)가 작곡에 대하여 두 종류의 공간 간의 혼합과 소통이라고 적었던 글을 인용하고자 한다. 즉, 음악에서 홈 파인 공간은 구조화가 지배하게 하는 수학적 계산인 반면, 매끈한 공간은 그러한 계산에 점령되지 않고 수 계산의 실제를 넘어설 수 있는 것이다. 말린이 했던 어린이들과의 탐구실제와 관련지어볼 때 우리에게 흥미로운 것은 Deleuze와 Guattari가 매끈한 공간과 홈 파인 공간 간의 변이 혹은 교차, 그리고 그 둘의 혼합 가능성을 지적한다는 사실이다. 그들은 작곡의 예를 통해 그 사이의 차이를 단순화하여 드러나게 한다.

> [그] 홈 파임은 고정된 요소와 변이하는 요소를 엮어서 질서와 구분되는 형태의 연속성을 만들어 내며, 수평적 멜로디 라인과 수직적 화성의 조화를 조직한다. 매끈함은 끊임없는 변주, 형태의 지속적인 발전이며, 하모니와 멜로디를 녹여 내어 적절한 리듬을 만들어 내며, 수직선과 수평선을 가로지르는 대각선을 그리는 순수한 행위이다.
>
> (Deleuze & Guattari, 1987: 478)

따라서 매끈한 공간과 홈 파인 공간이 어떻게 서로에게 의존하고 때로는 서로 얽히는지를 이해하는 것이 가능하다. 또한, 말린이 한 만 1세 영아들과의 물 실험은 음악 작품에서 변주라는 매끈한 공간의 활기가 어떤 의미에서는 수직적인 화성악의 계산과 수평적인 멜로디의 반복에 의해 좌우되도록 **조건화되어**(*conditioned*) 있다는 측면에서 상당히 유사하다. 달리 표현하면, 어린이들이 물그릇에 다양한 물질을 넣는 경험의 수백 가지 변이를 가능하게 했던 매끈한 공간은 사실상 그 교실에서의 만 1세아의 행동을 구조화하고 통제한 홈 파인 공간에 의해 **조건화되어** 있었다. 즉, 어린이들은 수건이 알려 주는 테이블 옆에 서라는 코드, 물그릇과 제한된 수량의 물체로 탐구하라는 코드 등을 성공적으로 읽어 내고 있었다. 따라서 홈 파인 공간은 친숙하고 안전하고 질서 있는 공간으로 이해될 수 있다. 홈이라는 속성이 어떤 수준에서는 변화 가능성을 제한하기는 하지만, 변화가 이루어질 수 있을 때 더 매끈한 공간을 위한 조건을 형성하고 가능하게 해 줄 수 있다(Davies & Gannon, 출간 예정; Malins, 2007).

스톡홀름 프로젝트의 당시 그 지점에서, 레지오 에밀리아로부터 영감을 얻은 스톡홀름 유아교육기관의 교사와 연구자로서 우리의 앎은 매끈하거나 홈 파인 공간을 가능하게 하거나 그 공간들 간의 창의적 변환이 이루어지게 하는 측면까지는 이르지 못하였다. 그리고 어린이와 교사 모두의 학습 과정에서 어떻게 물질이 중요한 역할을 하는가에 대한 의식이 매우 강하였음에도 불구하고, 이를 논할 수 있는 개념과 언어가 우리에게는 결여되어 있었다. 1990년대 중반 무렵이었던 이 당시, 교육적 기록작업을 논의하기 위해 컴퓨터 통신을 통해 이루어졌던 우리의 대화는 대부분 학습경험이 이루어지기 위한 물질적 조건에 대한 경험을 교환하는 것에 머물렀다. 탐구를 위해 어떻게 환경을 구성할지, 그리고 다른 환경에서는 어떻게 되었는지를 논의하기는 하였다. 이는 특히 유아교육기관에서 물질적 환경이 가지는 엄청난 영향력과 의존성에 비추어 볼 때 매우 중요한 앎을 구성하였다. 교실에 가구나 비품을 어떻게 배치할지와 다양한 물질에 대한 접근성과 사용 태도는 과감하게 변화되었다. 어린이의 일상 환경에서 물질을 어떻게 조직하고 다루고 교환할 것인지는 핵심적인 논의 주제였으며 여전히 그러하다(Åberg & Lenz Taguchi, 2005; Elfström et al., 2008; Furness, 2008; Hultman, 2009; Nordin-Hultman, 2004). 그러나 이해했던 것을 해독(de-code)하고 새로운 방식으로 재부호화(re-code)하는 데에 도움이 되는 이론이 없었기 때문에 이러한 교류는 자신의 교육실제에 대한 깨달음으로 이어지지 못했고, 그저 대부분 서로의 탐구환경을 따라하며 자신의 실제에서 반복해 보는 결과에 그쳤다.

우리 연구자들은 그 연구를 지배했던 사회적 구성주의와 담론 이론에 따라서 교사들에게 지배적인 혹은 배제된 담론이라는 측면에서 자신의 실제를 분석하는 방법을 제안했었다. 이것이 관찰 장치에 대한 두 번째 접근인 담론적 · 문화적 접근이라고 부르는 것이다. 말린이 물 탐구 기록작업을 보여 주었을 때 동료 교사들은 물과 물체를 포함하는 탐구 활동이 가능하다는 것을 믿을 수 없었다. 근본적으로, 자신들이 배웠던 아동발달 지식에 따르면 어린이가 이런 식으로 계속 주의를 집중하여 움직이지 않고 가만히 서서 실험을 수행할 능력이 있음은 생각할 수도 없었다. 발달심리학 담론에 따라서 이 연령에서의 물 사용은 그저 장난치며 물을 튀기는 정도로 기대되었던 것이다. 더구나 만 1세와 이런 방식으로 물을 활용한다는 것은 불쾌하게 여길 정도로 무책임하게 생각되었다. 아이들이 물에 머리를 집어넣어 익사할 수도 있다! 유리로 만들어진 그릇도 또 다른 위험 요소였으며, 만 1세 아이가 삼켜서 질식사할 수 있는 크기의 다양한 물체는 말할 나위도 없이 위험하였다. 그러나 동료 교사들이 비디오테이프에서 본 영아들은 그 실험에 완전히 집중하고 있으며, 입에 물체를 집어넣거나 유리그릇에 머리를 담그는 행동도 전혀 하지 않았다. 이에 따라 만 1세의 능력과 발달에 대한 이론에서 제외 혹은 배제되어 온 것으로 보였다. 영아들은 교사가 만 1세 반을 위해 교육을 계획하고 수행할 때 당연시해 왔던 발달이론에 의존할 때 가능하리라 생각하지 않았던 일들을 충분히 유능하게 해내고 있음이 명백하였다.

담론 이론과 사회구성주의 접근으로 말린의 관찰을 읽어 보면, 일어났던 일이나 일어나지 않았던 일은 유아교육기관의 문화와 다양한 담론적 관점을 반영하는 것으로 이해될 수 있다. 그러한 관찰로부터 기존 이해의 틀을 해체하고 모든 것을 다르게 이해할 수 있게 된다는 것이다. 따라서 이 경우 말린의 경험은 어린이 인지발달에 대한 발달심리학적 이론을 강력하게 파괴하였다. 만 1세 영아도 물로 실험하는 데 주의를 집중할 수 있는 동시에, 그릇을 통한 경험에서 배웠던 것을 바깥 물웅덩이에서 일어나는 일로 옮겨 해석해 냈을 때 새로운 경험과 다른 경험들을 연계시킬 수 있는 능력도 갖고 있다는 것이 명백하였다. 교사들은 반성적 현장전문가(reflective practitioners)로서 어린이의 발달과 학습에 대한 지배적 담론에 맞서 겨루었으며, 자신들이 실행한 실천 경험에서 어린이에 관한 새로운 지식을 생성하고 체계화할 수 있었다(Dahlberg & Moss, 2005; Dahlberg et al., 2007; Lenz Taguchi, 2000; MacNaughton, 2005; Olsson, 2009; Reggio Children, 2001; Rinaldi, 2006). 즉, 담론 분석은 우리로 하여금 교육실제에 관한 생각을 완전히 바꾸고 확인된 기존 담론 구조에 맞서도록 도왔으며, 여전히 돕고 있다. 따라서 담론 분석을 하는 것은 예비교사 교육뿐만 아니라 현직 교사의 재교육 과정에도 엄청나게 중요하다는 것이 증명되었으며, 앞으로도 그러할 것이다.

그럼에도 불구하고 Deleuze와 Guattari의 내재론적 존재론(ontology of immanence) 및 학습 사건에 대한 내부작용 이론의 도움을 얻어 교육실제 분석을 보완할 필요가 있다. 이를 통해 우리는 사물이 배움의 실제에서 어떤 역할을 하는가에 대한 언어를 형성할 수 있다. 보완이 절대적으로 필요한 근거를 담론 분석이 기초하고 있는 반영성(reflexivity) 패러다임에서 찾고자 한다. Barad에 따르면, 반영성은 언어나 그림 등에서의 재현이 실재를 반영한다는 관념에 여전히 기초하되, 자연이 아니라 문화적 실재를 반영한다(2007: 86-7). Barad는 재현주의(representationalism)라 불리는 것, 즉 실재를 그대로 재현하는 것이 가능하다는 이론만큼이나 반영성 이론도 물질 세계와 거리를 둔다고 말한다. 이것은 반영성과 세계에 대한 문화적 혹은 담론적 사유 방식에서는 우리가 접근할 수 있는 것이 객체 그 자체가 아니라 단지 언어라고 말하기 때문이다. 달리 말하면, 담론 분석에 머무는 것은 자신을 스스로 언어에 예속시켜 노예로 만드는 것이며, 내재성과 존재론적 인식론의 관점에서 보면 피할 수 없게 연계되어 있으며, 끊임없이 내부작용하고 있는 물질적 실재의 행위주체성을 도외시하는 것이다.

어린이의 잠재성을 가시화하고 가능하게 하는 내부작용적 접근

홈 파인 공간과 매끈한 공간 개념을 다시 사용하면, 우리는 물 탐구에서 일어난 일을 홈 파인 공간과 매끈한 공간의 혼합과 전환이라는 관점에서 이해할 수 있다. 학습 상황을 변화시키려는 말린의 선택이 어린이의 학습과 발달에 관해 다시 생각하고 만 1세 영아의 잠재 능력에 대한 기존 관점에 도전함으로써 가능하게 **될 수 있는**(*might become*) 것에 대한 긍정적인 확신에 기초한 것이었음을 알 수 있다. 내부작용을 중시하는 교육학으로 교육적 기록작업을 이해하는 세 번째 접근 방식과 관련해 말린은 관찰에서 배움을 얻고 새로운 실천 가능성을 창안하기 위하여 일어난 일을 기록하였던 것으로 볼 수 있다.

새로운 교육학적 실제의 생성은 아직 현실화되거나(actualised) 표현되지 않은 잠재성이지만, 만 1세 영아들에게 가능하다고 보았던 말린의 상상력에서 변화를 현실화해 낸 것이다. 기록작업 속에서 표현되고 현실화되기 전에는 아이가 어떻게 **될 것인지** 결코 알 수 없다. 그런데 인간 신체와 정신의 한계에 따라 만 1세 영아가 할 수 있는 것에는 분명 한계가 있지만, 진화론적 관점에서 새로운 물질과 능동적 상황에 관련하여 내부작용하고 변화할 때 가능한 것에는 한계가 없다. 이 경우 말린은 물, 물체, 밀도, 속도, 그리고 가라앉음이나 위치 변경 등의 개념 간 관계에 대한 관련성을 파악하고 지식 구성에 따라 나타난 만 1세 영아의 잠재 능력을 자신의 기록작업에서 현실화하였다. 이는 그 어떤 유아교사 혹은 발달심리학자도 가능하리라 생각하지 않았던 학습 과정이다.

Barad의 이론을 빌리면, 비디오테이프와 기록을 보면서 말린은 기록작업의 구성된 컷에서 각 영아에게 특정한 물체와의 특정한 배움이 가능하도록 만들어 준 물질적 조건이 무엇인지 찾아내었다. 기록작업은 말린이 자신의 앎의 구성, 현상의 구성에 있어서 **기계로**(*machinically*) 작동하도록 사용되었다. 앎의 생산인 현상은 실재를 구성한다. 즉, 현상이 학습 사건을 현실화하도록 말린에게 구체적으로 실재하게 만들었으며, 이는 다시 말린으로 하여금 변화를 위해 어떤 새로운 물체를 도입할지 결정하게 하였다. 따라서 말린은 구성된 컷에서 학습 사건에 일어난 일에서 **중요했던** 많은 질료 사이의 내부작용을 찾아내었다. 예를 들어, 한 아이가 물에 물체를 떨어뜨리는 데 계속 한 손만 사용하다가 두 손을 사용하여 물의 표면에 물체를 조심스럽게 놓는 것를 여러 차례 시도하였는데, 물체를 그냥 떨어뜨리지 않고 물체와 수면 사이-내부에서 이루어지는 내부작용에서의 차이를 알아본 것이다. 그리고 이후에는 두 개의 물그릇에 물체를 넣어서 각 물체가 가라앉는 속도와 강도의 차이, 즉 각 물체와 물 사이의 내부작용 차이를 관찰하였다. 어린이들은 모든 물체는 각각의 고유하고 특정한 행위주체적 특성과 가능성, 그리고 물에 들어가면서 물과 내부적으로 뒤얽히는 작용에서 행위주체로서의 주체성을 가진다는 것을 관찰하였다. 따라서 어린이가 경험한 것과 우리가 사건의 컷으로 관찰할 필요가 있는 것은 이 특정한 유리그릇에 담긴 물의 행위주체적 특성, 물에 넣어진 물체의 행위주체적 특성, 교실의 크기와 온도 간의 내부작용이며, 이 모든 것이 서로 다른 강도와 속도에 영향을 준 것이었다. 더구나 특정한 방식으로 그림자를 드리우는 빛과 어

그림 3.3 두 개의 물그릇을 들여다보는 아이

사진 제공: Malin Kjellander.

린이들의 키에 비례한 테이블의 높이 또한 우리의 관찰 컷에서, 그리고 결코 동일하지는 않지만 반복되는 각 관찰에서 볼 수 있는 학습현상의 구성을 이해하는 데 중요하다.

비디오테이프와 사진을 보면 우리는 벽에 비치는 화면에서 아이들이 주목한 것, 그리고 그릇에 의한 행위 간의 내부작용을 관찰할 수 있다. 아이들이 벽에 확대된 화면에서 다른 아이가 하는 행동을 어떻게 따라하는지 볼 수 있다. 기록작업은 어린이가 하고 있던 것을 **간섭**(*interfere*)하는 것으로 이해될 수 있다. 이러한 간섭은 오히려 더 매끈한 공간을 열어 주며, 실험하면서 동시에 벽에 비친 커다랗게 확대된 친구의 모습을 바라보면서 이루어지는 일을 인식할 수 있는 새로운 가능성을 열어 주는 것으로 여길 수 있다. 여기에서도 기록작업은 새로운 학습현상 생산의 일부로서 **기계로서** 사용되었다. 이 모든 신체와 질료는 서로 내부작용하여 각 어린이에게 물에 뜨고 가라앉는 것에 대한 학습을 가능하게 했던 특정한 조건을 만들어 주었다. 더구나 우리는 그 기록작업을 물에 담긴 물체의 관점에서, 혹은 어린이의 움직이는 눈의 시점 등에서 읽어 낼 수 있다. 예컨대 물의 표면만 사진으로 찍거나 비디오 녹화 시 어린이의 눈 움직임에만 초점을 맞추는 것을 통해 기록작업은 이러한 다양한 수행 행위주체로부터의 학습 사건을 현실화해 준다. 각 유아가 포함되며 여러 유기체와 질료들이 관련되는 학습 사건에 대한 다양한 종류의 기록작업을 살펴봄으로써 일어나고 있는 내부작용적 학습경험의 다원성을 펼칠 수 있으며, 이후의 기록작업에서 다른 어린이나 동료 교사들이 참여할 수 있도록 가시화할 수 있다. 이러한 의미에서 앎의 장치로서 교육적 기록작업은 Barad(2007: 89)가 표현했던 것처럼 "뒤얽힌 상태 내에서부터, 그리고 그 일부로서의 차이"에 초점을 맞춘다.

학습 사건을 이해하는 데 있어서 이러한 내부작용 방식에서는 어린이와 그릇에 넣어진 물체, 그릇 자체와 물은 그 자체로 선재(pre-exist)하는 것이 아니며, 본래적인 경계선을 갖고 있지도 않다. 그보다 Barad(2007)의 표현처럼, 주체와 객체는 내부작용을 통해 **발현된다**. 주체와 객체는 공존하며 서로 함께 되어 가는(becoming-with) 상태에 있다. 따라서 이러한 사건 속에서 어린이는 **물 실험자**(*water-experimenter*)가 되며, 물체는 어린이와 교사가 함께 경험하고 개념화한 다양한 정도, 속도, 강도를 가진 '뜨는 것'과 '가라앉는 것'이 된다. 이들은 이 특정한 학습 사건에서 스스로 달라진다. 주체와 객체는 고정된 실체/존재가 아니며, 서로 수반되어 변화하고 상호적이며 서로 뒤얽혀 있는 상태에서 생성되어 가는 것이다.

내부작용을 중시하는 교육학에서 교육적 기록작업에 관하여 결론짓기

To conclude on pedagogical documentation in an intra-active pedagogy

내부작용을 중시하는 교육학에서 앎의 장치로 교육적 기록작업을 사용하는 것은 실제와 물질이 물질성, 즉 온도, 크기, 양, 속성, 속도, 시간, 그리고 특히 개념에서도 중요하게 되었음을 보여 준다. 개념은 **'세상에 대한 물질적 명료화'**로 중시되며, 이는 모든 물질이나 담론적 의미구성과 내부적으로 작용한다(Barad, 2007: 139, 나의 강조). 예를 들어, 돌멩이를 '가라앉는 것'으로 부를 때 돌의 물질적 명료화의 개념은 그 자체로 달라지게 하며 더 도전받을 수 있는 담론의 속성과 가능성을 취하게 된다. 차이, 회절, 간섭과 수행성, 혹은 Deleuze의 홈 파인 공간과 매끈한 공간 개념에 초점을 맞추는 것은 세상의 재현에 대해 반영하는 것과는 상당히 차이가 난다. 이는 그러한 재현이 진실의 묘사(그 어린이가 '진실로' 어떠한가) 혹은 담론 실재(어린이의 발달과 학습에 대한 문화적으로 영향을 받으며 변화하는 담론)로 이해되는가의 여부와 상관없이 중요하다.

교육적 기록작업은 우리가 이후의 더 큰 뒤얽힘에 참여하도록, 교사로서 스스로 달라지도록, 즉 **우리의 새로운 앎의 현상 속에서 변혁하고 실제와 함께 되어 감으로써 실제를 새로운 방식으로 실재하도록** 교육실제를 구체화해 주는 것으로 이해시키는 방식으로 사용된다. 우리는 이를 통해 다양한 물질 사이-내부에서의 내부작용을 인식할 수 있게 될 뿐만 아니라 우리가 배워 온 것을 바탕으로 한 걸음 더 나아가 내부작용 과정을 실행할 수 있게 된다. 우리는 기록작업에서 찾아보아야만 하는 것을 규정하는 지배적 이론에 저항하고, 사건을 그 다원성으로부터, 예컨대 물, 솜뭉치, 어린이의 손의 관점에서 읽어 내는 것을 택할 수 있다. 그러나 가장 중요한 것은 우리가 개별 어린이를 개입 대상으로 그들의 발달을 '안에서부터(from within)' 바라보는 것에서 벗어나야 하며, 어린이와 그 주변의 객체와 물질 사이-내부의 내부작용 속에서 이루어지는 현상을 바라보아야 한다. 물, 솔방울, 어린이의 눈과 손 사이-내부의 내부작용 현상의 다원성 속에서 무엇이 이루어지고 있는지를 우리는 어떻게 알 수 있을 것인가? 어린이가 그릇에 물체를 넣는 반복 행위에서 자신의 수행 방법을 해독하고 재부호화하여 갑작스럽게 변경시키는 핵심적인 전환점은 어디에 있는가? 물의 표면에 물체를 반복하여 떨어뜨리면서 새로운 손의 움직임이 나타났기 때문에 이때가 새로운 이해가 이루어지고 있을 시점일 것이다.

관찰과 기록작업은 그 자체의 행위주체성을 가지는 것으로, 우리에게 영향을 주는 다른 모든 질료처럼 고유한 물질성을 가지는 것으로 이해할 수 있다. 예컨대 벽에 비친 사진 슬라이드는 어린이들만큼이나 실험에서 활발하게 작동한다. 개념과 어휘는 같은 방식으로 내부작용의 다원성에 목소리를 부여하고 차이가 이루어지게 하는 행위주체적 물질로 이해할 수 있다. 우리가 사물을 표현하기 위해 사용한 개념은 우리에게 영향을 미치며, 결국 다른 질료와 관련하여 세상을 지속적으로 바꿔 나가는 데 참여하는 물질-담론적 문제로 이해할 수 있다. 우리가 **이론화**(*theorising*)라고 부르는 것은 세상에서 삶으로써 우리가 해 온 내부작용의 물질-담론적 경험의 결과인 것이다.

Deleuze와 Guattari는 우리가 이론화하고 생각하는 데 사용하는 개념을 '하나의 사유행위(an act of thought)'로 보아야 한다고 제안하였다(1994: 21). 이들은 사유의 이미지 혹은 생각한다는 것의 의미는 "사유를 **활용하는**(*make use of*) 것, 사유에서 자신의 방향성을 찾는 것"(1994: 37, 나의 강조)이라고 말한다. 이렇게 생성의 과정으로 개념과 사유를 이해하는 방식은 Barad가 이론화를 논할 때의 행위주체적 실재론자(agential realist)에 대한 설명과 상응한다.

> 이론화하는 것은 물질 세계를 뒤에 남겨 두고서 정신이라는 고고한 공간에서 객관적 반영을 가능하게 하는 순전히 관념론적인 영역으로 들어가지 않는다는 것이다. 이론화는 실험하는 것과 같이 물질적 실제이다. … [그것은] 세계에의 물질적 참여라는 역동적 실제이다.
>
> (2007: 54)

이론화는 항상 결정하고 분류하고 정상화하는 위험, 지나치게 코드화되고 경직되게 홈 파인 공간에 갇힌 우리의 행위를 다르게 생각해 볼 필요가 있을 때 필요한 매끈한 공간을 여는 것을 방해하는 위험을 내포한다. 우리가 언어와 사진으로 기록하고 이론화할 때면 항상 실제의 물질성을 재현과 과-부호화(over-coding)의 상태로 억지로 밀어 넣을 위험을 안게 된다. 따라서 교육적 기록작업은 멈추지 않는 내부작용의 흐름에서 나타나는 간섭과 차이에 초점을 맞추어야 할 것이다. 다음 장에서는 만 4~5세 어린이들과 함께했던 보다 긴 학습 프로젝트의 예가 제시될 것이다.

CHAPTER 4

내부작용 교육과 이중 운동

An intra-active pedagogy and its dual movements

> 세상에 대한 우리 생각과 그 세상을 살아가는 것은 서로 얽혀 있다. 우리의 존재와 실제 삶으로의 참여는 함께 짜여진다.
>
> (May, 2005: 72).

앞 장의 물에 물체가 뜨고 가라앉는 것에 대한 1세 아이들의 탐구 사례에서 교사들은 학습 사건이 서로 다른 종류의 질료와 담론 간의 내부작용에서 비롯되는 것임을 경험했다. 학습 사건은 **물질-담론적이자 체화된 실재가 뒤얽힌 사건들로** 이해할 수 있다. 교사들이 보기에, 학습은 단순히 내부에서 시작되는 아동 개개인의 인지 과정이 아니며, 학습의 힘은 사고와 신체의 활동을 물체와 질료, 시간, 공간, 장소로부터 분리하지 않는다. 교사는 자신의 기록작업에서 다음과 같은 점을 알 수 있었다. 즉, 학습은 탐구의 순간 및 사건에서 발생하는 질문과 문제를 둘러싸고 특정 공간과 장소에서 인간 주체, 신체, 사물 사이에서 일어나는 의미 만들기의 협력 과정이며, 이는 사건에서 중요한 전환점이 된다. 이로 인해 교사 말린은 물질의 조건을 바꾸어 실행하였으며, 어떤 때는 과정 중에, 또 어떤 때는 기록작업을 읽고 분석한 후에 하기도 했다. 따라서 아이들과 교사의 학습 과정에서 문제를 제기하고 향상시키기 위해 교육적 기록작업을 활용하고자 한다면, 그것을 어떻게 활용할지에 대해 논의할 때 반드시 시간과 시의 적절성을 다룰 필요가 있다.

이 장에서는 교육적 기록작업을 활용하는 어린이들과의 탐색적 학습 과정 실행을 논의하고자 하며, 비선형적이자 진행적 시간 개념에서의 두 가지 '방법론적' 운동, 즉 '순환적' 운동과 '수평적' 운동을 다루고자 한다. Todd May의 글처럼, 여기에서 나는 교육실제에서 사고와 삶(살아가기)은 서로 밀접하게 엮인 물질–담론적 관계이며, 이로 인해 우리는 하는 일에 대해 다르게 생각하고 행할 수 있게 된다는 점을 보여 주고자 한다.

창조와 변형, 시간과 관련한 이중 운동을 소개하며

Introducing the dual movements in relation to creation, transformation and time

나는 교육적 기록작업의 활용에 '순환'과 '수평'의 운동을 '방법론'과 연결해 간략히 설명하고자 한다. 이는 뒤에 설명될 방식이며, 교육적 기록작업을 사용하는 과정에서 교사가 무엇을 적극적으로 **의도하고 바라야 하는지**에 중점을 두고 설명될 것이다. 그러나 "특정 규칙이나 정해진 절차에 따를 때 원하는 결과를 얻게 된다는 점"(McQuillan, 2000: 3-4)을 당연시하는 식의 방법이 행해지는 것은 **아니다**. 오히려 이와 정반대로 결과를 모르는 채 변형과 창조의 과정에 있도록 우리 스스로를 움직이게 하려는, 또 실제에 대해 우리가 알고 있는 바를 더 복잡하게 만들려는 적극적 의지라는 측면에서 '방법론'적인 것이다. 즉, 실천에서 예측 가능한 과정이나 규칙을 따름으로써 희망하는 결과를 실현하고자 발달론적이거나 구성주의적인 학습실제를 따르는 것과는 거리가 멀다는 의미이다. 그뿐만 아니라 그것은 지배적인 사고방식으로 평가하거나 기계적으로 이미 정한 목표나 약속과 비교하여 우리가 무엇을 행하고 있는지를 이해하거나 그 결과를 예측하는 것도 아니다. 또한, 변화를 유발하기 위한 비판용으로 현실을 재현하거나 모방하려고 기록작업을 행하는 과정도 아니다. 마지막으로, 그것은 내가 예전에 작업하고 이론화한 '저항의 윤리학'처럼 비평적 해체를 하기 위해 실제를 기록작업하는 것과도 다르다(Lenz Taguchi, 2000, 2007, 2008d). 단, 해체적 분석은 교육적 기록작업에서 '순환적' 운동을 늦추고자 할 때 내가 논의하고 보여 줄 일부로 이해하면 된다. 내재론적 존재론과 인식론적 존재론의 관점에서 이러한 새로운 이론화 방법은 교육실제를 실행함에 있어 더 넓고 색다른 사고와 행동 방식을 가능하게 하며, 이러한 사고와 행동 방식은 훨씬 생산적이라 할 수 있다.

유아학교 전체는 어린이들의 문제와 프로젝트로 가득 채워져야 한다

1994년 이탈리아의 레지오 에밀리아 유아학교를 방문하였을 때, 그 지역의 교육을 이끌던 Loris Malaguzzi는 어린이들과 함께하는 학습 프로젝트에 관해 이야기했다. Malaguzzi는 교육적 기록작업이 창의적으로 활용될 경우 어떻게 프로젝트가 시공간 안에서 (활동) **기간** 제한이 없으면서 유아학교 전체를 잉태하는 과정이 되어 가는지에 관해 설명해 주었다. 여기서의 유아학교 전체에는 환경, 물질, 원아, 교직원, 주변 지역으로부터 나오는 모든 것이 해당된다. 예를 들어, (이 장의 후반부에서 다룰 프로젝트에 나온 것과 마찬가지로) 자기 동네를 파악해서 길을 잘 찾는 것에 대한 문제를 구성하는 데 어린이들이 참여했다면, 이 문제와 프로젝트는 유아학교에서 벌어지는 모든 것을 잉태하고, 그것에 스며들어 있어야 한다. Malaguzzi의 말에 따르면, 이 모든 것은 물질과 내용을 계획하고 조직하는 것이다. 이것을 통해 Malaguzzi가 말하고자 한 것은 무엇일까?

그가 말하고자 한 바는, 동네에서 길을 잘 찾는 방법에 대한 아이들의 질문들을 아주 진지하게 받아주고 아이들의 행동과 말을 기록하고, 그 기록작업을 아이들과 함께 다시 보며 발생한 여러 학습 사건을 토론하고 탐색하며 다시 해 볼 때, 자신이 속한 환경에서의 길 찾기와 관련된 질문과 문제는 바이러스나 식물의 복잡한 뿌리 체계처럼 이후에 발생하는 조직과 활동에 침투해 퍼질 것이라는 뜻이다. 만일 이들 문제와 질문, 그리고 탐색이 유아학교의 벽, 탁자, 선반에 놓인 기록작업에서 계속 언급되고 점심시간에, 모임에서, 공원을 산책할 때도 계속 논의된다면, 아이들의 마음속에 새로이 떠오르는 모든 질문과 문제는 처음 질문과 어느 정도 연결되면서 그것을 변형시키게 될 것이다. 느닷없이 아이들이 방문하는 놀이터나 숲도 마찬가지로 도로, 주요 지형물, 표식, 기호로 구성된 동네의 일부가 되고 건축 및 디자인과 관련된 문제가 된다. 아이들이 놀이하거나 그리거나 이야기하는 거의 모든 것이 도로, 기호, 또는 비밀 통로나 은신처 등으로 이루어진 네트워크에 대한 발상으로 이어지게 될 것이다.

따라서 이후에 소개될 프로젝트는 교사들이 '오리엔테이션 프로젝트'라고 명명한 것으로, 어느 곳에서나 작용 중이었으며, 유아학교에서 일어나는 모든 것을 감응시켰다. 어느 오후, 구운 계피빵을 아이들이 놀이터에 숨긴 후 '지도'를 그려서 다른 아이들에게 이 지도를 따라 빵을 찾게 한다. 체조를 할 경우 아이들은 바닥에 따라 걸을 길을 만들어서 그 길에 있는 강이나 담장 주변을 달리거나 뛰어넘을 수 있다. 이것이 바로 학습의 '진화(evolution)'가 내재론적 존재론으로 작용하는 방식이다. 우리가 이를 이해하고 교육적 기록작업을 활용하여 기간과 침투의 과정을 강화한다면 학습의 진화는 더욱 잘 일어날 것이다. 여기서 사용한 잉태(impregnation)의 개념에는 침투 과정과 수정 과정이라는 두 가지 의미가 있음에 유의해야 한다. 유아학교 전체는 '잉태(pregnancy)'의 상태라고 볼 수 있는데, 즉 유아학교 자체가 새로운 창조의 가능성을 품고 있으며 지속되는 기간의 상태이고, 한편으로는 발명과 새로운 되(어 가)기의 상태이다. 어떤 일이 벌어질지 알 수는 없지만, 모든 것이 도로망, 지도와 길 찾기라는 동일한 일련의 문제들과 어떻게든 연관된다. 내가 제안하건대, 이것은 학습의 진화적-창조적인 과정으로 배우기와 되기가 얽혀 있다고 보는 것은 존재론적 인식론의 관점에서 보는 학습이 핵심이다.

'창조성을 품은' 상태로서 교육적 기록작업

이제 내재론적 존재론(ontology of immanence)(Deleuze & Guattari)과 존재론적 인식론(Barad)에 대한 논의로 들어가 보면, 교육적 기록작업은 제3장에서 언급한 아동의 인지 능력 발달을 파악하기 위한 관찰과 기록작업과는 다른 의미를 지니게 된다. 교육적 기록작업은 다양한 운동을 통해 다른 무엇보다 변형과 창조의 적극적 과정이 된다. 여기서 다양한 운동에는 물질-담론적 구성 컷으로 인정된 것(제3장, pp. 133-138 참조)보다 더 많은 것을 포함한 관찰하기와 기록하기 자체를 비롯하여, 새로운 창조에 해당하는 기록작업에서의 사건 실현까지 포함된다. 그러나 기록작업에서 사건이 실현되는 것은 그 사건이 갖는 복잡다양성의 한 파편에 불과하다. 그럼에도 불구하고 기록작업은 시간적 한계**뿐만 아니라** 학습 과정에 있는 아동, 유기체 그리고 질료가 지닌 무한한 잠재성까지 망라한다. 제1장의 막대기를 갖고 노는 아이들의 사례나 제2장의 점토상을 만드는 예비교사들의 사례에 나오는 찰흙, 막대기, 페인트 등의 질적 특성과 가능성에서 나타난 한계가 이에 해당한다.

조금 다른 차원에서 말하면, 교육적 기록작업은 사건 이후 그것을 평가하고 목표 대비 결과를 비교하는 것처럼 시간적인 측면에서 **반응적**(*reactive*) 방식으로 사용되어서는 안 된다. 교육적 기록작업은 종종 이미 발생한 사건을 기록함으로써 과거를 평가하는 것으로, 또 그 기록작업이 실제를 재현하는 것으로 여기는 **회상적인**(*retrospective*) 무언가로 잘못 이해되고 있지만, 실은 그렇지 않다. 오히려 교육적 기록작업은 다른 무엇보다도 미래지향적이기 때문에 **교육적**이라 할 수 있다. 그러나 미래지향적이라는 개념을 사용하는 것 역시 점진적인 직선형의 시간 개념을 암시한다는 점에서 문제가 있을 수 있다. 정작 우리에게 필요한 것은 시간적 한계와 무한한 가능성을 동시에 아우르는 비선형적인 시간 개념이다(Deleuze 1990; Williams, 2008).

이제 교육적 기록작업을 사건의 창조적 실현이라고 생각해 보자. 즉, 앞 장에서 보았듯이 교육적 기록작업은 우리 앞에서 사건을 '물질'로 만든다. 이로 인해 우리는 그것이 가능할 것이라고 말하면서 사건을 생각하면서 우리 마음에서 그 사건을 재연(re-enacting)해 본다. 심지어 사건을 **역실현**(*counter-actualise*)하기도 한다. 즉, '뒤집어서(거꾸로)' 읽기로, 이는 어떤 것을 다른 입장에서 읽거나 다르게 읽어서 변형시키는 것이다. 이런 면에서 교육적 기록작업은 Colebrook이

Deleuze의 '능동적 윤리(active ethics)'(2002: 55)라고 일컫는 것과 연관된다. 그의 이 멋진 표현에 따르면, 교육적 기록작업은 그동안 사용되었거나 오늘날 다른 형태로 다시 모습을 드러내고 있는 진단적 도구들과는 매우 다른 것으로 생각되어야 한다. 우리는 심리학자나 의사나 과학자로서 교육적 기록작업을 하는 것이 아니라 공동의 창조자로서 아이들과 동료들과 함께 협력해서 학습 사건을 만들고 발명한다. 우리는 특정 현상에 관한 새로운 지식을 구성함에 있어 아이들, 그리고 교사로서 우리 자신이 함께 만들어 가는 협력 과정에 진심으로 임하는 것과 동시에 우리 자신의 한계와 가능성 역시 탐구한다. 따라서 위의 '능동적 윤리'와 다시 연결 지어 보면, 교육적 기록작업은 **반응적인 것**이 아니라 **능동적인 것**이 된다.

지난 15년간 나와 함께 일했던 모든 교사, 실무자와 학생은 "일단 능동적인 방식으로 교육적 기록작업을 이용하게 되면 예전의 일상적인 실행으로는 돌아가지 않게 된다."라고 말한다. 일단 변형을 갈망하는 과정이나 자발적인 학습과 변형의 사건을 체험했다면, 우리는 그 속에서 윤리적 측면도 발견하게 된다. 마지막 장에서 논의되겠지만, Deleuze는 윤리에 대해 다음과 같이 쓰고 있다. "윤리란 전혀 말이 되지 않거나, 아니면 그저 다음이 의미하는 바일 뿐이다. 그 외 달리 할 말이 없다. 즉, **우리에게 일어나는 일에 아무런 가치를 두지 않지 않으려는 것**이다."(1990: 149, 나의 강조) 구체적으로 보면, 이것은 **각각의 사건에서 일어나는 것**에 대해 파악하고 그것과 내부작용하며 공평하게 행하는 것이다. 또한, 다가오는 것에 대한 창조이다. 사건마다 자신이 새로워지도록 허용하는 것이고, 학습을 변형의 상태로 긍정적으로 받아들이는 것이다.

이런 측면에서 볼 때, 내부작용 교육에서 교육적 기록작업의 '방법론'은 사고와 실천의 상호 의존성을 받아들이기 때문에 이론/실제의 분리를 넘어서게 된다. 사고는 삶(실제)을 변형시키고, 삶(실제)은 사고를 변형시킨다(Colebrook, 2002; Deleuze & Guattari, 1994; May, 2005). 따라서 교육적 기록작업을 창조적이고 능동적인 방식으로 사용하는 것은 오늘날 유아들뿐 아니라 고등교육을 받는 학생들에게도 강요되는 제한적이고 축소된 학습 전략과 실행에 강력하게 맞서는 하나의 방법이다.

시간과 기간에 대한 고찰

앞서 언급하였듯이 교육적 기록작업의 실행에 있어 이중 운동(dual movements)은 비선형적 시간 개념으로 이해되어야 한다. 이 장의 주된 내용인 이중 운동은 동일한 시공간 내에서 일어나는 것으로, '순환적'인 속도 늦추기와 수평적인 '속도 올리기'는 거의 동시에 작용한다. 이것은 기간에 관한 것으로, 즉 그것은 뭔가 그 자체로 새로운 것이 되고 다르게 되어 가겠지만, 여전히 그것이었던 그 무엇이 현재 어떠한지나 앞으로 어떻게 되어 갈 것인지에 관한 것이다(Deleuze, 1990; Grosz, 2005). 따라서 반복적인 내부작용의 역동성을 통해 공간, 시간, 질료는 상호적으로 구성된다. Barad는 시간을 다음과 같이 설명한다.

> 과거도 중요하고 미래도 중요하다. 그러나 과거는 결코 뒤에 남겨지지도 않고 또 절대로 완전히 끝나지도 않는다. 그리고 미래는 현재의 운동이 전개됨으로 인해 일어나는 것이 아니다. 과거와 미래는 물질의 반복적인 되기에 있는 주름진 참여자들이다.
>
> (2007: 181)

Barad와 Deleuze에 따르면, 과거는 현재의 조건이다. Grosz는 Deleuze를 인용하여 과거가 먼저 존재해야 현재가 될 수 있다고 설명한다(2005: 104). 과거와 현재는 함께 존재한다. 우리 스스로가 만드는 매번의 반복에는 이전 것의 새로운 형태가 있으며, 이 새로운 형태는 이전의 것과는 다르지만 동시에 이전의 것을 포함하고 변형시킨다. 이것은 '임신'의 모습과 흡사한데, 어떤 기간에 있으면서 그 안에 현재의 존재로부터 새로운 창조와 새로운 되기의 가능성을 자체적으로 담고 있기 때문이다. 이런 맥락에서 이중의 '방법론적' 운동은 현재, 과거, 미래가 동시에 뒤섞인 기간 내에서 **사물의 한 가운데 있으면서** 작동한다. 행동 차원에서 말하면 우리는 발생한 사건을 기록작업한 후, 그 기록작업들을 책상 위에 놓고 사건에 대해 다시-생각하고, 다시-살아 보거나 다시-행동하여 그 사건의 다중성과 차별성을 펼쳐 낸다. 그러나 우리는 이 행동을 과거, 현재, 미래로 이어지는 진행 측면이 아닌 사건의 계속되는 **기간으로** 생각해 볼 수 있다. 지금은 이 모든 것이 이상하게 들릴 수도 있겠으나, 뒤에 나오는 사례에서 여러분은 4세 남자아이들에게 처음 주어졌던 문제가 어떻게 학습기간 안에서 새로운 것, 즉 첫 번째 문제와 연결된 새로운 것으로 펼쳐지는지를 보게 될 것이다.

위 내용을 정리하면, 교육적 기록작업은 Williams가 Deleuze의 철학을 "실재와 (**더불어**) 상상을 위한 구조적 조건의 모색"(2005: 56, 나의 강조)으로 설명한 것과 같은 맥락에서 이해할 수 있겠다. 다시 말해, 우리는 사고와 행위를 이미 구조화시킨 것과 상호 의존적 관계를 맺고 있으며, 아울러 무한히 가능할 것과도 상호 의존적 관계에 놓여 있다. 여러분이 보는 바와 같이, 이는 앞 장에서 논의한 홈 파인 공간과 매끄러운 공간 개념과 연결된다. 여기서 우리는 홈 파인 공간의 구조가 매끈한 공간에서 새로운 창조가 가능하도록 어떻게 조건화시켰는지를 볼 수 있었다. 교육적 기록작업을 '방법론적으로' 활용하는 이러한 이중 운동으로 자신의 한계**뿐만 아니라** 우리 자신과 실천에서 변화하고 다르게 되어 가는 무한한 가능성을 깨닫게 된다.

교육적 기록작업의 두 가지 운동: '순환'과 '수평'

Two movements of pedagogical documentation:
the 'circular' and the 'horizontal'

이제부터 설명하게 될 '방법론적' 운동들은 실제로는 동시에 일어나는 것이다. 그러나 여기에서는 이 두가지가 서로 분리되어 있다고 가정해 논의하고자 한다. 비록 둘은 상호 의존적이고 항상 내부작용하는 상태지만 어느 정도 다른 측면들이 있다고 보고 그 측면이 무엇인지 파악하기 위함이다. 나아가서 내 경험으로 비추어 볼 때 우리가 의도한 도발적인 주장을 펴기 위해서 그 측면들을 분리하고 재연(re-enactments)과 역실현(counter-actualisations)의 '순환적' 운동을 행하고자 한다. 우리는 발명과 창조의 '수평적' 운동에 대한 의지가 약하며 실현을 더 꺼리는 것 같다. 쉽게 말하면, 우리는 기존의 사고나 행동습관을 버려야 하는 위험을 마주하기보다는 처음에 자연스럽고 당연해 보였던 것에 맞서는 하나의 고통스러운 일인 기록작업에서 우리가 본 바를 토론하고 재숙고하는 일을 할 것이다. 그러나 '수평적' 운동의 중심에 이 버리기가 있어야 발명과 창조가 가능해지며, 교육 실천도 변화되는 것이다. 어떤 사건이라도 우리의 행동에 변화와 차이를 가져오는 계기가 될 수 있지만, 실제로 변화와 차이가 일어나도록 하는 우리의 의지는 학습, 앎, 그리고 현실이라고 이해한 것과의 관계에 대해 우리가 어떻게 생각하고 있는지에 의해 결정된다.

나는 과거에 교육적 기록작업을 '저항의 윤리'로 이론화했는데(Lenz Taguchi, 2000, 2006, 2008d), 이로 인해 실제에서 가끔 자신의 사고방식에 대해 일깨워 주는 순환적 재연과 역실현의 측면들에 봉착하곤 했다. 그러나 저항의 윤리에는 새로운 것을 만들기 위한 해체적 고찰에서 발견한 것을 뛰어넘는 창조적 사고는 드러나 있지 않다. 그뿐만 아니라 '저항의 윤리'는 탐구 과정 중에 어린이 **스스로** 만들어 내는 순환적 또는 수평적 공간에 대해서는 무감각한 대신, **어린이를 위한** 실천을 더 잘 조직하기 위한 성인의 학습에만 집중하고 있다. 이것이 내가 이전 논문에서 크게 우려했던 교사중심성이다.

'순환적' 운동

'순환적' 운동으로 개념화하고자 하는 것은 사건을 재연(**재-살기, 다시-살기**)하고, 새로운 창조를 가능하게 하는 역실현을 위해 아이들과의 작업이나 기록작업에서 운동 속도를 늦추는 것이다(이 역실현에 대해서는 아래에서 설명할 것이다). 이 운동은 지각과 행동 사이의 **지연**이라는 측면에서도 논의해 볼 수 있다. Grosz(2005)는 지각과 지각 후의 생각이나 행동 사이의 지연은 인간의 뇌의 작용에 의한 것으로 이해할 수 있다고 설명했다. 이러한 뇌의 지연에 따른 결과로 이미 했던 생각의 방향을 다시 잡고 내용을 다시 조직할 수 있으며, 이로 인해 창의성과 창조가 가능해지는 것이다(Grosz, 2005: 98-9). 이러한 지연은 계속되는 대상물과의 내부작용들, 즉 현재의 번잡함으로부터 벗어나게 하고 일정한 거리와 더욱 중요한 **불확실성**(*indeterminacy*)의 상태를 만들어 줌으로써 우리가 지각된 형상들을 검토할 수 있게 한다(p. 99). Grosz는 Deleuze를 인용하며 이 지연과 미결정은 사물을 풍성하되 복잡하게도 할 수 있는데, 왜냐하면 재경험(re-enlivenment)과 재연(re-enactments), 그리고 역실현도 가능해지기 때문(p. 100; Deleuze, 1990)이라고 한다.

나는 재연과 역실현에 대한 Deleuze(1990)의 개념들을 사용하여 순환적 운동과 과정의 복잡성을 규정했다. 첫째, 이 과정은 이미 일어난 일에 대해 쓰거나 이야기함으로써 사건을 재연하는데, 이를 통해 상식과 의심 없이 당연시한 것에 도전할 수 있게 된다. 두 번째로, 교육적 공간이 어떻게 홈 파이는지 확인 가능하고, 그 공간이 어떻게 사건의 구조적 조건이 되는지 확인 가능하다. 즉, 그런 홈 파임이 어떻게 습관 및 일상 행동과 시간, 공간, 물체의 조직, 그리고 사고에 있어서는 위계적, 이분법적, 포함과 비포함의 사고로 물질화되는지 확인할 수 있게 한다. 우리는 담론적 부호화의 측면에서 이러한 홈 파임을 구조적 조건으로 이해할 수 있다. 예를 들면, 어떻게 행위나 물질에 성별-코드가 부여되는지 혹은 계층, 사회집단, 민족, 인종 등을 어떻게 부호화하는지 확인할 수 있게 된다. 따라서 우리는 항상 우리의 세계에 대해 어떻게든 코딩된 의미 만들기를 해독(de-coding)하고 재부호화(re-coding)하는 과정에 참여한다. 마지막으로 중요한 점은, 이러한 지연과 속도 늦추기의 '순환적' 운동이 일어나고 있는 물질-담론적 내부작용, 즉 질료, 사물, 사람 간의 상호 연결성과 상호 관계들, 그리고 각자 다른 개체에게 자신을 어떻게 이해시키는지 파악하는 것이다(제2장, pp. 124-127 참조). 순환적 운동에서 우리는 단지 비판적 분석이나 해체 분석에만 임하는 것이 아니다(Lenz Taguchi, 2005, 2007, 2008d). 그보다 역실현화에는 언제나 현재나 과거로부터 나온 새로운 가능성이 펼쳐져 있다. 예를 들면, 앞 장에서 본 1세 아이들의 물에 대한 탐구는 아이들이 반복적인 실험을 통해 물질과 내부작용함으로써 어떤 물체가 물에 뜨는지, 어떤 물체가 다른 속도로 가라앉는지에 대한 (언어로 표현된 것이 아닌) 체화된 이해력의 발달이라는 측면으로 생각해야 한다.

다소 역설적이기는 하지만, 이 '순환적' 운동이 실현된 사건을 '평평하게 만들기'로 생각해 보는 것도 효과적일 수 있다. 즉, 어떤 우월한 위치에서 해석하는 것을 방지하기 위해 우리 앞에서 실현된 물질성 내에서 사건들을 펼쳐 놓는 것이다. 더 나아가 기록작업에서 조각으로만 실현된 사건을 그것이 갖고 있는 물체와 물질의 다원성과 풍부함의 혼합물을 납작하게 만들어 펼침으로써 그것의 물질-담론적 차별성과 다양성을 일부 볼 수 있게 된다(Barad, 2007; Deleuze, 1990; Williams, 2008). 예를 들어, 물질의 관점에서 사건을 어떻게 이해할 수 있을까? 가구 또는 바닥, 아니면 방이라는 한정된 공간의 관점에서는 어떨까? 손과 찰흙 간의 내부작용과 연결성을 찰흙의 관점에서 또는 아이 손의 관점에서 각각 이해할 수 있을까? 아이가 찰흙을 반죽하거나 물을 갖고 실험하는 그 사건의 시간-공간-장소 관계와 조건은 무엇인가?

또한, '순환적' 운동은 사건의 **담론-시간-공간-장소-물질**의 구조적 선(先)조건들과 물질-담론적 전환점들을 '지도화'하는 과정을 동반할 수도 있다. '지도 그리기'는 사건의 **발생에** 관한 것으로, 어떤 일이 일어나는 데 있어 물질-담론적 구조의 조건들과 관련하여 중요한 전환점들에 의해 어떻게 발생하게 되었는지에 관한 것이다. 제1장에서의 막대기 사건에서처럼, 막대기를 총인 것처럼 갖고 놀던 어린 남자아이에게 던진 학생의 질문은 뒤이어 일어난 사건에 물질-담론적 결과들을 불러온 전환점으로 이해할 수 있다. 따라서 '순환'하면서 느려지는 운동은 기록작업을 통해 사건을 **역으로 추적하는**(*tracing back*) 과정이기도 하다. 그리고 예를 들어 바닥에 누워 위를 올려다보며 사진을 찍는 것과 같이 어디에 초점을 두느냐에 따라 학습 사건을 이루는 다양한 측면 중 단지 **하나**의 측면만을 실현하는 기록작업이 될 것이다. 똑같은 사건이라도 우리가 천장이나 아이들의 눈높이, 아니면 아이들의 손 위치에서 사진을 찍는다면 다르게 이해될 것이다. 우리가 역추적한 것이 무엇이건 간에 이것은 이미 행해졌으며, 미래의 행동들을 바꿀 것이므로 시간이란 개념이 녹아 없어진 것으로 이해해야 한다.

'수평적' 운동

'순환적' 운동이 속도 줄이기, 지연시키기, 납작하게 만들어 펴기와 관련된 것이라면, '수평적' 운동은 사건의 흐름을 빠르게 하는 새로운 사건의 출현에 변형과 변화가 가능하도록 **얇게 만들기**, **매끈하게 펴기**, 그리고 **매끄러운 공간**을 만드는 것이다(Deleuze & Guattari, 1987). 앞 장에서 언급했듯이, 교육적 공간은 우리가 습관적 행동들과 사고로부터 스스로를 떼어 낼 때 매끈해진다(Williams, 2008). '수평적' 운동은 아무 때나 일어날 수 있다. 교육공간이 심하게 홈 파였거나 굳어 있거나 부동인 상태가 아니라면, 느려지는 '순환적' 운동과 빨라지는 '수평적' 운동 간의 이동과 변동은 늘 있을 것이다. 교육적 공간의 속도 올리기와 매끈하게 펴기는 사건의 한 가운데에서 실험과정에 있는 어린이와 물질 사이-내부에서 일어날 수도 있다.

생각이나 행동이 습관화되지 않은 경우에는 교육공간이 충분히 매끈하여 Deleuze와 Guattari(1987: 88-9)가 말하는 '탈주선(line of flight)'

을 가능하게 한다. 그것은 경직되고 지나치게 부호화된 홈 파인 공간들에서 생각지도 못한 가능성이 홀쩍 도망가는 사건들이 되어 버린다. '탈주선'은 '무엇과 무엇 사이-내부(in-between)에 있는' 상태로 긍정적 원동력처럼 작용하여 우리를 평준화하려는 사고 습관에서 벗어나게 하고 다른 사고를 가능하게 하는 새로운 공간을 만들어 준다. 예를 들면, 제1장에서 어린 남자아이한테 주어진 질문이 전환점으로 작용하면서 막대기가 총에서 인형으로 변형되었던 경우다. 이때 우리는 창의성을 확대시키고 사고하고 체화된 존재로 거듭난다. 이에 따라, 불가능해 보이는 생각 방식이나 이해 방식을 언어로 구현하려고 하거나, 실행에서 새로운 행동 방식을 시도하거나 무언가를 조직하려고 할 수 있다. Deleuze를 따라 우리도 탈주선이라는 사건이 새로운 경험을 창조하고 '그 자체로 경험의 한 형태'가 된다고 생각할 수 있다(Colebrook, 2000: 113). Deleuze와 Guattari는 다음과 같이 말한다.

> 생각하기는 실험하기이다. 그러나 실험은 항상 무언가가 일어나는 과정, 즉 **새롭고, 놀랄 만하고, 흥미로운** 무언가로 진실이라고 여긴 것을 대체하는 더 수준 높은 모양새를 띤다.
>
> (1994: 111, 나의 강조)

나는 위의 마지막 부분을 강조하고자 한다. 이는 우리가 탈주선에서 경험한 것이 우리를 새로운 방식으로 생각하고 행동하게 하기 때문이다. 따라서 앞으로의 학습 사건을 계획하는 데에도 분명히 영향을 줄 것이다. Deleuze와 Guattari에 따르면, '탈주선'은 "사물과 존재로부터 사건을 추출하여 새로운 사건을 마련하는 것"(1994: 33)이다. 즉, 우리는 아이들과 함께 할 새로운 학습 사건들을 준비하는 동안 교사로서 '진실이라고 여긴 것을 대체하는 새롭고, 놀랄 만하고, 흥미로운 것'을 활용하는 데 관심을 두고 임할 책임이 있다(p. 33). 이는 마지막 장에서 더 깊게 논의하는 윤리 문제와도 관련된다.

'수평적인' 속도 올리기 운동은 교사가 원하거나 뜻한다면 일어날 수 있다. 그런데 상상놀이에서처럼 어린이들 스스로 갑작스럽게 파인 홈이 제거된 공간을 만들 때 그들 사이에서도 일어날 수 있다. 교사는 교육공간이 열리고 탈주선으로 빨리 움직이는 때를 알아보고, 이를 기록하고 인정하고 학습을 더 발전시키는 용도로도 활용할 수 있어야 한다. 또한, '순환적'인 속도 줄이기 운동과 교육공간이 어떻게 구조화되었고, 홈이 파여 있고, 부호화되어 있는지 알아보는 향상된 인지력을 활용하고, 이를 토대로 운동 속도를 올리고 새로운 가능성을 상상해 볼 수 있다. 아이들도 탐구 중에 또는 놀이가 진행되는 중에 사건을 재연하고 역실현하는 과정과 사건에 내포된 의미를 해독하고 재부호화하는 과정에 참여할 수 있다. 그러나 재부호화의 경우 사고의 교육공간이 매끈하게 펴져야만 발명과 창조가 가능해진다. 즉, 반드시 아이들에게 적절하고 올바른 방식이 아닌 자기가 원하는 대로 생각해도 된다고 설득해야 한다.

우리에게 안전한 느낌을 주는 습관적 사고나 당연하게 여기는 방식의 생각이나 행동을 버리는 것은 쉽지 않은 일이다. 발달주의 이론들, 보편적인 기준, 그리고 권장되는 실행 방식들은 종종 유아교육의 실제를 매우 홈 파인 공간으로 만들고 운동과 반복이 굳어 있거나 정체된 것으로 보이게 한다. 이는 유아교육의 실제가 구조화되고 통제된 행동 방식과 향후 일어날 일에 대한 구조화된 사고방식 위에 만들어졌기 때문이다. 수평적 운동을 시작하려면, 이미 부호화되었거나 과하게 부호화된(over-coded) 교육적 실제에 대한 여러 관점을 해독해야 한다. 그러나 위에서도 언급하였듯이 홈 파인 공간들은 안전한 곳으로도 이해될 수 있어 아이들은 이곳에서 우리가 가진 행동 습관과 규칙적 행동을 알아본다. 그런데 만일 이것이 제약적인 것으로 받아들여지지 않았다면, 새로운 사고와 행동을 창조할 수 있도록 교육공간을 빨리 움직이고 매끈하게 하는 '기반(플랫폼)'으로 활용될 수 있다(뒷부분의 Davies와 Gannon 참조).

앞 장에서 설명한 홈 파인 공간과 매끄러운 공간처럼, '순환'과 '수평'의 '방법론적' 운동은 상호 의존적인 것으로 우리는 사이-내부에서 오고 가도록 해야 한다. 한쪽에 너무 편중되는 것은 좋지 않다. 속도 줄이기를 과하게 할 경우 탐구적 학습 과정이 중단될 수 있다. 이는 학습 프로젝트를 진행하느라 유아학교를 방문할 때 가장 흔하게 겪은 일이다. 또는 탈주선을 타다가 학습 과정에 안정성이나 초점이 없어지는 혼돈을 초래하는 방향으로 빠질 수도 있다. 나의 경험상 두 경우 모두 문제점은 해당 프로젝트가 전체를 이어 주는 연결선인 아이들의 질문과 문제점을 품고 있지 않았기 때문이었다. 우리는 교육적 기록작업을 통해 교육공간에서 운동 속도를 줄이거나 올릴 수 있다. 아이들에게 지금 무엇을 하고 있는지 바로 묻고 이에 대해 대화하거나 작성한 기록작업을 그들에게 보여 줌으로써 우리는 운동 속도를 늦추고 아이들로 하여금 사건을 '역실현'하고, 자신들의 행동을 파악하고 새로운 의미를 만들도록 장려할 수 있다. 이것은 이어서 운동 속도를 빠르게 하고 새로운 사고나 체화의 탈주선을 만들어 준다.

내부작용 교육에서 교육적 기록작업을 사용할 때 두 운동에 관한 논의를 요약하면 다음과 같다. '수평적'이고 빨라지는 운동은 새로운 존재를 발명하고 창조하기 위해 필요한 매끄러운 공간을 만들고, 재연과 역실현의 '순환'하면서 느려지는 운동은 우리가 학습 사건의 구조적 조건과 그 두께와 다양성을 인지하는 데 반드시 필요한 것이다.

인지로부터 이어지는 것은 그다음 순간에서의 운동을 가속화한다. 따라서 '순환적' 운동은 속도가 빨라지는 '수평적' 운동과 매끄러운 공간의 창조를 위한 선(先)조건으로 작용한다. 이제는 습관적 사고에서 벗어나 새로운 것을 배울 것을 제안한다.

오리엔테이션 프로젝트: '방법론적' 운동과 그 실행의 예

The Orientation project: an example of the 'methodological' movements and their enactments

앞에서도 언급되었던 '오리엔테이션 프로젝트' 사례에서 4세와 5세 아이들을 만나게 될 것이다. 이 프로젝트는 아이들이 자신에게 가장 가까운 주변을 이해하고 그 속에서 혼자 길을 찾아가는 것으로, 1997년 봄 스톡홀름 남쪽에 있는 아커바젠스 유아학교에서 이루어졌다. 세 명의 교사들(수잔 헬름, 미카엘라 선드버그, 솔베이지 아켄트롬)이 5개월간 3세에서 5세 사이 21명의 유아에게 일일과제의 일부로 이 프로젝트에 참여하게 했다(Lenz Taguchi, 2000). 이들 중 5세는 두세 명을 제외하고는 대부분이 여아였고, 4세는 모두 남아였고 여아는 한 명이었다. 여기서의 논의는 네 집단의 아이들을 대상으로 한다. 첫 학습 사건에는 두 쌍의 아이들, 5세 남녀 한 쌍과 4세 남아 한 쌍이 참여하였고, 두 번째 학습 사건에는 네 명의 4세 남아 집단과 세 명의 5세 여아 집단이 참여했다.

내가 이 예를 채택한 이유는 이것이 교육적 기록작업을 활용한 학습 과정의 독창적이거나 창의적인 모범 사례여서가 아니다. 단지 이 프로젝트가 나의 박사과정 연구 프로젝트의 하나(Lenz Taguchi, 2000)로 자료 접근이 수월했기 때문이다. 그뿐만 아니라 공동 연구자로서 직접 이 프로젝트에 참여하여 일부 기록작업 및 모든 사진촬영을 수행하였다는 점은 이 사례에 대한 윤리적 논의를 쉽게 하기 때문이다. 이 프로젝트는 창조의 매끄러운 공간만큼이나 홈 파인 교육공간 내에서의 습관적인 행위들도 발견되는 일련의 복합적인 사건들로 구성되어 있다. 이 프로젝트에서 이루어지는 학습의 질에 대한 논의는 하지 않겠다. 그것보다 나의 목표는 이 사례를 통해 교육적 기록작업에 활용되는 내부작용 교육론과 그것의 이중 운동에 관한 나의 생각을 기술하는 데 있다. 여기서 아이들의 실명은 사용되지 않았다.

유아학교에서 집으로 가는 길 그리기: 5세 아이들

이 프로젝트에서 아이들은 다른 친구들이 어디에 사는지 알아보기 위해 21명 아이의 집으로 각각 걸어갈 수 있게 해 달라고 교사들에게 요청했다. 이에 따라 교사들은 아이들을 작은 집단으로 나누고 구두로 질문한 후, 종이에 답을 하도록 했다. 질문은 "집에 무언가를 놓고 왔다고 상상해 보자. 유아학교에서 집으로 가는 길을 설명해 줄 수 있겠니?"이다. 5세 아이들은 잊고 온 것을 찾으러 집으로 가는 동안 본 것을 상세하게 이야기했다. 그림을 그렸을 때는 먼저 유아학교부터 그리고 집으로 가는 동안에 본 길, 나무, 기타 등등을 그렸다. 그리고 마지막에 집을 그렸다.

모든 아이는 유아학교에서 집으로 가는 길을 설명하는 데 집중했고 잊고 온 물건들을 계속 추가했다. 그림 4.1을 보면, 올로프는 유아학교 마당에 있는 미끄럼틀을 기억하고 왼쪽에 그린 유아학교 옆에 그려 넣었다. 오른쪽 모퉁이에 그린 자기 집 밖에는 자기가 좋아하는 차를 그렸는데, 이 차는 가끔 집 밖에 세워져 있다고 했다. 안나는 자신이 지나간 카페와 식료품점을 그렸다. 그리고 집으로 가는 먼 거리를 그려 넣기 위해 종이를 돌려야 한다고 했다. 길이 실제로 그렇게 굽은 것이 아니라 종이가 모자라서 그랬을 뿐이라고 설명했다. 그림 가운데에는 집으로 가면서 봤던 큰 나무들과 울타리를 그렸다. 5세 아이는 둘 다 주변 환경에서 보고 주의를 끌었던 것들에 매우 집중했다. 올로프의 경우 지붕 타일에 매우 관심을 보였고 유아학교와 집의 지붕 타일을 그리는 데 큰 노력을 들였다.

여기서는 구조화의 파인 홈을 파악하면서 '순환적' 운동을 지연시키는 것과 속도를 늦추는 것에 대해 간략히 살펴보고, 이를 재연할 것

그림 4.1 올로프가 그린 왼쪽의 유아학교와 오른쪽의 자기 집

이다. 그리고 그림 4.1을 포함해 현재 갖고 있는 매우 제한된 정보로 물질-담론적 내부작용을 찾고자 한다. 교사들의 질문과 질문에 대한 임의적 해석의 관점에서 이 사건을 재연(re-enact)한다면, 아이들은 질문에 담긴 우리 교사들의 가정과 친구들의 요청사항에 적절히 반응한 것으로 보인다. 즉, 아이들은 교사의 기대가 반영된 코드를 알아차렸고, 프로젝트의 의의와 자신이 그린 그림이 향후 '지도'로 사용될 수 있음에 대해 잘 인식하고 있었다. 그 방의 교육적 공간은 아이들 자신이 생각하는 것, 보거나 관찰한 것에 대한 그림을 그리도록 요청받을 것이라는 기대로 홈이 파여 있었다. 이는 예전에도 이 유아학교의 다른 프로젝트에서도 많이 이루어진 것이었다.

5세 아이들은 이미 그리기에 능숙했다. 아이들은 교사가 자신들을 아틀리에로 불렀을 때 이 안전한 습관적 행동을 기대했기에, 아마 어떤 문제에 대해 이야기한 후 그림을 그리게 될 것이라는 점을 미리 알고 있었다. 아이들은 이 교육적 공간 내에서의 해당 프로젝트와 관련한 이 상황의 담론적 부호화와 은밀하게 내부작용하였으며, 평온하고 안전한 아틀리에에서 먼저 이야기하고, 후에 그림을 그리는 홈 파인 습관적 행동도 나타냈다. 이뿐만 아니라 아이들은 탁자 위에 있는 녹음기나 사진촬영에도 익숙했고 편안해 했다. 교육학 과제의 여느 반복적 행위가 그러하듯, 탐구 프로젝트에서의 반복행위와 습관은 교육적 공간에 특정한 식으로 홈 파인 구조적 조건을 형성한다(문제는 공간의 홈 파임 여부가 아니라 파인 홈을 건드릴 수 있는지와 탈주선과 새로운 창조가 가능한지의 여부임을 분명히 하고자 한다).

유아학교에 가면서 무엇을 보았는지 이야기할 때 사용되었던 담론적 의미 부여와 부호화는 사용 가능한 물질과 구조적 시공간의 조건과 내부작용하였다. 아이들은 자신들에게 주어진 크거나 작은 종이에 끝이 가는 컬러펜으로 너무 두껍지도 가늘지도 않은 뚜렷한 선 그리기를 좋아했다. 종이는 고품질로 펜의 잉크를 잘 흡수하였고, 펜과 종이는 내부작용함으로써 선을 만들어 냈다. 이뿐만 아니라 펜과 종이는 그림을 그리는 동안 담론적 정보를 갖고 있거나 입력된 아이들과의 손과도 내부작용하였다. 대부분 모든 아이가 더 큰 종이를 골랐으나 그림이 계획한 대로 종이에 '다 들어가지는' 않았다. 안나는 집으로 가는 길을 '다 그려 넣기' 위해 종이 뒷면으로 도로를 '구부려' 뒷장으로 넘어가야 했다. 무엇을 그리며, 어떤 크기로, 종이 여백은 어떻게 할까 하는 안나의 생각은 안나가 종이의 크기와 한계에 '복종'하고 '굴복'하는 방식으로 내부작용했다. 아이들은 '지도'라는 개념 그리고/또는 '유아학교 오는 길'을 종이 한 장에 실현화함으로써 자신들이 생각하는 '지도'의 모습을 탐구한 것이다.

이 상황에서는 해독과 재부호화하려는 행동이나 '탈주선'을 쫓아 떠나는 행동을 찾기가 어렵다. 반대로 이 상황은 사건에서의 복종적이고 습관적인 특성과 관련하여 해독이 필요하다. 뒤에 가서 보듯이, 아이들의 학습 사건들이 덜 복종적이고, 덜 습관적이고 기대하지 않았던 방향으로 나아감에 따라 해독과 재부호화는 후에 일어난다. 그러나 이 논의를 하기 전에, 동일한 질문(유아학교로 오는 길에 대해 얘기하고 그리기)에 대한 4세 남자아이들의 다른 학습 사건부터 살펴보겠다.

4세 아이들은 펜을 타고 종이 위를 달린다

이 집단의 4세는 모두 남아였다. 교사 한 명이 이 쌍(pairs)과 작업하면서 동일한 질문을 건넸다. "집에 무언가를 놓고 왔다고 상상해 보자. 유아학교에서 집으로 가는 길을 설명해 줄 수 있겠니?" 앤더스와 에릭은 둘 다 집으로 가는 길을 말로 설명하는 데 어려움을 느끼는 것처럼 보였다. 앤더스는 교사에게 자기가 살고 있는 곳을 이미 아는데 왜 이러한 질문을 하느냐고 묻고는 "우리 집으로 바로 가면 되겠네요."라고 간단하게 답했다. 그의 친구 에릭은 깔깔대고 웃으며 "오른쪽으로나 왼쪽으로 꺾지 않고 똑바로 쭉 가라는 거야?"라고 물었다. 이에 앤더스는 "응, 똑바로 가다 보면 노란 집에 도착할 거야. 그게 바로 우리 집이야!"라고 대답했다. 교사는 가는 길에 볼 수 있는 다른 집들이나 다른 사물들에 대해 물어봤으나 앤더스는 '아니오'와 '몰라요'로 주로 대답하면서 이어지는 모든 질문을 조심스럽게 피했다. 교사가 이번에는 에릭에게 이것저것을 물었는데, 그의 특이한 답변들 때문에 두 아이는 신이 나서 웃음이 멈추지 않았다. 에릭은 놓고 온 검을 가지러 가기 위해 잠겨 있는 현관문 대신 열려 있는 창문으로 들어가는 방법에 대해 꽤나 복잡한 이야기를 들려주었다. 에릭은 이야기를 하면서 매우 즐거워했고 친구도 에릭의 이야기를 들으며 재미있어 했다.

그림을 그려 보라는 요청에 두 남자아이 모두 크기가 더 큰 종이를 골랐고 바닥에 배를 대고 누워 열심히 그리기 시작했다. 앤더스는 자기 집을 먼저 그리고, 그다음에 집까지의 일직선 길을 그렸다. 그는 집에 오는 길에 지나쳤던 또 하나의 집을 멀리 떨어뜨려 그렸는데, 에릭이 이를 보고 등대 같아 보인다고 했다. 에릭의 이 말에 신이 난 둘은 그림에 등대들을 더 추가했다. 그러고는 온갖 종류의 소리를 내고 깔깔거리면서 신나게 이야기하기 시작했다. 교사가 아이들에게 집으로 가는 길에 등대를 정말 볼 수 있는지 묻자 앤더스는 매우 진지한 말투로 등대는 멀리 떨어진 항구에 있는 것이라고 대답하고는 계

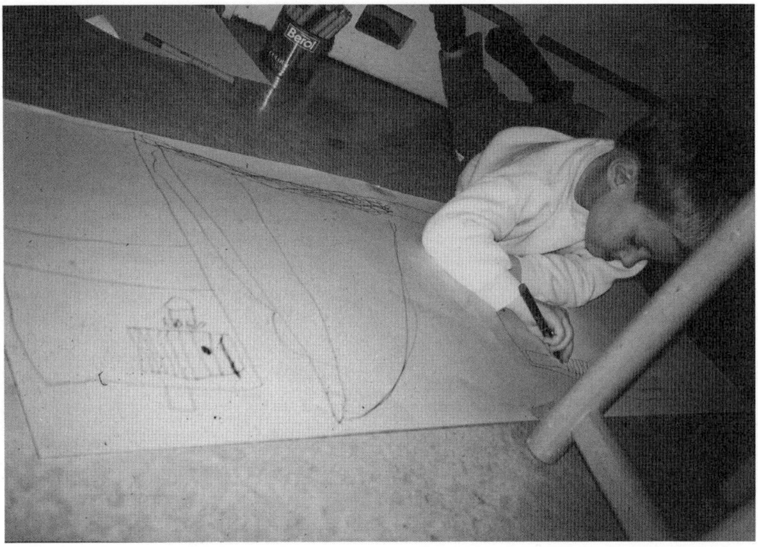

그림 4.2 바닥에서 그림을 그리는 에릭

속해서 열심히 그림을 그렸다. 교사는 각자의 그림에서 유아학교는 어디에 있냐고 물었는데, 앤더스는 마치 새로운 문제에 봉착한 듯 그림 그리기를 멈추더니 유아학교는 나무가 많은 곳을 지나 멀리에 있다고 말했다. 앤더스는 유아학교를 그리려면 한 장의 종이가 더 필요하다는 것을 알아차린 것 같았다. 그는 처음 그렸던 큰 종이에 작은 종이를 테이프로 붙이고는 인도를 걸을 때 나는 발소리를 내면서 나무를 더 그리기 시작했다. 그리고 잠시 멈추더니 종이 한 장을, 그리고 또 한 장을 테이프로 이어 붙였다. 바닥에 있는 앤더스의 그림은 매우 길어졌다. 한편 에릭은 집을 그린 후에 바다와 섬을 그리고 등대도 몇 개 추가했다. 그런 후 굴뚝에서 연기가 나오는 집의 지붕 위에 배를 그렸다. 에릭도 종이 한 장이 더 필요했는데, 첫 장과 같은 크기의 것으로 골랐다(그림 4.2). 그는 배 하나를 또 그렸는데, 밑에 롤러스케이트를 달고 있어서 물 위에 있지 않을 때는 길 위를 굴러갈 수 있다고 설명했다. 그는 펜으로 종이에 그 움직임을 그리고 입으로 속력을 냈다 줄였다 하는 소리를 내면서 배가 길 위를 뱀처럼 이리저리 왔다 갔다 하는 것을 보여 주었다. 아틀리에라는 공간 내에서 이 이야기가 종이 위의 선으로 또 격렬한 소리와 몸짓으로 나타나면서 아이들은 매우 즐거워했다.

이 4세 남자아이들은 주어진 질문에 말이나 그림으로 대답하는 데 있어 전에 부호화된(pre-coded) 것에 영향을 덜 받은 방식으로 반응하는 것 같았다. 아이들은 마치 교사의 질문과 관련하여 언어와 시각적 기대로 코딩된 이 교육적 공간 내부의 홈에 굴복하지 않은 것처럼 보였다. 아이들의 반응 방법은 자신들의 방식으로 질문을 재부호화한 것으로 이해할 수 있겠다. 즉, 재부호화로 인해 아이들이 유아학교에서 집으로 가는 길에 대한 사실적인 표상으로부터 탈주선을 타면서 그들의 상상력을 발휘할 수 있게 한 것이다. 이는 앞의 5세 아이들에게 일어났던 일과는 흥미로운 대조를 이룬다. 유아학교에서 집으로 가는 길에 관해 말하고 그림을 그리라는 교사의 요청에 앤더스와 에릭이 반응하면서 어떤 사건들이 일어난 것인가? 이 둘은 서로 자신들의 상상뿐 아니라 손에 쥔 펜과 종이와도 사이-내부에서 내부작용한 것으로 보인다. 그림 그리기에서 앤더스와 종이의 내부작용은 '순종하기'와 한계, 그리고 경계선을 지키는 것에 관한 것이 아니었다. 그보다는 집으로 가기 위해서 수많은 나무를 지나쳐야 한다는 것을 이야기하는 동안 종이 한 장을, 그리고 또 한 장을 추가함으로써 자신의 그리기 공간을 넓혀 가기로 한 것이다. 집으로 가는 길은 점점 더 길어졌고, 바닥 위에 길게 연결된 종이로 구조화된 그림으로 실현되었다. 앤더스는 말하기와 그림 그리기의 중계점에 존재함으로써 문제가 발생할 때마다 이를 해결해 나갔다.

펜 끝과 에릭의 상상 사이-내부에서 발생한 내부작용으로 이 사건을 본다면, 젖은 잉크가 종이에 흡수되면서 롤러스케이트를 달고 있는 집에 대한 이야기가 떠오른 것 같아 보이며, 롤러스케이트를 단 배의 속도가 올라가는 운동이 명확한 선으로 실현된 것이다. 그는 이 이야기를 하는 동안 말 그대로 길 **위에**(*on*) 있었다고 할 수 있다. 그는 길을 그리면서 자신의 펜과 **일체화**(*becoming-with*)되는 과정에 있었다. 잉크, 단어들, 상상력, 아이들의 신체는 수많은 전환점을 지닌 이 일련의 작은 창조적 사건들 속에서 내부작용한 것이다. 홈 파인 공간 안에서 행해진 교사들의 질문은 오히려 그 운동에 속도를 가했고 때때로 전환점을 발생시켰고, 이로 인해 또 다른 사건이 발생했다. 이러한 방식으로 바다의 등대들 사건은 앤더스의 집으로 가는 길게 연결된 직선도로를 따라 있는 나무들을 지나쳐 가는 사건이 되었다.

아이들의 종이, 펜, 손 그리고 상상력은 일체화되어 무엇이 무엇이었고, 무엇이 먼저고 무엇이 나중인지를 판별할 수 없게 된다. 이 사건을 내부작용적 관점, 즉 말로 표현되지 못한 무언의 관점인 종이, 펜, 아이들이 누워 있던 바닥의 관점에서 볼 때 우리는 이 사건들이 교사의 입장에서 통상적으로 관찰했을 때와는 꽤 다르다는 것을 알게 된다. 우리는 통상 이러한 사건을 성숙성, 인지 및/또는 사회적 발달단계의 측면에서 해석하고, 이들 4세 남자아이가 부여된 과제에 집중하거나 수행할 수 있는지 여부를 평가한다. 그러나 이와 달리 행동과 사고의 과정에 즐거움, 상상, 그리고 질료가 **중요한** 요소인 곳에서 창의적이고 창조적인 내부작용이 발생한다는 점을 알 수 있다.

습관적인 발달적 사고를 얘기하고 실현하는 교사들

우리 교사들은 이미 일어났던 일을 어떻게 이해할 것인가에 대해 토의하고 기록작업을 연구하기 위해 만나기로 했다. 즉, 아이들의 그림을 살펴보고, 녹음된 테이프들을 들어 보고, 우리가 글로 쓰거나 그림으로 그린 관찰 기록작업들을 읽어 보기로 했다. 그리고 이미 일어난 일들을 토대로 다음에 할 일을 계획해야 했다. 그림을 우리 앞에 죽 펼쳐 놓고 우리가 보고, 읽고, 들은 것을 처음에 어떻게 이해했는지에 관해 생각해 보기로 했다. 먼저 스스로에게 매우 간단한 질문을 했다. 예를 들어, 교사가 질문했을 때 아이들이 어떻게 반응하였는가 등이다. 곧바로 아이들 두 집단 간의 비교가 시작되었다. 여자아이가 대부분이었던 5세 아이들은 자신들에게 요청된 바를 정확히 아는 듯 했다. 우리는 아이들이 지도로 사용될 수 있는 '적절한' 그림을 그렸다고 결론지었다. 이에 반해, 4세 남자아이들은 교사들의 질문이나 유아학교와 집 사이에 있는 길에 대해 전혀 관심이 없던 것으로 이해했다. 아이들의 대답은 변변치 않았고 그림 그리기도 집으로 가는 길보다는 그들이 상상한 다른 이야기로 차 있었다. 게다가 두 아이는 유아학교에서 출발하여 집에 놓고 온 것을 가지러 간다는 관점이 아니라 아침에 집에 놓고 온 것이 무엇이었는지에 관한 생각에 완전히 빠진 채 자기 집에서 출발하는 관점으로 그림 그리기를 시작했다.

첫 회의에서 우리는 남자아이들의 창의성과 창조성은 간파하지 못한 채 그들의 행동을 이해하려 했다. 안타깝게도 이러한 행동은 통상적으로 일어나는 일이다. 우리는 수평적 운동에 대해 잊어버리거나 그것을 어떻게 찾아내는지 모른다. 공간이 매끈해지는 이 수평적 운동은 종종 일어나지만 우리는 이를 보거나 알아채지 못하고 이에 어떻게 더 도전하는지 모른다. 습관화된 사고와 당연하게 받아들여 온 발달주의 이론에 매달려 우리는 4세 아이들은 우리의 질문에 제대로 답하거나 주어진 문제에 계속 집중하기에는 아직 성숙하지 못했을 것이라고 추측했다. 그리고 결과에 별로 놀라지도 않았다. 우리는 이 아이들이 남자아이라는 이유로 보통의 4세 아이에게 기대되는 것보다 덜 성숙하다고 생각했다. 아마도 이 아이들은 가까이 있지 않은 것에는 집중하지 못하는 것이 아닐까 하는 생각도 해 보았다. 겨우 4세 아이이므로 아직 부모와 가정환경에 많이 의존하는 것은 아닐까 하는 추측도 했다. 그래서 그들이 집부터 그리기 시작한 것은 아닐까? 우리는 길에 관해 이야기하거나 그려 달라는 요청은 이 아이들에게는 그저 '너무나도 어렵고 수준이 높은' 것이라고 결론지었다. 따라서 이 4세 남자아이들은 단지 인지발달 면에서 아직 너무 미성숙하기 때문에 공간적, 개념적 추상화를 하지 못한 것이다. 이뿐만 아니라 이 아이들은 여전히 너무 자기중심적인 것이다. 즉, 그들 나이에서는 아직 선천적이고 자연스러운 자기중심성에서 벗어날 수 없는 것이다.

위에서 이루어진 첫 번째 분석에 따라 우리는 다음과 같이 하기로 결정했다. 4세 아이에게 가장 가깝고 바로 인접한 환경인 집 안이 어떻게 생겼는지 이야기하고 그리도록 한다. 한편, 5세 아이에게는 이 다음 단계 과제로 아틀리에 바닥에 놓인 여러 가지 물질을 이용하여 집으로 가는 길을 만든다. 즉, 이 시점에서 우리는 속도를 늦추는 '순환적' 운동의 재연을 통해 역실현화하는 것과 우리 자신의 사고와 내부작용을 확인하고 있지 않았다. 오히려 우리는 우리의 습관적 사고를 확인하고 재확신하고 있었는데 발달심리학과 젠더에 대한 고정관념에 따라 연령과 무관하게 남자아이들은 여자아이들보다 일반적으로 더 어리다고 생각해 온 습관적 사고를 확인하고 재확신하고 있었다. 우리는 **왜** 우리가 이 사건을 다른 방식이 아닌 이 방식으로 분석했는지에 대해 스스로 묻지도 않았다. 속도 늦추기를 하는 대신 우리는 다음에 해야 할 일을 정하는 데에만 급급했다. 그러나 이어 일어난 일은 우리가 속도를 늦추고 우리의 첫 분석을 재연하고 역실현하고 부호를 해독하도록 도와주었다. 이는 어쩌면 아이들이 예상치 못한 것들을 창조함으로써 우리를 **위해** 이전의 사건들을 역실현해 준 것일 수도 있다.

일은 종종 우리 예상대로 되지 않는데 …

그러면 이어진 학습 사건들에서는 무슨 일이 일어났을까? 간단히 말해 예상했던 것과 정반대의 일이 일어났다. 요약하면, 세 명의 5세 여자아이들은 우리가 기대했던 도로가 아니라 그들의 집과 주변 집들을 지었다. 그리고 네 명의 4세 남자아이들은 요청받은 대로 집의 구조를 그린 것이 아니라 집 주변의 도로들을 바닥 위에 만듦으로써 사건을 뒤집었다. 그림 4.3은 여자아이들이 바닥에 얼마나 열심히 집을 짓고 집 내부 배치 작업을 하였는지 보여 준다.

우리의 계획과 정반대로 나타난 4세 남자아이들과 5세 여자아이들의 행동은 그 자체로 첫 번째 학습 사건의 역실현인 것이다. 이 사건에는 첫 번째 학습 사건에 참여하였던 아이들도 일부 있었다. 우리가 두 번째 학습 사건에서 본 바로는 4세 아이들은 도로체계에 매우 큰 관심을 갖고 바닥 위에 거의 완벽한 도로망을 만들었다. 우리는 여자아이들이 집 짓기를 계획하고 가상놀이를 하고 몇 시간 후에는 집짓기와 관련된 연극을 하면서 열의와 즐거움을 보이는 모습을 놓치지 않았다. 어떻게 이런 일이 일어났을까?

4세 남자아이들은 요청된 대로 각자의 집 그림에 대해 이야기를 나누었다. 아이들은 집이나 아파트의 윤곽을 그리는 데 있어 서로 매우 다르고 특이한 방식을 보여 주면서 이 토론에 매우 진지하게 임했다. 그러나 가장 큰 관심을 불러일으킨 것은 창 밖에 보이는 것—이웃하는 집과 집 사이를 연결하는 도로들이 무엇인가 하는 질문이었다. 이때야 말로 이야기된 것, 생각된 것, 앞에 놓인 구체적인 물질들로 만든 것들 사이-내부에서 내부작용이 폭발하는 순간이다. 이어지는 사건은 종이, 블록, 다른 물질들 간의 내부작용으로 새로운 의미가 만들어지는 강렬한 작업이 된다.

남자아이 한 명이 만일 자신이 창문에서 뛰어내린다면 자기 집 마당 또는 옆 집 마당에 떨어질지 아니면 가운데 울타리에 걸릴지에 대해

그림 4.3 자신들이 만든 것에 대해 토의하는 안나, 에바, 쟈넷

장난으로 상상하기 시작하면서 사건의 전환이 촉발되었다. 이것은 앞의 첫 번째 사건과 직접 연관된다. 남자아이 중 한 명이 집에 들어가기 위해 창문으로 올라갔다가 다시 창문에서 뛰어내려야 한다고 했다. 남자아이들은 깔깔거리면서 창문에서 날아서 나와 마당과 옆 집들과 길들을 가로질러 가는 것을 묘사했다. 이 순간 아이들은 모두 상상 속으로 뛰어든 것 같았다. 앞에 있는 탁상 위에 놓인 집의 구조에 대한 준비된 대화로부터 아이들을 탈출시킨 **탈주선**인 것이다. 교사는 이를 지켜보며 조용히 다음에 일어날 일을 기다렸다. 이 사건에서 남자아이들은 협동하여 새로운 관심 과제를 만들어 냈다. 새처럼 위에서 날면서 본다면 우리 동네는 어떻게 보일까?

이것은 며칠 전 이들에게 주어졌던 유아학교에서 집으로 가는 길에 무엇을 볼 수 있는지에 대한 질문과 관련하여 중요한 전환점이 되었다. 이 질문은 '오리엔테이션 프로젝트'가 아이들과 교사들의 모든 말과 행동에 서서히 스며들기 시작한 유아학교의 교육적 공간 내에 남아 있었던 것이다. 첫 번째 사건의 연장으로, 그리고 새로운 물질들과의 밀접한 내부작용으로 인해 새로운 질문을 갖춘 또 하나의 사건이 발생했다. 누군가 질문하기 시작했다. 내 바로 옆에 사는 사람은 나의 이웃인데, 그럼 몇 집 떨어져 사는 사람도 이웃일까? 이웃이라고 하려면 어느 정도까지 멀리 떨어져 살아야 할까? 또 다른 길에 사는 사람도 이웃이라고 할 수 있을까? 남자아이 하나가 자신의 생각을 보여주기 위해 선반에서 쌓기 블록 몇 개를 집었다. 잠시 후 남자아이들은 바닥에 도로와 집 단지(네트워크)를 짓기 시작했다. 그림 4.4는 짓기 작업이 막 시작되었음을 보여 준다.

이 두 번째 세션 이후 우리가 나눈 토론에서는 우리가 있는 교육적 공간이 아이들의 인지적 발달과 사회적 발달과 관련하여 그간 당연시해 온 사고들로 홈 파였다는 것에 다들 즉각 동의했다. 아이들은 우리가 지켜보는 앞에서 이전에 했던 것에서 벗어나 그것을 또 다른 무언가로 변형시키는 새로운 사건을 시작했다. 그 공간은 가득 차게 되었고 이미 일어났던 것과 일어날 수 있는 것들의 잠재성을 '품게' 되었다. 우리 교사는 4세 아이들이 집 주변에 대한 전반적인 이미지를 형성할 수 있다는 가능성을 배제해 왔다. 발달론적 관점에서 보더

그림 4.4 자기 동네를 만들기 시작하는 남자아이들

라도, 확실히 이 남자아이들은 우리 생각보다 훨씬 '추상적인(abstract)' 방식으로 사고할 수 있었다. 또한, 아틀리에에 있던 물질들이 아이들의 상상과 이론화와 내부작용하는 중요한 행위주체적 특성을 갖고 있음을 알 수 있었는데, 아틀리에에 있는 사물과 물질들은 아이들의 사고와 행위와 내부작용하면서 새로운 중요한 전환점들을 만드는 행위주체적 도구로 사용될 수 있었다. 이러한 새로운 사건들에서 행동, 사고, 학습의 새로운 가능성이 열린 것이다. 이러한 가능성은 남자아이들이 집에 대한 그림과 계획을 토론하고 있었던 더 홈 파인 공간에서 '수평적' 운동으로 속도를 내어 갈 때 나타났다. 교육적 공간이 이전의 파인 홈들로부터 벗어나게 된 것이다.

세 명의 5세 여아 집단의 경우 교사는 아이들이 '착하게' 행동하거나 기대하는 바대로 행동하는 것을 방지하기 위해 아주 다양한 종류의 물질/재료를 사용하도록 내버려 두기로 했다. 이 세션을 계획하면서 교사는 첫 세션의 결과는 여자아이들이 그저 여성으로서 적합하게 행동하고 교사 마음에 들기 위해 노력한 것에 따른 결과로 생각한다고 말했다. 즉, 교사는 아이들이 첫 세션에서 구성된 안전하지만 성적 편향으로 심하게 홈이 파였을 공간에 머물지 않기를 원했다. 그는 아이들이 예상하지 못한 발명이 가능한 수평적이고 더 매끈하고 더 빠른 공간으로 속력을 내어 이동하기를 원했다. 이것은 교사가 세 명의 5세 여아와 할 그다음 작업 계획과 관련한 분석으로, 새로운 가능성들을 탐색하기 위한 해독과 파인 홈을 확인하는 속도 줄이기 운동으로 이해될 수 있다. 그는 늘 있던 선반에서 재료/물질들을 꺼내 놓음으로써 여러 다양한 재료/물질이 풍부한 상황을 마련하고자 했다.

이러한 계획은 원하던 효과를 얻게 되었다. 여자아이들의 상상력이 폭발한 것이다. 그들의 놀이는 확장되어 유아학교의 다른 방에 있던 물질들까지 모아서 사용하기에 이르렀다. 그들이 만들어 낸 것은 다양한 물체와 물질로 꾸민 여러 개의 방을 가진 복잡한 구조의 집들이었다. 그들은 집 안에서 복잡 미묘한 줄거리와 주로 자기끼리의 언쟁으로 이루어진 발전된 이야기로 가상놀이를 하였다. 그들의 놀이는 온종일 지속되었으며, 나중에는 다른 아이들도 초대하여 자기들이 만든 집들을 보여 주었다.

창조의 수평적 운동에 속도가 붙을 때는 그 동력이 강력하다. Grosz가 지적하듯이 이 힘은 의도나 의지가 없기 때문에 **비인간적**(*inhuman*)인 것으로 이해되어야 하나, 힘을 움직이고 계속 진행하게끔 하는 것은 감응(affect)이다. Grosz는 다음과 같이 말한다.

> 즐거움과 고통은 세상의 힘에 대한 신체의 기록작업이다. 즉, 더 나은 것과 다른 것이 되기 위해 갖고 애쓰고 맞서는 힘의 본능적 충동이다. 그것은 학습에 있어 가장 강력한 보조제이고, 행동을 위한 가장 직접적이고 효과적인 자극제로서 힘의 확장을 가져온다.
>
> (2005: 190)

게다가 그 절차에서 가장 중심이 된 것은 교사가 작성한 기록작업에 여자아이들이 뜨거운 관심을 보인 것이었다. 교사는 책상에 앉아 아이들을 관찰하면서 본 것을 그리고 옆에다 의견을 달고 있었다. 여자아이들은 기록작업이 만들어지는 동안 그것을 확인하러 수시로 왔다 갔다 했다. 아이들은 기록작업을 비교하고 정정하거나 그에 맞추어 자신들의 집 구조물을 수정하기도 했다. 그들은 종종 교사에게 그가 쓴 내용을 크게 읽어 달라고 했는데, 이에 웃거나 의견을 내고, 방금 들은 것을 토대로 새로운 이야기를 만들어 내기도 했다. 즉, 아이들은 그들의 학습과 놀이의 과정에서 기록작업이 행위주체성을 가진 마치 살아 있고 변화하는 물질인 것처럼 그것과 내부작용했다. 기록작업은 바닥에서 일어난 사건들을 종이 한 장 위에 실체화하고 '평평' 해지도록 하였고, 아이들의 협동놀이에서 그다음에 발생할 것과 집중적으로 내부작용했다(그림 4.5 참조).

이 과정은 사건을 재연하고 방금 일어난 것을 반대로 해석하고 일어나고 있는 일에 대해 의견을 내기 위해 한편으로는 창의적인 협동과정의 운동 속도를 늦추거나 지연시켰다. 이렇게 속도를 늦추는 운동이 지닌 창조적인 특성은 동시에 다음 순간의 운동 속도를 높이는 새로운 도약이나 사건의 전환점이 되었다. 아이들 간의 이견이 협상을 통해 합의에 이르렀을 때도 이는 새롭게 발생하는 사건을 변형시켰다.

뒤따르는 대화에서 우리는 기록작업의 중요한 역할과 그것이 물질성과 존재감을 통해 놀이와 학습시간 중에 나타난 학습 과정에서 어떻게 그토록 강한 행위주체성을 발휘할 수 있게 되었는지 한참 토론했다. 기록작업은 실제로 과정 중에 수행적 행위주체가 되어 집 짓기 놀이에서 여자아이들의 그다음 운동에 영향을 주었다. 우리는 새로운 방식에서 기록작업이 아이들에게 얼마나 중요한지 깨닫게 되었다. 만일 교사가 기록작업을 위해 그렇게 큰 종이를 사용하지 않고 작은 공책을 사용했더라면 동일한 사건들이 일어나지 않았을 것이다. 그렇다면 우리는 어떻게 해야 처음에 생각했던 것보다 더 강한 행위주체성을 지닌 앎의 도구로서 기록작업을 할 수 있을까? 이 예는 기록작업이 단순히 재연의 '순환적' 운동과 '수평적' 운동인 창조적 사고를 교사들만 하기 위한 것이 아니라 다른 무엇보다도 아이들이 활용할 앎의 도구(tool)이자 기구(apparatus)라는 점을 분명히 보여 준다. 따라서 기록작업 과정은 발생 중인 학습 사건 안에서 중요한 피드백의 순환을 가능하게 함으로써 운동 속도를 올리거나 늦출 수 있게 한다.

우리는 이어 우리가 가진 모순된 성적 편향에 대해서도 토론했다. 남자아이의 행동이 일반적으로 더 미성숙하다고 본 우리의 부호화가 얼마나 문제가 될 수 있는지 알게 되었다. 한편으로 그다음 사건에서 남자아이들이 바닥에 동네를 만든 것을 보고, 남자아이는 기술적인 것에 더 관심 있다고 이해한 것도 문제로 보았다. 심지어 우리는 여자아이와 비교하여 남자아이에게 더 유머러스한 자질이 있는 것으로도 보았다. 여자아이의 행동에 대해서는 주어진 일에 더 충실하고 타

그림 4.5 기록작업을 읽으며 기록작업과 내부작용하는 여자아이들

인을 기쁘게 하고 싶어 하며, 사회적 놀이에 참여하는 반면 기술적인 구성에 참여하는 경향은 덜하다는 선입견을 갖고 있었다. 여자아이가 아주 많은 물질을 사용하려고 적극적일 때도, 우리는 집에 대한 개요와 계획들을 수립하면서 역할놀이를 시작하려는 전형적인 여자아이다운 행동이라고 보았다. 여자아이가 한 행동을 우리가 어떻게 이해했는지와는 무관하게, 여자아이에 대한 이해는 남자아이에 대한 것과 비교하여 항상 그 가치가 덜해 보였다. 성적 구조에 기반한 당연시된 권한의 생성에 맞서기 위해 이러한 부호화(coding)를 멀리할 필요가 있다.

그러나 우리 사고에 박힌 이러한 이분법적 체계를 다르게 해석하며 역실현할 때, 비로소 여자아이가 발전된 수준의 건축물을 짓는 동시에 이 건축물에서 하게 될 연극을 협력적으로 구성했음을 간파하게 된다. 아이들이 서로 내부작용뿐 아니라 발생하는 이야기 줄거리, 건축 물질들, 그리고 교사가 제작하는 기록작업과도 내부작용함으로써 여자아이들은 해석, 해독, 재부호화, 창조와 발명이 뒤섞인 복합적인 과정에 임하고 있던 것이다. 우리는 여자아이들의 행동에서 잠재력을 즉각적으로 파악하지 못한 것에 대해 스스로 부끄러움을 느꼈다. 여자아이들과는 반대로 요청받지 않았는데도 바닥에 도로망을 구축하는 남자아이들은 그러한 것에 타고난 흥미를 갖고 있을 것이라는 생각과 함께 '꼬마 엔지니어들'이라고 부르며 그들의 영특함을 강조하였다.

결론 In Conclusion

다수의 질료 사이-내부에 내부작용하는 작인적 개입을 위한 공간은 예상 결과를 가지고 미리 계획할 수가 없으며, 유사한 사건들과 유아 집단을 대상으로 한 예전 경험에서 도출된 계획을 통해 서로 다른 방식으로 대비하고 기대할 수 있다. 우리는 아이들과의 학습 시도를 위한 계획을 세워야 한다. 미리 계획하되 항상 긴장하고 필요할 경우 그 계획을 즉각 변형시키거나 포기할 줄도 알아야 한다. 우리는 종종 그냥 물러서서 그다음에 무엇이 일어날 것인지를 지켜보기만 해야 한다. 방금 발생한 탈주선을 따라 달아나는 것을 참고하여 활용하는 것도 생각해 볼 수 있다. 이러한 이유로 교육적 공간 안에서 운동 속도를 줄이고 지연시키는 것은 때로는 매우 중요하다. 그리고 이 상황에서 기록작업이 중요한 행위주체적 힘이 되는 것이다. 그것은 이 특정 공간에 파인 홈들을 인지하는 데 도움이 됨으로써 우리의 담론적 의미 만들기와 그것이 교육적 공간 안에 있는 다른 물질들과 어떻게 내부작용하는지를 해독하고 재부호화할 수 있게 한다. 이는 운동 속도를 다시 높여 줌으로써 우리로 하여금 새로운 창조적 방식으로 생각할 수 있게 한다.

CHAPTER 5

유아교사교육의 이분법적 실제 넘어서기

Going beyond binary practices in early childhood teacher education

> 사회적 관계로서 교육은 매우 가까이에 있다. 그것은 바로 그 곳, 즉 우리 머리와 몸, 가슴, 우리 자신의 감각 속에 그리고 세계의, 타자의, 또한 이 모든 영역의 가능성과 불가능성 속에 있다. … 그것은 관계이다. 그것은 삶, 배움에 대한 열정과 더욱 폭넓은 사회적 역동성을 조성하고 해체한다.
>
> (Ellsworth, 1997: 6)

이 장과 다음 장에서는 일반적인 고등교육에서, 더 구체적으로는 교사교육에서의 이분법적 실제(binary practices)를 넘어서는 것이 어떻게 가능한지 밝히고자 한다. 여기서 말하는 이분법적 실제란 무엇인가? 나는 우리에게 친숙한 의미의 '실제'에 관한 것뿐만 아니라 수학, 읽기와 쓰기, 역사, 생물, 미술, 체육, 스포츠, 예술 등과 같은 이론적 혹은 실제적 과목에서 학습 내용과 기술이 서로 분리되어 있는 것을 이분법적 실제라고 일컫고자 한다. 지난 100년 이상, 교육 분야에서는 아동 및 학생의 삶과 실무 경험을 어떻게 연관해야 하는지와 학생의 다양하고 서로 다른 지식과 기술, 능력을 어떻게 연관시키고 강화해야 하는지에 관한 융합학문적 혹은 학제적인(trans-or inter-disciplinary) 교수방법을 논의해 왔다(Dewey, 2004; Gardner, 1985). 그러한 학제적 교수학습 전략들에 대한 개발이 실패한 가장 주요한 이유는 교육에서 우리의 사고를 지배하는 것으로 보이는 이분법적 구분 속에 있는 복잡한 힘의 관계 때문이다. 이러한 구분은 서구 계몽주의 시대와 관련된다(Ball, 1994; Bauman, 1991; Hekman, 1990; Readings, 1996).

우리가 넘어서고 극복해야 할 이 교육실제의 문제는 단순한 이론과 실제에 대한 구분이 아니다. 이론은 체화된 지식이나 실제적 지식보다는 더 높은 가치에 대한 자기 증거에 가깝다. 게다가 더더욱 다루기 어려운 문제는, 같은 권력 관계 속에 있는 몇몇 다른 이분법적 구분들인데, 마음/몸, 지성/감성, 객관/주관, 과학/미학 등이 그것이다. 우리는 마치 양자택일을 해야 하는 사고의 함정에 빠진 것처럼 보인다. 우리는 하나의 정의를 선택하면 다른 것들은 배제해야 하는 것인 양 매번 교육과 관련되고 우리가 적용해야 할 실제에 대한 이분성을 논한다. 이러한 이유로 우리는 그동안 생물학을 수학과 분리하는 것과 같은 지속적인 분리의 기술을 실행해 왔다. 그러나 지금 우리에게 필요한 것은 다른 방식으로 사고하는 방법이며, 이러한 이분법적 구분들을 넘어서는 것이고, 교육실제를 발전시키는 것이다. 춤을 추고 그림을 그리는 것이 수학적 계산과 지성적 판단을 요구하는 것처럼 우리가 어떻게 수학적 문제를 푸는지, 어떻게 종이 위에 문장과 단어를 구성하는지에 대한 이해가 바로 실제적으로 체화된(practical embodied) 미학적 활동이다. 우리는 학습실제를 기록함으로써 흔히 손 작업이라고 생각하는 종이에 수학적 상징을 쓰는 활동과 인지적이며 담론적 활동(discursive activity) 사이의 상호 연관성과 내부작용(intra-activity)을 파악할 수 있다. 이것은 **상호 의존이 뒤얽힌 과정 속**

에서 종이 위에 수치나 도표로 실제화된다. 따라서 우리는 지성과 몸이 서로 분리되지 않는다는 것을, 그것들이 상호 의존 상태 속에 존재한다는 것을 가시화할 수 있다. 우리가 지성과 몸 사이의 이러한 상호 의존과 상호 연관성을 알 수 있다면, 지금까지는 별 연관이 없었던 것으로 보이는 어린이와 학생들의 록(rock) 부르기와 브레이크댄스를 수학적인 것과 연관 짓는 것을 시작할 수 있다.

이 장의 목적은 그러한 이분법적 구분의 양극화(polarisation)를 넘어서는 것, 그리고 새로운 무언가를 창조하기 위한 교수와 학습의 변형에 대한 진정한 가능성을 보여 주는 것이다. 앞선 장에서 나온 예처럼, 이 장과 다음 장도 유아교사교육에서 둘 다(both-and), 동시에 둘 모두 아닌(neither-nor), 그리고 이분법적 실제를 넘어선 교육적 실제가 어떻게 가능한지를 보여 준다. 이를 위해 나는 스톡홀름에서 있었던 재개념주의화된 교사교육 프로그램(Lenz Taguchi, 2005, 2007, 2009b)에서 실시된 10주 과정, '학제적 수학 탐구(interdisciplinary investigatory mathematics)'(Palmer, 2009a, 2009b)의 예를 사용하고자 한다. 이 과정에서 예비교사 학생들은 아이들과 함께 학습 과정을 조사하는 직무 훈련을 수행하기도 했다. 그 과정을 통해 어린이와 학생들의 학습 과정이 기록되었고 그 기록은 학문적 논문의 글쓰기에 활용되었는데, 이러한 과정들은 10주간의 전 기간에 협동적으로 고찰되었다. 이것은 소위 말하는 '혼종–글쓰기 과정(hybrid-writing process)'으로 다음 장의 주제이다.

이분법적 딜레마들, 그리고 교육에서 넘어야 할 또 다른 장애물은 무엇인가?

What binary dilemmas and other obstacles in education need to be transgressed?

위에서 제시한 이분법적 구분이 우리의 이해를 계층화한다는 점을 파악하게 되면, 곧바로 이분법적 구분의 한쪽에서 다른 쪽으로 넘어가는 위험에 직면하게 된다. 개인적, 감응적, 정서적, 심미적인 부분들이 작동하는 학습 과정으로 들어가게 되면, 우리는 이론 부분을 강조하지 않거나 심한 경우 학생들에게 이론 텍스트와 관련짓기를 요청하지 않는 것처럼 이론적 검토마저 하지 않을 때가 종종 있다. 이런 식으로 우리는 다음과 같은 부분을 인식하지 못하게 된다. 즉, 양분된 두 단면 사이에 존재하는 연결성과 상호 의존성을 인식함으로써 이론이 체험된 실제에 어떻게 기초하는지, 또 체험된 실제가 다르게 이해되려면 어떻게 이론화되는지를 파악하지 못하게 된다. 둘 중 하나(either-or)에 놓인 저항과 구성은 결과적으로 양극화된 실제 간에 나타난 갈등으로 그 양분된 바를 더욱 공고히 한다. 학생들은 학습 과정의 일지뿐 아니라 이론 읽기용 일지(log-book)도 제출해야 한다. 하지만 개인적으로 분석할 때 필요한 이론적 도움이나 이론과 자신의 체험 간 관계에 대한 안내나 지도는 받지 못한다. 게다가 학생들에게 유아학교와 학교에서 일어나는 아이들의 활동을 기록하라고 요구하지만 이 기록을 어떤 방법으로 읽어야 하는지, 현재 공부하는 학습이론에 대해서는 어떻게 문제를 제기하고 다양한 이론적 관점으로 실제를 분석할 수 있는지에 대한 지도는 없다. 이렇게 활동들을 분리시켜 실시할 경우 이분법적 구분이 그대로 있어 양분된 한쪽의 가치가 평가절하되거나 덜 강조될 수 있기 때문에 문제가 된다. 대부분 페미니즘이나 미학, 감성, 창조성 같은 것이 이에 해당한다.

오늘날의 학교와 대학은 측정 및 비교 가능한 학습 성과를 도출하는 감환적 방법론(reductive methodologies)을 지향한다. 즉, 이 말은 융합학문적이며 학제적인 가르침에서 예술과 미학, 다른 구체화된 대안적 교수방법을 사용하지 않는다는 의미이다. 왜냐하면 그러한 구체화된 대안적 교수방법은 학습 성과를 측정하고 평가하는 것이 일반적인 것보다 어렵기 때문이다. 그와 동시에 모든 교육단계에서 어린이와 비학문적 배경 출신의 학생들을 더 포용하기 위해 교육을 어떻게 할 것인지, 모든 사람에게 교육 접근성을 높이기 위해서 교육을 어떻게 해야 할 것인지에 대해 점차 더욱 강한 주의를 기울여 왔다. 이것은 Audre Lorde(1984: 112)가 제안한 '마스터의 연장을 가진 마스터(master with the master's tool)'의 해체에 관한 것으로, 그 가능성 여부와 상관없이 비판적 교육과 페미니스트 교육을 위한 질문의 핵심이 되었다. Lorde는 비학문적 배경을 가진 학생들이 전통적인 학업적 전략을 배우거나 배우지 않을 때 어떤 일이 일어나는지 언급한다. 문제는 학업적 도구들과 전통에 대한 숙달이 비학문적 배경의 학생들을 진정으로 해방시키는가 하는 점이다. 장기적으로 모두를 위해 아마도 학문적 도구와 전통을 숙달하기보다 학문을 바꾸는 것 자체가 더 많은 해방이 되지 않을까?

교육에서 비판적 반인종주의, 페미니스트, 후기식민주의, 후기구조주의 연구가 진행된 지 20년이 지난 지금, 인식론적 가정의 토대를 검토해 보지 않은 채 틀에 박힌 학문적 글쓰기를 제안하는 것은 더 이상 가능해 보이지 않는다. 그러나 교수학습과 학업적 쓰기를 위한 또 다른 도구의 모색은 질적으로 새로운 방법을 찾는 일인 동시에 과학적이고 타당하게 되어야 하는 복잡한 작업으로 여겨 왔다(Jung, 2005;

Richardson, 1997). **또 다른** '마스터의 도구들'을 사용하는 것이 진정으로 가능하게 하기 위해, 우리가 만든 이분법적 구분을 뛰어넘기 위해 우리에게는 더 많은 주름, 복합, 체화, 물성-되기의 전략들이 필요하다. **그리고 동시에** 복잡한 평가를 해결할 수 있는 방법을 찾고 이해와 수용, 어느 정도의 인정을 목표로 행해야 한다. 게다가 이들 전략은 그러한 교수방법론들의 학제적이고 혁신적인 성격을 고려한 평가 도구와 함께할 필요가 있다.

또한, 새롭고 혁신적인 것을 위한 우리의 모색 과정 속에서 나타날 수 있는 일종의 위험을 피하기 위해 노력해야 함을 명심해야 한다. 예를 들어, 비록 경험-기반 교수 전략들이 젠더, 학생, 인종 관점, 교수와 학습을 위한 새로운 전략을 만드는 것을 억압해 왔던 전통적인 학문적 규범들을 약화시키는 데 성공한 사례가 많더라도, 우리는 계속해서 진실의 개념과 소외된 집단, 아이들의 '진정한 목소리'에 분명히 머물러야 한다. 또한, 초기 페미니스트 교육학자들이 우리에게 경고했던 바와 같이 본질주의자적인 함의(essentialist implication)를 기억해야 한다(Ellsworth, 1992; Gore, 1992; Orner, 1992). 아동을 미화하는 위험성과 그들의 목소리를 가시화하는 것, 깊이 있는 지식 생산 과정에 들어가기와 의미 만들기가 없는 사고와 행위의 전략들이 어지럽게 존재하는 속에서도 재개념화된 실제들이 진지하게 받아들여지도록 지속적으로 도전할 필요가 있다. 이것은 페미니스트 교육이 지속적으로 추구하는 문제이며, 의심할 여지없이 레지오 에밀리아에 영감을 받은 스웨덴의 실제와 마찬가지로 레지오를 적용한 다른 전 세계의 대안적 유아교육실제의 문제이기도 하다.

한편 경험중심 교수는 레지오 에밀리아 작업에서 보여 주듯이 페미니스트, 반인종주의, 비판적 교육이 그런 것처럼 매우 어린 연령의 학생을 위한 교육부터 대학교육에 이르기까지 성공적인 방법론이다. 이것은 학습 주체 스스로 자신이 배우거나 숙달된 경험을 기반으로 하여 매우 다양한 내용을 택한다는 명백한 사실 때문이다. 이 점은 특히 젠더, 민족성, 인종, 성, 그리고 계급 이해에 관한 정체성을 각각의 학습 내용 및 상황과 관련하여 어떻게 구성하는지와 관련되어 있다. 예를 들어, 다음에 제시될 사례처럼 서구 세계 소녀와 여성은 수학에 종종 양가적 관계를 가진다. 일반적으로 서양 여성은 비록 그들이 수학적인 수행에 뛰어날지라도 스스로 자신이 수학적이라고 생각하지 않는다. 이 장의 처음에 인용했던 Ellsworth(1997)가 지적한 바와 같이 교육과 학습은 관계이다. 그 관계는 우리 삶과 학습자의 정체성을 가까이에서 형성한다. 내용을 배우는 것 혹은 기술하는 것은 항상 우리의 정체성과 주관성을 재구성하는 것을 의미한다. 동시에, 교수와 학습은 교수자가 학습자와 함께 주관성을 형성하는 과정이다. 불행하게도 이는 그간의 교육결과 연구에서 광범위하게 간과되었으며, 이는 교수와 학습의 환경에서 개인적 인지 과정인 지식 생산을 정체성과 주관성의 생산으로부터 분리하는 것에 여전히 우세하게 사로잡혀 있다.

게다가 교육은 학습자와 교수자 사이의 권력 관계를 당연시하는 위계와 결부되어 있다. Ellsworth는 우리가 교수와 학습을 이야기할 때 고려해야 할 불가피한 것을 교사의 설명을 이해할 학습자와 이미 알고 있는 학습자에 대한 이해로 보았다. 배운다는 것은 상호적이며 상호 의존적인 관계로 그것은 협동적인 노력으로 가능하다. 또한, 그것은 교사가 새로운 학습 내용뿐 아니라 학생들이 어떻게 생각하는지 고려하고 우리가 일반적으로 생각하지 않는 색다른 학습 내용을 취할 때 가능하다. 이것을 보여 주기 위해 Ellsworth는 위계적 관계에 있는 학습자의 위치에 대한 묘사를 희화해서 아래와 같이 썼다.

> 그래요, 나는 (당신) **아래에 섰어요**. 나는 스스로 당신의 시각을 가졌어요. 이제는 우리는 이해를 위한 공통점(당신의/교사의)을 만들었네요. 이제 당신이 학생을 대신해 반대하고 개인적으로 이해하는 것이 허락되었네요.
>
> (1997: 92-3, 원문 강조)

그러면 우리는 어떻게 이러한 관계를 자각하는 교수 존재가 될 수 있는가? 우리는 어떻게 학습자와 교수자가 평등한 권력 관계를 욕망하도록 할 수 있는가? 어떻게 그들에게 상호적이며 협력적인 관계, 내부작용하는 존재론적 인식론(onto-epistemology) 안에서의 배움에 대해 이해할 수 있도록 가르칠 것인가? 배움이 단순히 다른 인간과의 관계에 관한 것이 아니라 비인간적인 것들, 즉 우리를 둘러싼 물성에 관한 것이기도 하다는 것을 어떻게 가르칠 것인가? 배움이 단지 인지적 '마음'의 일이나 사고, 성취, 쓰기가 아니라 몸과 감정, 열정, 우리를 둘러싼 물적 대상들에 대한 힘, 환경, 시공간의 조직, 무엇보다 서로 다른 종류의 도구들과 미학 · 창조적 수단을 사용하는 다양한 표현 방법이라는 것을 어떻게 가르칠 것인가? 그리고 배움이 항상 지속적으로 학습자의 정체성과 주체성을 재구성하는 것과 결부된다는 것을, 그 되어 감의 과정이라는 것을 어떻게 가르칠 것인가?

어떻게 넘어설 것인가? 그리고 무엇에 관한 것인가?

How to go beyond and what it is all about?

이분법적 구분을 넘어서는 것과 새로운 것이 가능한 또 다른 교육적 공간을 만들기 위해 우리는 양분된 두 부분 모두에 관여하고 그것들을 바꿀 필요가 있다. 이는 그것들 사이의 상호 접속을 찾기 위함이며, 새로운 창조적 방식으로 그것들을 변환하기 위함이다. 이를 보다 명확하게 하기 위해 이 책의 앞 장에서 소개했던 '홈 파인 공간과 매끄러운 공간(striated and smooth space)'의 개념으로 돌아가고자 한다.

Deleuze와 Guattari는 언제나 움직이며 변화하는 바다 혹은 사막을 매끄러운 공간으로 이해하는 반면, 규칙적인 길과 집, 문이 즐비한 고도로 구조화된 도시의 공간을 홈 파인 공간을 나타내는 좋은 이미지라고 보았다. 도시에서 매끄럽게 사는 것이 가능하고 '심지어 가장 홈 파인 도시가 도시에서 노마드로 살 수 있는 매끄러운 공간을 제공하기도 하지만'(1987: 500) 말이다. 이와 상응해서 '사막과 초원, 바다에서 홈 파인 삶을 사는 것도 가능하다.'(p. 482) 그러나 공간이 홈 파일 때는 특정한 움직임과 관계들을 생산하기 위해 그 공간은 조직화되고 구조화되며, 규제되거나 통제된다. 매끄러운 공간은 습관, 계획, 건축물 등에 의해 보다 통제를 덜 받고 움직임과 연결, 내외적 실천, 변형을 가능하게 만든다. 그러나 Deleuze와 Guattari는 우리에게 '매끄러운 공간이 그것들 스스로 자유로운 것이 아님'을, '매끄러운 공간이 우리를 구원하기에 충분할 것'(p. 500)이라는 생각을 해서는 안 된다는 점을 상기시킨다. 홈 혹은 홈 파인 공간의 '구조'는 고정된 것이나 변화 불가능한 것으로 이해되어서는 안 된다. Williams(2008)의 제안처럼 이것들을 필수불가결한 사물, 대상, 주체의 변형을 위해 필수적인 조건의 '구조'로, 그리고 삶과 생활을 결정하는 지속적인 사건으로 이해할 필요가 있다. 동시에 그것들은 어떤 저항과 탈주의 한계를 결정한다. 이 구조들은 결정적이고 배타적인 방법이라기보다 사물이 그들 스스로 변화되는 새로운 되기와 진화적 감각 변화의 원천이다(Williams, 2005, 2008).

홈 파인 공간과 매끄러운 공간의 개념을 유아교사 교육방법에서의 재개념주의화되는 교육실제와 어떻게 연결할 수 있는가 하는 문제에 적용해 보자. 그것은 우리에게 이론/실제, 마음/몸, 지성/감성, 과학/미학 등의 이분법적 구분을 넘어설 수 있게 한다. 파인 홈은 과학적 개념으로 체화되고, 특정하게 닫힌 사고의 논리로 사고를 홈 파고 계층화하도록(stratifying) 강요한다. 배움에 대한 연습으로 아이들의 인지와 읽기, 쓰기, 말하기가 지나치게 강조되며 사용하는 책 대부분이 교수학습의 도구이며, 배움을 계층화된 실제에 대한 학습으로 제한한다. 홈 파인 교육공간에서 과학적 수행이나 여러 다른 실험은 미리 계획된 활동을 이미 설명된 방법으로 수행하여 미리 결정된 결과를 얻는 것을 의미할 뿐이다. 교사는 오직 하나의 정답이 있는 질문을 하고 설명을 제공하면서 이 과정을 이끈다. 체육, 무용, 극과 같은 신체적인 활동에서는 학생들을 일정한 집단이나 짝으로 나누어 특정한 규칙과 표준을 따르도록 규제되고 감시된다. 이렇게 해서 모든 활동은 시간과 공간 속에서 강하게 규제된다.

그렇다면 강하게 홈 파인 교육공간의 반대편에 있는 것은 무엇인가? 학생들이 억압되지 않은 체화된 미학적 작업을 할 때 시공간은 완전히 규제되지 않고 무질서하게 될까? 정말 그런가? 스웨덴에서 소위 '혼란스러운 양털(muddled woolly)'이라고 불리는 교육적 토론이 종종 진행되었는데, 이는 전통적인 권위주의적 교수 스타일과 1970년대 반권위주의 민주운동에 뿌리를 둔 교육 간의 양극화였다. 우리는 어떻게 그러한 양극화를 넘어설 수 있는가?

Deleuze와 Guattari 읽기를 통해 나는 재개념화된 교육적 작업은 결국 **다른 한편**(*on the other hand*)이 물성을 찾고, 활동을 할 충분한 시간과 물리적 공간을 갖는 것이라고 이해했다. 이는 홈 파인 교육공간에서 학생과 교사의 관점에서 기본 질서와 충분한 안전성에 대한 구성을 홈 파는 교육공간이 가능하도록 만드는 것이다. **또 다른 한편**(*on the other hand*)이 학생과 교사가 홈 파인 사고와 관습적 행동을 가로지르며 어떤 새로운 창조와 발명을 하는 매끄러운 공간으로 들어갈 수 있도록 만드는 동안에 말이다. 교육공간이 어떻게 특정한 교육실제 안에서 가장 최선으로 조직화되고 계층화되는지 아는 것은 물적 조건과 집단 안에 있는 학생과 교사에 대한 관계 속에서 지속적으로 탐구되고 도전받을 때 가능하다. 그리고 다시 교육적 기록작업의 도구들이 고등교육 교수에서도 불가피한 것이 될 때 가능하다. 우리는 다양한 방식의 기록물을 수집하고 읽고 사용하는 작업으로 재연의 '순환적' 운동과 반구체화 둘 다를 움직이기 시작한다. 이는 우리로 하여금 계층화나 이분법적 구분, 내부작용에 관해 정의하게 하고 우리를 정확히 매끄러운 공간으로(제4장 참조) 움직이도록 하는 '지평적' 운동을 갖게 한다. 내부작용 교육학의 이 두 가지 '방법론적' 운동은 앞장에서 소개되었다. 이는 고등교육과 교사교육 실제에서 우리가 홈 파인 공간과 매끄러운 공간 사이를 지속적으로 변환할 수 있도록 하는 도구가 될 수 있다. 그렇게 될 때 우리는 우리로 하여금 이것 아니면 저것이고, 둘 중 어느 하나를 선택하도록 하는 그 이분법적 구분을 넘어서는 것이 가능할 것이다. 이 장의 남은 부분에서 나는 우리가 했던 작업들을 통해 이러한 구분을 넘어서는 것이 가능했던 몇 가지 전략을 보여 주고자 한다.

1999년 이후 스톡홀름에서의 재개념화 교사교육

A reconceptualised teacher education in Stockholm since 1999

재개념화된 유아교사교육의 구성에서 예비교사-교사교육자가 함께 가르치고 배우는 실제를 목표로 삼았다. 이것은 예비교사들이 스스로 자신의 유치원과 학교에서 아동과 함께 제안한 실제이다. 이러한 목표는 이 책의 첫 장에서 이미 기술했던 활동적인 실천가들의 스톡홀름 프로젝트 네트워크 경험에서 출발했다. 이러한 경험들은 새로운 방식의 교수학습을 실행하기 위한 유일한 방법은 교사가 새로운 경험을 시도하고 구체화하며 사고와 행동의 새로운 습관을 형성하는 것이라는 점을 명백히 보여 주었다(Lenz Taguchi, 2005, 2007). 이 교육적 기록작업은 필수 도구가 되었으며, 다른 교사들의 실제를 통한 배움과 그에 대한 개입을 가능하게 했다. '책상'이나 '화이트보드'에 투사되어 우리 앞에 놓인 기록작업을 둘러싼 네트워크 내에서의 공동 과정과 협력적 의미 구성은 고등교육에서 그랬던 것처럼 교수학습 전반에서 재념화된 사고를 추구하는 것이 가능하도록 만든 열쇠이다.

이에 대해 우리는 다음과 같은 사항을 결정했다. 첫째, 레지오 에밀리아의 실제에서 받은 영감으로 미학적인 표현과 도구를 사용해 배움에 대한 초학문적이고 학제적인 탐구하기(Edwards et al, 1998; Lind, 2005; Reggio Children, 2001; Rinaldi, 2006). 둘째, 예비교사들이 자신의 조사 프로젝트와 직업 훈련을 하는 동안 아동과 함께하는 실행의 양쪽 모두에서 예비교사들의 작업에 대한 다양한 서로 다른 종류의 교육적 기록작업을 사용하고 실천하기. 셋째, 우리가 나중에 '혼종적 글쓰기 실제'라고 부른 다양한 장르의 학문적 글쓰기 실제를 발전시키기(제6장 참조). 넷째, 복합적인 이론 관점을 갖고 작업하기와 해체 작업하기, 교육에서 후기구조적 페미니스트로부터 영감을 받은 다양한 텍스트 읽기.

재개념화된 교사교육은 단순히 이론과 실제의 구분만이 아니라 과학과 미학, 마음과 몸의 구분을 넘는 것을 목표로 했다. 이것의 주요 이유 중 하나는 레지오 에밀리아와 스톡홀름 프로젝트에서 의미를 만들고 지식을 구성하는 매우 다양한 종류의 표현 혹은 '언어'들 간의 학제적 '전이' 만들기에 대한 아이들의 학습으로부터 온 경험 때문이다. 제4장의 사례처럼, 유치원에서 집까지 가는 동안 당신이 보고, 듣고, 경험했던 것을 처음 이야기함으로써, 그림을 그리거나 구성물로 '길'을 구성해 봄으로써 당신은 신체나 인지적 사고와 많은 감각이 상호 연관된 다양한 방법으로 집에 돌아가는 길을 알게 될 것이다. 당신이 보고 듣고 경험한 것에 대한 표현과 실제화에 대한 다양한 수단은 당신의 지식을 보다 복합적으로(주름지게) 만들 것이며, 동시에 다른 이들이 기록을 통해 의미를 만드는 과정의 협력을 가능하게 할 것이다. 테이블과 바닥에 놓인 서로 다른 차원의 구성물들은 우리의 이해를 재구성하는 일에 다른 사람들을 초대할 수 있도록 한다. 그리기와 설계는 다른 사람들과의 논의 후에 집합적으로 연구되고 논의되고 재정의되고 변경된다.

이론/실제, 과학/미학, 마음/몸의 구분은 아동과 예비교사들이 학습실제에서 다양한 종류의 기록 방법을 사용하여 극복하였다. 제4장에서 보았듯이 교육적 기록작업은 아이들이 기록을 넘나들 때 그 스스로의 힘을 갖고 있으며, 그것 자체가 이미 구성물이다. 아이들이 기록을 읽을 때 기록은 조사에서 아이들이 했던 행동들을 변화시킬 것이다. 기록하기의 장치와 기술들은 색다르고 특정한 학습 사건의 특정한 실제화를 강제하고 생산한다(제3장). 우리가 오디오테이프에 녹음하기로 결정한다면, 아동과 교사들은 말에 더욱 집중할 것이다. 초점은 존재하는 무언가를 **이야기하고 말함**으로써 의미를 구성하는 데 있다. 그러나 과정에 대한 노트나 코멘트와 함께 관찰 프로토콜을 통해 우리의 의미 만들기를 기초화할 수 있다. 만약 비디오 촬영을 결정한다면 신체적 움직임 혹은 수작업에 대한 전략들이 우리의 초점이 될 것이다. 어떤 한 사건에서 일어날 수 있는 모든 다양한 상황을 전부 관찰할 수 없음을 알기 때문에 비디오 촬영을 통해 적어도 어느 정도는 카메라로 '포착한다(caught).' 우리는 어디에 초점을 둘지 항상 선택해야 하며 아마도 자신의 관찰 프로토콜을 보완하기 위해서 대화의 상호-연관을 파악하기 원한다면 특별히 음성 녹음을 사용할 수도 있다.

교사교육에서 예비교사들은 자신의 탐구를 수행하는데, 각각 아동과 함께했던 것과 정확히 같은 방식으로 관찰하고 기록한다. 이에 대한 예는 앞으로 보게 될 것이다. 또한, 예비교사들은 학습 사건의 중간이나 그 이후에 사진을 찍을 수 있다. 모든 종류의 기록 역시 학습 후에 구성될 수 있는데, 이것은 아이들이나 동료 학생들에게 그들이 무엇을 만들거나 그렸는지 물어봄으로써 가능하다. 나중에 사진으로 구성물과 그림을 촬영할 수도 있다. 가끔 예비교사들은 아동(혹은 다른 학생들)에게 일련의 동작, 연주하기, 춤추기 등을 요청하기도 한다. 학습에서 사건의 재구성(reconstruction)은 그 **사건을 다시 살아내도록**(*re-living the event*) 재연(re-enactment)한다. 이러한 재연은 그것 자체가 중요한 학습의 과정이 되며 이는 누군가 생각하는 것처럼 단순히 좋은 기록을 얻기 위한 것이 아니다. 반대로, 학습 사건에 대한 이 재구성은 재연의 '순환적' 운동과 반실재화의 속도를 늦추면서 교육학적 공간에서 가시적인 홈들을 만들고, 종종 매끄러운 공간의 그 순간을 다시 살게 하고 궁극적으로는 탈주선을 출현시킨다(제4장 참조).

다음에서 나는 내부작용 교육이 어떻게 유아교사교육에서의 교수를 위한 학습실제와 전략으로 물화되는지, 위에서 보여 준 이분법적 구분을 넘어서기 위한 것처럼 교육에서의 홈 파인 공간과 매끄러운 공간의 지속적인 변속을 위한 실제의 성취를 위해 어떻게 노력할 수 있는지 보여 줄 것이다. 나는 이것을 10주간의 수학 프로그램 과정에서 예비교사들의 협동적 탐구에 사용되었던 실제들을 예시로 들고자 한다. 또한, 예비교사들이 작업할 동안 생산했던 그들의 교육적 기록작업에 있었던 다양하고 복합적인 '텍스트'와 이것들을 어떻게 분석했는지에 대한 사례들을 소개하고자 한다. 이러한 텍스트들은 제6장에서 기술하고 논의할 복합적 글쓰기에서 사용되었던 복합적 장르 '텍스트'를 구성한다. 예를 들어, 그러한 텍스트들은 글쓰기 과정, 자서전 수집과 기억 쓰기, 예비교사들과 아동들이 행한 조사에서의 관찰, 다양한 사진촬영, 그러한 활동들에 대한 영화와 음성 녹음 등이다.

'교실에서 음악 만들기': 교사교육에서 탐구 활동과 학제적 수학 코스

'Making music from a room': an investigative and inter-disciplinary mathematics course in teacher education

아래에서는 예비교사들이 요청받았던 다양한 음악적 악기, 움직임에서의 몸, 그리고 기록작업에서의 수학 개념 및 여러 도구를 사용하여 **'교실에서 작곡하고 음악 만들기'** 학습 사건이 이어질 것이다(Palmer, 2009a). 그러나 나는 먼저 교수와 학습에 대해 재개념화된 이해가 가능하기 위해 내가 이전에 했던 다른 실제와 전략 몇 가지를 소개하면서 배우기와 되기가 서로 분리되지 않는다는 점을 언급하고자 한다.

배우기와 '되기'는 분리될 수 없다: 배우기에서의 주체성 구성

'교실에서 음악 만들기' 사건에서 학생으로서 참여하는 것은 지식 구성 과정에서 고도의 학제적 과정을 구성하는 것이다. 이것은 다른 무엇보다 수학과 미학의 이분법적 구분뿐 아니라 마음과 몸의 구분에 대한 도전이라고 할 수 있다. 이러한 작업은 우리의 수학적 이해에 관한 재구성과 수학 학습자로서 자신의 주체성을 망라한다. 또한, 모든 학습 내용은 우리가 무엇이고 무엇이 될 수 있는지를 어떻게 이해하는가와 연결된다. 학습 과정과 결부된 것은 학습되기 과정과 분리될 수 없다(Lenz Taguchi, 2004). 동료인 Anna Palmer(2009a, 2009b)는 예비교사들이 교실에서 음악 연주, 수학하기, 그와 비슷한 사건들 속에서 어떻게 자신의 수학적 주체성을 구성하고 재구성하는지 연구했다. 그 연구에서 Palmer(2007)는 참여자들이 수학과 맺는 자신의 관계성과 관련한 표현을 살펴보았는데, 105명 예비교사들 중 소수만이 자신들을 '수학을 좋아하는 사람(maths person)'으로 생각했고, 47퍼센트의 학생은 자신들 스스로를 '수학을 좋아하는 사람'이 아니라고 여긴다고 명확히 이야기했다. 예비교사들은 수학에 대한 경험 중 강렬한 기억에 대한 글쓰기를 요청받았는데, 여기서 한 젊은 여성은 다음과 같이 기술하였다.

> 나는 문을 열었다. 짜증이 났고 신경이 곤두섰고 긴장했다. 나는 아버지의 도움이 필요하다는 걸 알았지만, 왜 그래야만 하나? 나는 학교에서와 같은 일이 벌어질 수 있다는 걸 알았다.

> 아버지에게 그 (수학) 문제를 설명했고 아버지는 바로 즉시, 어떠한 설명도 없이 정답을 주었다. 나는 "슬프고 무능함을 느낀다."라고 아버지에게 말했다. "레나, 너는 수학을 좋아하는 사람이 아니야. 그냥 그런 거야. 너는 엄마와 외가 친척을 닮았어. 너는 그냥 그걸 받아들어야 해."
>
> (Memory nb 2: 자서전 작업 모음)

위 내용은 예비교사들의 수학적 주체성에 관한 자신들의 이해와 강력한 인식을 분석하는 과정에서 사용한 간략한 이야기와 텍스트이다. Palmer(2009a)가 보여 준 것처럼, 위와 같은 이야기 작업을 할 때 우리는 처음에 하고자 했던 것과 반대 혹은 상이한 이해를 위한 읽기라는 반전 독서를 하는 것이 중요하다. 이것은 긍정적이고 창조적인 이야기를 찾거나 만드는 것 혹은 수학을 하고 일상적 삶의 다른 측면에서 나타나는 심미적 질과 좋은 감정이 눈에 띄도록 한다. 우리는 과목과 학습 내용으로서의 수학뿐만 아니라 우리 자신의 주체성에 대한 이해를 재개념화하기 위해서 새로운 수학적 주체성을 이미지화하고 신체화하는 방법을 찾아내어야 한다. Palmer(2009a, 2009b)는 이것에 대한 예비교사들의 이해가 어떻게 가능한지를 실제적으로 보여주고 있다. 이것은 예비교사들로 하여금 이전에 사용했던 교수와 진행 중인 경험, 그리고 교수학습의 대안적 방법에 대한 다양한 이론적 관점과 체화된 직접 경험에 대해서 적극적으로 문제를 제기할 것을 요구한다. 이에 대해 나는 다음과 같이 말하고자 한다. 예비교사들이 수학에 대한 자신들의 생각을 떠오르는 10개의 단어로 써 보도록 요구받았을 때 나왔던 가장 흔한 단어들은 수학과 관련한 나쁘거나 트라우마적인 경험과 연관되는 것들이었다. 그 단어들은 '복통', '시험', '문제', '걱정', '어려운', '복잡한', '두통', '문제가 있는', '불안', '두려운', '식은땀', '떨리는', '흥미 없는', 그리고 '지루한'이었다(Palmer, 2009a). Palmer(2009a, 2009b)의 연구에서 보여 준 것처럼, 예비교사들이 수학에서 재개념화된 학제적 학습 과정을 수행하고 그들의 주체성을 구성하기 위해선 많은 연습과 시간이 필요하다. 또한, 예비교사들은 이러한 연습이 실제로 수학 학습에 관한 것임을 납득해야 한다. 이 어려운 문제를 해결하기 위해 예비교사들은 재개념적인 수학의 교수학습을 경험해야 하고, 그것은 그들이 어렸을 때 학교 학생으로서 체화했던 실제와는 다른 그 이상의 것이 될 수 있고, 이 과정이 언제나 수학 학습에 대한 기존의 두드러진 논의의 해체로 시작한다는 것을 이해해야 한다. 위 프로젝트에서 예비교사들에게 자신의 개인적인 '수학적 역사'를 쓰도록 했는데, 이것은 그들이 수학을 배웠던 때의 특정 상황의 기억에 대한 것이다. 수학을, 그리고 수학과 자신의 관계를 어떻게 위치시키는지를 가시화하는 것은 여학생 대부분에게 많이 있는 수학에 대한 두려움과 부정적 경험을 드러내게 만든다(Palmer, 2007, 2009a).

수학적 사고는 합리성, 논리, 지능, '현명함'의 측면에서 이해되는데, 이는 주로 남성적 속성으로 이해된다. Valerie Walkerdine(1998)은 소녀들이 훌륭한 수학적 사고 능력을 보일 때, 교사는 보통 그것을 소녀의 특별한 지능이나 '현명함'보다는 기본적 학습과 각고로 노력한 결과로 간주한다고 지적한다. 또한, 통념이나 일반적으로 여성이 수학에 능숙하고 수학을 즐길 때, 그것은 여성성이 부족하거나 여성 집단에서 합의된 의견을 따르는 것과 최소한의 공통 분모가 중요하다는 일반적 방법으로는 여성 집단의 일원이 될 수 없다(Lenz Taguchi, 2005). 하지만 Palmer(2009a)가 쓴 바와 같이, 수학 내용과 주제 속에서 구성된 주체성이 어떻게 민족성 및 문화와 연관되는지의 문제는 매우 흥미롭다. 수학적 역량에 대한 자기 의심은 서유럽 백인 여성에게서 두드러지게 나타나는데, 이는 아시아와 동유럽 여성들 사이에서는 문제가 되지 않는다. 이것은 다른 나라에서는 수학이 인문학 분야(철학 및 시)와 연결되어 있는 반면, 서방 국가에서 수학이란 기법, 물리, 그리고 오랜 기간 남성중심의 전통을 가진 자연과학과 연결되어 있기 때문이다. 그러나 동방 국가에서 수학은 젠더화된 용어로 이해되어 오지 않았다(Gallagher & Kaufman, 2005 in Palmer, 2009a). 이것은 동유럽과 아시아 국가들에서는 수학자들 중 여성 교수의 비율이 더 높은 상황을 통해 반영된다.

아래에서 나는 수학 교과과정에서 두 가지 사례의 텍스트를 제시하였다. 이는 이전 연구물들에서 분석했던 것으로 수학과 관련한 부정적 주체 형성을 가시화한 것을 다루고 있다(Lenz Taguchi, 2005). 첫 번째 언급된 간략한 내용은 수학 교수와 함께 첫 번째 수업을 한 후 예비교사들이 쓴 과정-쓰기에서 나온 것이다. 같은 세션에 협력 교수로 참여한 나 자신의 과정-쓰기도 이어졌다. 그 세션에서 모든 예비교사와 교수는 평가와 협동적 학습을 위한 일상적 기준과 관련한 학습 사건에 대한 과정-쓰기를 지속적으로 작성하여 교환했다. 일반적으로 우리는 용지를 최소한 두 칼럼으로 나누었다. 한쪽 칼럼은 물질적 사건으로 무엇이 일어났는가에 대한 것이고, 다른 쪽 칼럼은 우리의 성찰 및 이론적 관련 등에 대한 것이었다. 개인적 성찰은 이론적 분석으로부터 분리되기도 하고, 그렇지 않기도 하였다. 아래에서 내 개인적 성찰을 제시하기 전에 학생의 성찰 내용을 먼저 살펴보자.

> 나는 30초 이내에 끝내고, 그것을 해냈다는 멋진 느낌을 갖는다! 그 문제를 풀 수 있다는, 매우 빠르게 풀 수 있다는 느낌을

받는다. 하지만 곧바로 나는 그 문제에 대해 지난 풀이보다 훨씬 더 나은 또 다른 풀이가 있음을 알게 된다. 난 수학에 능숙하지 않기 때문에 당연히 더 나은 풀이가 있어야 한다. 나는 정확한 방법으로 사고하는 최상의 풀이에 도달할 수 없다는 것에 큰 좌절을 느낀다.

(예비교사의 과정 쓰기 기록, 2003. 9. 15.)

협력교사로서 나의 성찰들:

수학적 담론은 오늘 그 강력한 면모를 보여 주었다. 어떻게 리사(수학 교사)가 해답을 알거나 해답을 내는 사람으로 각인되어 있는지와 학생들이 자기 스스로를 어리석다고 생각하거나 때때로 열등감이나 굴종감(submissive)을 느낀다는 것이 확연히 드러났다. 학생들은 리사가 정확한 답이나 공식을 제시할 수 있다고 생각하는 것처럼 보인다. 그녀가 답을 주지 않을 때, 정답을 제시하지 않거나 그녀가 문제를 직접 풀어 주는 대신 학생들에게 질문을 할 때, 나는 수학적 담론에 대해 의문을 갖기보다 수학 강사로서의 그녀의 역량을 잠시 불신한다. 때로는 리사가 심지어 수학적 담화 내에서도 정확한 답을 제시할 수 없다는 것은 생각할 수가 없다. 수학에는 틀린 것이 있을 수 없으니 문제가 있다면 리사이거나 우리일 것이다! … 심지어 리사가 정확한 답이 없는 문제를 우리에게 제시하더라도 '진정한 수학'의 개념은 우리 앞에 먹구름 같이 걸려 있다. 그것은 마치 작업할 재료가 손 안에 주어질 때 우리가 망설이는 상황과 같다. 마치 속임수에 넘어간 것 같이 느껴진다. 수학을 좋아하는 것처럼 보이는 몇몇 학생은 다른 태도를 보인다. 그 문제의 답을 찾아내어 수학 강사로서 리사가 가진 권위의 벽을 넘을 수 있다는 확신에 차 보인다. … 이러한 수학적 담론은 우리가 스스로 해결할 수

> 없는 것에서 우리를 구하러 오는 백마 탄 기사와 같다. 한 학생이 리사가 집으로 돌아가 수학 천재인 그녀의 남편에게 물어봐야 할 거라고 말했을 때 나는 그런 느낌을 받았다. 그렇다. 그와 수학은 모든 문제를 해결할 수 있다. 또 다른 학생이 말하길, 자신이 면적과 원주 사이의 상관관계를 해결할 수학 공식이 없다는 것을 이해했을 때 그녀는 기만당했다고 느꼈다고 했다. 누가 그녀를 기만했나? 리사인가 수학인가, 아니면 수학은 항상 답을 줄 수 있다고 믿는 그녀의 생각인가?
>
> (Lenz Taguchi, 과정 쓰기 기록, 2003. 9. 15.)

과정 기록 문서 내의 모든 칼럼은 다양한 방법으로 분석될 수 있다. 이러한 개인의 성찰 내용을 분석하면, 활동 시의 간단한 정서 분석을 통해 어떻게 수학적 교수학습의 교육공간이 엄격히 구조화되는지, 학생들이 어떻게 다른 방식으로 그러한 주제를 두서없이 위치시키는지 쉽게 볼 수 있다. 대부분의 학생, 심지어 협력교사인 나조차도 수학과 관련된 자신의 역량과 관련해 열등감, 절망, 자기 의심의 입장에 놓인다. 수학 교사가 우리를 더 매끄러운 공간으로 이동시키고, 우리에게 올바른 정답이 없는 문제를 제공하여 수학과 관련된 우리의 입장을 혼란스럽게 하는 일에는 항상 저항이 뒤따른다. 우리 중 일부는 수학에 부여된 권위주의적 입장을 다시 개념화하고 대체하기보다 그녀의 교사로서 능력과 입장을 의심하게 된다. 우리는 실제 경험을 통해 또 다른 이해를 구체화하기 전까지의 오랜 시간 규정되지 않거나 답이 정해져 있지 않거나 단일한 논리가 없는 수학을 거부해 왔다. 수학 교사는, 협력교사인 나 자신을 포함하여, 의심스러워하는 여러 학생을 납득시키고 우리 자신을 '수학적으로 유능한' 사람으로 재인식하는 데 많은 시간을 할애할 필요가 있다. 수학 교사가 제공한 보다 매끄러운 수업 공간에서 문제를 푸는 우리의 수학적 논리와 전략을 천천히 알게 됨으로써, 우리는 수학적 능력에 점점 더 자신감을 갖게 될 것이다.

프로그램이 진행되는 동안 모든 예비교사와 교사교육자 또한 아래와 같은 수업, 협동작업 실습의 진행과정에 대한 과정-쓰기를 지속했다. 우리 교사교육자는 예비교사들의 과정-쓰기를 다음 과정에서의 학습 상황을 계획하기 위한 기준으로 사용했다. 때때로 수업 시간에 발췌한 부분을 함께 분석했는데 이론적 개념에 기초하여 그것이 성별적(gender)이었는지, 구성주의 교수학습실제의 권력인지를 분석했다. 또한, 학생들은 자기 자신과 다른 사람의 과정-쓰기와 이야기를 분석할 때, 발생한 사건들을 다시 재연하는(re-enacting), 저속 '순환' 움직임에 참여했다. 다음과 같은 반실재론적 질문(counter-actualism question)을 제기했다. 이 과정-쓰기 부분에서 교육적 공간에 홈을 파는 구조들은 무엇인가? 여기에는 작업할 때 이야기의 주제를 특정 방식으로 다른 주제로 위치시키는 어떠한 이분법적 양극화(binary polarisation)가 존재하는가? 그 주제 안에서 강력한 억압을 촉발하거나 해방적인 내부작용을 하는 수학책의 물질성(materiality of the maths book)이나 수학적 문제가 있는가? 혹은 역설적인 자리매김의 측면에서는 이 과정이나 이야기를 어떻게 읽을 수 있는가? 수학적인 것보다 미학적인 것을 찾는 각도에서는 그것을 어떻게 읽을 수 있는가? 권력생산 및 홈 파기(striation)가 방해받고 대체되며 약화될 때 나타나는 것은 무엇인가?

이러한 방식으로 '지평적인(horizontal)' 속도 상승 움직임은 때때로 권력생산 위계가 일시적으로 평평해지는(flattened out) 경우에만 그 움직임을 보일 수 있다. 속도와 강도가 증가되면 우리는 홈 파인 수학, 즉 수학에 대한 체화된 습관적 이해 방식을 벗어나 그들 스스로 사고할 수 있고, 그리하여 결국은 수학과 우리 자신의 관계성을 바꾸거나 방해할 수 있다. 이렇게 **경계 밖**(*out of line*)에서 생각하는 것은 '탈주선(line of flight)'을 유발한다(Deleuze & Guattari, 1987). 강압적인 수학적 실제의 이야기는 이제 해방적인 특성(empowering qualities)으로, 유머러스하고 즐거운 비틀기로 읽힐 수 있다.

간단한 사례가 있다. 아래 이야기는 사용할 수 있거나 사용하는 담론에 따라, 그리고 학생과 특정 환경의 물질적 객체 간의 사이-내부(in-between)에서 일어나는 물질-담론적 내부작용을 보는 방법에 따라 다양한 방식으로 읽힐 수 있다. 이 이야기는 비판적 교육학과 여성주의적 관점에서 교사가 전체를 통제하고 학생들의 문제풀이 방식에 직·간접적으로 억압적 영향을 미치는 전통적인 권위주의적 교수 스타일로 규정될 수 있다. 강하게 홈 파인 공간은 칠판 앞에서 문제를 어떻게 푸는지 알지 못하는 사람과 관련해 권력 생성으로 가득한 학생들의 신체와 관계들을 명령하고 통제한다.

> 나는 내가 문제를 풀 수 있다는 것을 안다. 내 몸은 갑자기 뜨거워져 참을 수 없게 된다. 나는 선생님이 나를 볼 수 있도록 손을 들고 몸 전체를 똑바로 세우지만, 선생님은 다른 학생에게 답하게 한다. 나는 몸에 기운이 빠지며 실망감을 느낀다. 선생님은 다시 칠판에 새로운 문제를 쓰고 누가 문제를 풀기 원하는지 묻는다. 나는 다시 손을 들고 지목을 받으려 한다. 선생님이 나를 가리킨다. 나는 칠판까지 좌석 사이의 최단 거리로 걷지만 그 길은 내게 무한히 길게 느껴진다. 나는 분필을 집어 든다. 분필은 완벽히 둥글게 되어 있고 삐걱 소리도 내지 않고 잘 써지지만, 나는 칠판에 글을 쓰면서 분필의 건조함을 통해 무의식적

> 인 떨림을 느낀다. 나는 모든 사람이 나를 바라보고 있다는 것을 느끼지 않도록 주의 깊게 답의 숫자를 작성하고, 그 답이 정확할 것을 안다. 내 등은 자부심으로 곧게 펴졌지만, 내 눈은 아래로 향하고, 자리로 돌아가면서는 바닥을 내려다본다. 나는 자리로 다시 돌아와서 칠판에 적힌 내 글씨를 찾아내고 기쁨을 느낀다. 그것은 멋져 보이고 좋게 느껴진다.
>
> (수학 수업 공동의 일지, 2006. 8.)

아마도 여러분이 이 이야기를 읽으며 즉시 느끼는 것처럼, 해방적 관점에서 이 이야기를 이해하는 것이 가능하다. 수학적 숙달과 미학적인 관점에서 칠판에 쓰기는 권한 부여의 방식으로 이 학생의 주체성 구성에 특별히 작용하고 있다. 숫자를 쓰는 동안 칠판, 분필, 그리고 학생의 손 사이-내부의 상호 연결을 고려해 보라. 이렇게 친밀하고 밀도 있는 조용한 내부작용의 정서적 순간에 학생은 칠판에 쓰는 행동인 자신의 신체 언어를 통해 수학적 지식의 숙달을 자랑스럽고도 겸손하게 재연한다. 위의 사건에서 일어났던 그 감정은 어쩌면 그녀의 성별과 연결되어 있을 수도 있고, 계급이나 민족성 혹은 단순히 수학과 자신의 관계와 연결될 수도 있다. 우리에게는 이러한 측면과 가능한 교차와 활동에서의 내부작용에 대한 정보는 없지만, 그 이야기를 통해 이 작업에서 가능한 모든 가능성을 고려해 볼 수 있다. '교사-되기'에서 학생들은 이 이야기를 분석하는 동안 스스로를 학생과 교사 모두로 바라볼 수 있다. 그들은 다른 태도를 취하고 시도할 수 있으며, 발생하는 내부작용들과 연관된다. 우리는 학생들의 사이-내부와 학생 및 교사의 사이-내부(in-between)에서 담론적인 논쟁적 권력생산을 고려할 수 있다. '순환적'이고 '수평적인' 운동과 관련된 **시간**에 초점을 두어 기술한 제4장의 논의와 관련하면, 학생들은 자신들

미래의 교수실제를 고려하는 데 있어 어린 시절에 대한 기억의 지속과 연결함으로써 권력과 의미 생산이 수년 후에도 지속된다는 것을 알 수 있다.

더 매끄러운 공간으로의 이동: '교실에서 음악 만들기'

우리는 수학적 개념, 도구와 전략, 갈등하고 변화 가능한 우리의 수학적 주체성에 대해 자각하며, 탐구적인 학제 간 수학 과정(investigational inter-disciplinary mathematics)인 다음의 사건에 참여하였다. 우리는 수학을 잘 아는 음악가 Andreas Fantuzzi를 참여시켰다. 그는 예비교사들에게 다양한 악기를 연구하고 시도하게 하고, 다양한 음악(다양한 민속 음악, 재즈, 블루스, 클래식, 모던)을 듣게 하고, 다양한 음악 스타일의 수학적인 측면을 분석하게 했다. 예비교사들에게 악기와 소리, 비트를 갖고 놀면서 다양한 방법으로 '최선의' 혹은 서로 다른 방식의 악기 연주법과 여러 다른 종류의 수학에 맞추는 것을 학습할 뿐 아니라 학습하지 않기를 했다(learning as well as unlearning). 이 첫 번째 세션은 수학, 음악, 자신의 몸 사이-내부에서 일어나는 물체의 담론적 내부작용을 발견하고 각자 고유한 특성과 한계, 가능성을 갖고 서로 다른 크기와 특성을 가진 서로 다른 물체인 악기를 물리적으로 연주하는 것이었다.

음악에는 계수와 리듬이라는 수학적 측면과 관련된 특정한 홈들이 있다. Deleuze와 Guattari는 '고정적이고 가변적인 요소를 서로 엮고 탁월한 형태의 질서와 연속체를 만들며' 멜로디와 하모니를 구성함으로써 음악으로 홈을 파는 사람들에 대해 쓰고 있다(1987: 478). 음악은 사유의 방법 안에서 하모니와 멜로디를 조합하는 형식이 지속적으로 변화하고 발달하는 매끄러운 공간과 홈 파인 공간의 조합이다. 음악에서 매끄러운 공간은 홈 파인 공간을 넘어서고 가로지른다(1987: 478). 또한, 음악에는 습관적 방식과 일상적 행동들이 존재하는데, 이는 개별 학생들에게 더 혹은 덜 체화되어 악기마다 각자 특정한 방식으로 사용되는 것이다. 연주법을 잘 알거나 조금 아는 사람도 있고 특정 악기를 다루는 방법을 전혀 모르는 사람도 있다. 예비교사들이 이미 악기와 구체적인 관계를 맺고 있거나 특정 악기로 제 소리를 내기 위해 특정한 습관적 방법을 시도한다면 우리는 이를 홈 파인 공간의 존재로 이해할 수 있다. 반면, 악기를 사용할 때 그러한 습관적 방법을 쓰지 않는 것은 악기를 연주하는 공간의 매끄러움을 발현시킬 수 있다. 악기를 손으로 다루는 사이-내부에서 발현하는 내부작용을 통해 학생들은 소리를 만들고 음악 속에서의 수학이 무엇인지 개념화하면서, 이 긴 세션 동안 음악의 낯설거나 익숙한 순서가 나타났다. 일부 예비교사는 펜과 종이 혹은 화이트보드를 사용하여 이러한 일련의 음악을 기록하고, 자신만의 표시를 만들고 숫자와 수식을 사용하려 했다.

다음 모임에서 예비교사들은 더 작은 그룹으로 나뉘었다. 댄서이자 **아틀리에스타**(*atelierista*: 다양한 형태의 미적 표현을 사용해 탐구 학습을 하도록 돕는 교육자에게 주어지는 명칭)인 에바 테오렐은 그 그룹들에게 도전 과제를 내고 이를 살펴보기 위해 교실에 왔다(Reggio Children, 2001; Rinaldi, 2006). 수학 역시 댄스 안무(dance choregraphy)에 연결될 수 있으며, 안무 역시 펜과 종이를 사용해 예술적인 기호와 수학적 상징으로 그릴 수 있다. 에바는 음악, 무용, 안무와 수학 간의 상호 변환으로 이해할 수 있을 작업을 한 이후 예비교사들에게 특정한 장소의 구조물로 음악을 만드는 문제를 냈다. 예비교사들은 다양한 기하학적 모양, 각도, 벽의 선, 천장의 패턴, 창문 및 문의 설치 등에 관해 논의했다. 예비교사들은 원형, 정사각형, 직사각형, 삼각형, 마름모, 길이, 높이, 거리 면적, 규칙성 및 불규칙성을 확인했고, 이는 수학적 문제로 변환될 수 있었으며 차례로 음악으로 변환될 수 있었다(Palmer, 2009a). 수학과 미학 사이의 강한 관계성에 대해 Palmer는 다른 연구(Rothstein, 2006; Sinclair, 2006; Sinclair et al., 2006, Palmer, 2009a)를 언급한다. 그녀는 복도에서 음악 만드는 그룹에 속한 예비교사의 혼종-글쓰기(hybrid-writing)를 인용한다(그림 5.1 참조).

> 우리는 수학에 관해 이야기했다. 우리가 항상 자각하지 못한다 하더라도 수학은 우리 몸 안에 있다. 수학은 우리가 계단을 걸을 때 굴러 떨어지지 않기 위해 계단의 길이와 높이에 대해 내적으로 표준화된 척도를 가져야만 하는 것과 같이 우리 삶의 일상적인 일이다. 우리는 수학에 대해 의식적으로 사고하지는 않지만, 우리 몸은 거리와 간격, 공간을 기억한다. 규칙을 일반화하고 추구하는 것은 우리의 사고뿐만이 아니다. 우리의 몸 역시도 규정과 분류화를 필요로 한다.
>
> (No. 6, 2005 in Palmer, 2009a)

예비교사들은 음악을 작곡하고 수학을 찾을 수 있는 자리를 배정받고 긴 탐구 활동을 시작했다. 이 탐구실제들은 사진, 오디오와 비디오테이프, 펜으로 악보 만들기나 화이트보드나 종이에 쓰기 같은 다양한 방식으로 기록되었다. 계단이 빛을 발하는 이 넓은 복도에서 신체와 악기, 펜, 종이, 여타의 수학적 도구를 사용하여 음악을 만드는 방법은 무엇인가? 이 모든 것은 특정한 한계와 잠재력을 갖고 있으며, 서로 다른 방식으로 교육적 공간에 홈 파기를 한다. 이러한 과정에서 서로 다른 배치(constellations)의 (불)가능한 상호 접속과 내부작용이 일어날 것인가? 어떤 것이 무한한 (불)가능성으로 나타날 것인가? 예비교사들은 계단을 오르내리는 동안 점점 빨라지고 무거워지는 숨소리를 들으며, 복도에서 뛰어다니고 계단을 오르내렸다. 예비교사들은 자신들의 몸 움직임에서 음악을 발견했는데, 처음에는 높은 키에서 활기를 되찾은 다음 낮은 키로 감속하면서 동시에 호흡이 가속화되었다.

그림 5.1 복도에서 음악 만들기

예비교사들은 신발 밑창의 재질에 따라 단단하고 깨끗한 혹은 둔하거나 조용하게 특정한 소리를 내며 돌을 찬다. 그런 다음 이 거대한 방에서 공기 속 약 10미터 정도 위쪽 창문에서 비추는 빛을 통해 반짝거리는 소리를 들으며, 차가운 공기를 통해 천천히 움직이는 먼지의 침묵을 듣기 위해 멈춰 섰다. 이 먼지, 숨소리, 신체적 움직임 속에는 어떤 악기가 있는가? 계단을 올라가는 동안 팔과 다리를 앞뒤로 움직이는 그 움직임은 어떻게 그릴 수 있으며, 그것은 어떤 소리를 갖고 있나? 우리가 천장 높이와 태양 광선을 어떻게 음악에 잡아 둘 수 있는가?

여기서 일어나는 것은 활동 중에 나타나는 서로 다른 물질-담론적 요소 사이-내부의 무수한 연결이다. 공간의 높이와 빛, 어둠, 크기의 개념이 숫자, 리듬, 악기의 소리로 변환되는 것에 대한 담론적 관련성은 무엇인가? 우리는 어떻게 음악 안에 발로 밟은 것과 무겁거나 규칙적인 혹은 불규칙하고 무작위적인 호흡을 넣을 수 있나? 이 활동에서 공간은 파인 홈 사이를 돌아다닌다. 매끄러운 공간이 출현하고 자리를 차지하며, 움직이고 춤추고 연주하는 학생들의 신체는 끝없는 즉흥연주(improvisation)를 한다. 매끄러운 통로와 홈 파인 통로의 교차들 사이에는 대응성(confrontation)이 존재한다(Deleuze & Guattari 1987: 482). 자리에서 음악을 만드는 이러한 활동 속에서 이 대응은 물질화되고 음성화된다. 그런 다음 그것들은 종이에 수학적 개요를 구성하는 것으로 변환된다. 이러한 종류의 기록화에는 모순된 특성이 있다. 한편으로는 수학이 음악을 계층화하지만, 다른 한편으로는 음악의 부분들이 반복될 때마다 이 구조가 다양한 방식으로 읽혀질 수 있다. 종이 혹은 화이트보드에 수학을 연주하는(재연하는), 즉 음악으로 번역하는 어려움은 공간을 기쁨, 웃음, 즉흥연주의 매끄러운 공간으로 바꾸고 예비교사들이 자신의 부분을 연주할 때마다 새로운 무언가가 창조된다. 반복할 때마다 음악은 그 자체로 달라진다(Deleuze, 1994).

이러한 학습 사건에서 서로 다른 종류의 모든 매체, 공간 및 장소, 신체, 그리고 담론적 개념화가 상호 변환 과정에서 서로 관련되어 움직인다. 음악, 수학, 공간 및 장소, 예비교사들의 다양한 주체성이 변형된다. 교육 활동을 할 때 학습은 개념적 차원과 신체적 차원이 뒤얽힌 물질-담론적 내부작용에 의해 일어난다(Barad, 1999). 즉, 음악적 혹은 수학적으로 구체화된 주제로서 공간, 건축물, 인공물, 악기, 소리와 음악의 유형성, 빛, 온도, 먼지, 단어, 종이 위의 표시, 펜, 호흡, 음악, 수학, 그리고 자신에 관한 담론적 이해(discursive understandings)이다. 인간적이고 비인간적인 모든 유기체, 연행적인 촉발자 혹은 물질은 그들 자신의 촉발성과 잠재력을 지닌다. 그러한 잠재력은 이러한 사건들로 일어나는 내부작용으로 인해 도전받고 출현할 것이다. 그러나 우리는 그 방법을 알 수 없다. 이것은 '새롭고 주목할 만하며 흥미로운' 것이 진리의 허울(appearance of truth)을 대체할 영원한 실험의 과정이다(Deleuze & Guattari, 1994: 111).

이분법적 실제를 넘어선 교수와 학습: 결론
On teaching and learning beyond binary practices: in conclusion

우리가 내재성과 **하나임**(*one-ness*)에 대한 존재론적 인식론 관점을 포용할 경우, 교육공간에서의 학습은 단순한 인과관계로 분리될 수 없다. 우리가 정확히 **이것**을 수행한다고 해서 **그것**이 정확하게 측정

될 수 있는 학습 결과가 될 것이라 생각할 수는 없다. 이것은 우리가 사용하는 **이**(*this*) 재료나 설명 방식 혹은 이야기의 **그**(*that*) 방식이 특정 순간의 학습 사건에서 다른 것을 통해 진행하는 다른 많은 것과 결코 분리되지 않기 때문이다. 따라서 교육공간에서의 '실재(reality)'는 교육공간을 구성하는 물질-담론적 '구조'의 두껍고 밀집된 혼합물의 관점에서 이해될 수 있다. 학습 사건의 복잡성과 다양성은 교육공간에서 모든 다른 종류의 방향, 강도, 힘, 속도를 갖고 연결되고 해체되며, 서로 함께하거나 부딪힌다. 교육적 기록작업의 도구를 통해 진행되고 있는 것의 두께의 절단 부분 중 일부에 접근할 수 있으므로(제3장, pp. 164-166 참조), 우리는 일어나고 있는 여러 일 중 일부를 파악하기 위해 여러 가지 방법으로 사건을 '판독(read)'할 수 있다. 또한, 이것은 이 앞 장에서 오리엔테이션 프로젝트의 사례로 보여 주었던 것이다. 이것이 우리가 교육적인 실제를 이해하도록 선택한 방식이라면, 원인과 결과 및 학습 결과에 관심을 갖게 되는 것이 아니라 오히려 학습에서 실제 무엇이 일어나고 있는지와 그것으로부터 지속적으로 탐구해야 할 새로운 질문과 문제를 생성하는 것에 관심을 갖게 될 것이다. 기록된 학습 사건, 기록에서 실제화된 조각이나 단편으로 잘린 것을 읽기 위한 노력에 참여함으로써 일어난 일의 다양성 중 일부 측면에 대해 배울 수 있으며, 이는 새로운 문제나 사건을 발견하기 위한 출발점이 될 수도 있다. 이전 장의 사례에서 수학, 음악, 악기, 공간, 수학적 상징에 관한 학생들의 개념, 학습 사건 공간에서의 아동, 그들의 손, 점토, 막대기, 물과 물질, 온도 상태, 빛 사이에서의 상호 접속이 일어나는 것에 대해 무언가를 배우게 될 수 있다. 기록된 사건은 교사가 과거에 상상할 수 없던 방식으로 교수공간을 계획하고 배치할 수 있는 물질-담론적 지식으로 다시 재연되고 체화된다.

나는 이 장의 시작 부분에서 인용했던 Ellsworth로 다시 돌아가 결론을 짓고, 위에서 전개한 사례와 관련된 그녀의 말을 덧붙이고자 한다. 수학에 대한 학제적, 탐구적 접근의 작업 사례는 학습자로서 당신의 수학적 주체성을 포함해 교육이 어떻게 우리 '매우 가까이에서', '학습적인 삶, [그리고] 열정을 형성하거나 망가뜨릴 수 있는지' 보여준다(1997: 6). 하지만 우리는 개별 학생이나 자녀에게 학습이 일어나는 방법이나 시기를 정확히 결정할 수는 없다. 우리는 구체화된 학습 경험과 학습 내용 및 교수학습 실제들과 관련해 학습자로서 주체성을 구성하고 재구성하는 경험의 레퍼토리로부터 학습의 복잡성과 예측 불가능성에 관한, 그리고 적어도 우리가 함께 학습하는 학생들의 무한한 가능성과 잠재성에 관한 지식 및 자각을 축적할 수 있다.

CHAPTER 6

혼종-글쓰기 과정: 학문적 글쓰기에서 이론/실제의 흑백논리 넘어서기

The hybrid-writing process: going beyond the theory/practice divide in academic writing

> 맥락이 우리의 글쓰기에 영향을 미치고 우리의 글쓰기가 맥락에 영향을 미치는 방식은 복잡다단하다.
>
> (Richardson, 1997: 5)

여러분은 어떤 방식으로 이론과 실제의 구분을 넘어서는 글쓰기를 하는가? 즉, 어떻게 글을 써야 독자들로 하여금 이론적 개념과 사고방식으로 인해 일상생활 행동습관과 판에 박힌 일상이 물질화되는지 알게 하고, 아이들이 고안한 전략으로 진행된 학습이 이론을 반박하며 바꿀 수 있다는 점을 알게 할까? 더 나아가 어떻게 글을 써야 아이들과 예비교사들의 전략과 사고가 복잡하다는 점, 그리고 교생인 여러분의 학습 과정에 들어 있는 여러 텍스트가 다양하다는 점이 제대로 다루어지게 될까?

제5장에 제시된 재개념화(reconceptualised) 교사교육에서 도출된 다양한 텍스트로 예비교사 개인의 경험에서 나온 기억과 내러티브 쓰기, 수준 높은 이론 문헌과 연구, 아동과 함께한 학습 과정 기록, 예비교사들의 과학, 수학, 그 외 교육 분야의 문헌을 들 수 있다. 학습에 관련된 이 모든 다양한 텍스트가 연관되어 엮을 수 있을까? 다

시 말해, 존재론적 인식론(onto-epistemological)의 관점에서 학문적 글쓰기를 하는 것이 가능할까? 즉, 이기(being)가 상호 의존적 되기(becoming)의 상태에 있고, 배움과 앎이 서로에게 이해되도록 하려는 가운데 다양한 행위주체자(agencies) 사이-내부(in-between)에서 배움과 앎이 일어나는 존재론적 인식론 관점으로 학문적 글쓰기를 할 수 있을까? 어떻게 하나의 텍스트, 예를 들어 일련의 사진 자체만으로 아이의 정체성 구성에 대한 이론적 텍스트가 이해되도록 할 것인가? 반대로 아이의 정체성 구성에 대한 이론적 텍스트 자체만으로 어떻게 탐색놀이 중인 아이들의 사진이 이해되도록 할 것인가? 끝으로, 여러분은 학문적 필수 요건을 동시에 충족시키는 물질-담론적 내부작용에서 발현적 배우기(emergent learning)와 함께 되기 과정인 글쓰기 과정을 어떻게 시작할 것인가?

이 장은 1999년부터 개발되어 실행 중인 유아교사교육 프로그램의 일부인 재개념화 교사교육 과정에서 진행된 글쓰기 과정을 중점적으로 다루고 있다. 이론/실제라는 흑백논리의 극복이 어떻게 가능한지를 **혼종-글쓰기 과정**(*hybrid-writing process*)으로 내가 명명한 바를 보여주고자 한다. 여기서는 이론과 실제 모두를 텍스트인 **물질**(*material*)로 생각한다. 즉, 혼종-글쓰기 과정은 글쓰기 양식에서 나타나는 사고와 행위의 변형인 물질화 과정과 관련이 있으며, 이 물질화 과정에서는 과학적 일관성을 갖춰 잘 써 놓은 학문적 글처럼 텍스트를 질적으로 우수하게 만들어서 이론/실제를 엮어 낸다. 이 장의 후반부에서는 1년 과정에 등록한 네 개 분반의 총 80명 예비교사들의 개방형 평가서에 대한 내 연구를 토대로 이런 글쓰기 과정을 어떻게 수용하고 이해했는지 논의할 것이다. 평가서는 작성된 후 수업이 종료되면서 제출받아 평가되었고, 이때 이미 학생들은 새로운 다른 수업과정으로 옮겨 간 후였다. 이에 대한 연구 결과도 소개하고자 하는데, 이것은 내부작용 교육을 실시한 실제로서 제2장과 제5장의 사례와 더불어 여기 제6장에서 소개할 재개념화 교사교육 평가의 일부에 해당한다. 여기서의 분석은 오늘날 스웨덴에서 교사교육 대상 학생에서 큰 비중을 차지하는 비학문적 배경을 가진 대다수 학생을 고려하는 가운데 이들의 다양한 주관성을 포함하거나 배제하는 혼종-글쓰기가 어떻게 이해될 수 있는지에 초점을 두고 이루어졌다(Lenz Taguchi, 2009b).

교사교육에서 흑백논리적 사고하기와 글쓰기

Binary thinking and writing in teacher education

이론/실제의 이분법적 구분은 교사교육에서 글쓰기 과정을 다룰 때 매우 까다로운 장애물이다. 예비교사인 학생들이 살아낸 실제의 관점에서 직업 훈련에서 관찰하고 체험한 자신들의 개인경험에 관해 쓰는 것과, 교사나 실천에서 반드시 달성해야 하는 바를 규정한 이론 문헌을 토대로 필수적으로 써야 할 바를 구분해 놓은 것은 쉽게 알 수 있다. 무엇보다 교생은 '과학적인' 관점에서, 즉 연구자의 입장에서 다른 학문 분야를 전공하는 학생처럼 실제를 관찰하고 분석해야만 한다. 스웨덴 교사교육에서 점차 학문적 요구들이 증가하고 있는데, 이는 한편으로 전통적인 학문적 글쓰기와 또 다른 한편으로 암묵적 지식(tacit knowledge)에 초점을 맞춘 경험중심의 글쓰기 사이에서 이미 존재해 온 구분을 확연하게 만들었다. 후자의 글쓰기, 즉 경험중심 글쓰기 양식은 이미 앞의 장에서 지적했듯이 지난 30년간 다양한 분야에서의 비판이론, 페미니스트, 후기식민주의, 후기구조주의 등의 관점에서 도출된 과학적 연구실제의 저항 방식에서 나온 것이다.

Laurel Richardson(1997)은 학계에서 진행된 다양한 글쓰기 실제에 놓인 구분을 잘 설명한 연구자 중 한 명으로 새로운 형태의 글쓰기를 제안했다. 그는 과학적 글쓰기를 이해하는 우세한 방법에 대해 언급하였다. 즉, 이 우세한 방법은 앞의 장에서 논의를 통해 우리가 알고 있는 방식으로, 세상 외부에 자신을 배치하여 분리된 독립체로 또 관찰자로서 글을 쓰는 것이다. Richardson에 따르면 글쓴이가 스스로를 세상과 분리된 존재로 인식할 때 글쓰기는 다음과 같은 필수 요건과 특성을 갖추게 된다.

> [과]학적 글쓰기는 중립적이며 투명하다. 깨끗한 한 장의 유리창처럼 과학적 글쓰기는 아마도 실재(reality)를 왜곡하지도 흐릿하게 만들지도 않으며, '독자가 외부 세계를 있는 그대로 보게' 함을 목적으로 한다(Gusfield, 1976: 17). 실재는 외부에 존재하는 것, 어떤 관찰이나 글쓰기에 좌우되지 않는 독립적인 것으로 여겨진다. '사물'과 '사고' 사이의 통로는 막힘이 없다. 하지만 '사실들'의 외재성(externality)과 언어의 중립성에 대한 이러한 모더니스트적인 믿음은 과학과 그 구조에 대한 당대의 **과학적** 사고와는 맞지 않는다.
>
> (1997: 41, 원문 강조)

이러한 사고방식은 제2장의 배움에 대한 이해에서도 찾아볼 수 있다. 여기서 우세한 사고방식 중 하나는 언어가 '저기 바깥에' 있는 세계를 재현한다고 보는 것이다. 이러한 사고방식은 제3장의 다양한 인식론적 관점과 존재론적 관점에서 본 교육적 기록작업(pedagogical documentation)에서도 찾아볼 수 있다. 여기서 아동 관찰이나 사진은 종종 관찰자와 관찰 도구로부터 떨어져 분리된 아동의 '진실'한 단면만을 재현하는 것으로 이해된다.

학문적 글쓰기에 대한 문헌에서 구축된 이분법은 주관적, 개인적, 체화된 경험에 근거한 글쓰기와 반대되는 것으로, 객관성과 합리성, 중립성, 명료성, 연구에 참조된 자료 등과 관련하여 '정확한' 학문적 글쓰기의 규준을 정하는 지배적 사고를 보여 준다(Jung, 2005; Richardson, 1997). 이러한 이분법은 결국 마음/몸, 사고/정서, 이성적/감정적, 객관적/주관적, 중립적/개인적, 명료한/불명료한 등과 같은 양분화에 기반을 두고 있으며, 이 책 전반에 걸쳐 다양한 맥락 속에서 언급되고 있다. 제1장에서 지적했듯이 이런 이분법들은 더욱 일반적인 남성적/여성적, 남성/여성의 이분법으로 은연중에 언급하고 있다. 학문적 글쓰기에 대한 주된 방식은 주로 논리적이고 일관성 있는 명료한 텍스트를 도출하려는 실증주의적 글쓰기에서 확연히 드러날 뿐만 아니라 학문 분야에서 과학적 글쓰기를 행하는 유일한 방법으로 당연시되고 있다(Jung, 2005: 8-9). 지배적 의견에서는 글의 명료성과 명확성을 목표로 하기 때문에 **복잡성을 축소**(*complexity reduction*)시켜 버린다. 이는 모든 글쓰기에 있어서 중요한 부정할 수 없는 특성이다.

1980년대에는 재현 개념에 대해 광범위한 비판이 일어나면서 언어가 사회 현실을 재현하거나 묘사할 수 있다는 생각, 즉 재현의 패러다임에 대해 문제가 제기되었다. 전통적인 학문적 글쓰기라는 '전체주의적 시각'은 '맥락성, 예외의 것, 불확정의 요소, 참여자의 의도에 대한 관심'으로 대체되었다(Richardson, 1997: 13). 1980년대에 Clifford Geertz가 주창한 '장르 경계 흐리기(blurring of genres)'는 각 학문들이 다른 학문 분야들의 아이디어와 방법을 빌려 쓰도록 장려함으로써 학문적 글쓰기의 전통적인 개념을 약화시키는 위한 하나의 전략이었다(Richardson, 1997; Jung, 2005). 페미니스트의 관점에서 주류 글쓰기는 지배적인 남성적 실행을 표상하는 것으로, 이 실행에서는 개인적 경험, 정서, 몸 등이 학문적인 '진지한' 글쓰기에서는 배제되었다. 개인적 경험이 적극적으로 활용될 경우 단지 스스로의 '반복적인 설명과 노출'만을 드러내는 것이라고 주류 글쓰기를 옹호하는 이들이 비판을 가한다(Lu, 1999; Jung, 2005: 58). 다시 말해, 개인적인 뭔가를 글로 쓴다는 것은 과학을 행하는 것이나 과학적으로 글쓰는 것과는 아무 관련이 없다. 전통적인 학문적 글쓰기 실행은 동시에 기준을 충족하지 않는 모든 글을 비과학적이고 여성적인 것으로 만들었다(Jung, 2005; Richardson, 1997). 따라서 1980년대 이후 페미니스트와 비판적 교육학에서 전개된 주관적 · 개인적 개입은 남성적인 학문적 글쓰기의 규범성에 대한 일종의 저항이라 이해될 수 있다(Richardson, 1997).

학생들의 경험과 목소리와 다양한 글쓰기 장르들, 예를 들어 개인의 회상과 내러티브, 일기 등을 이용하는 저항의 글쓰기는 만연한 환원주의 전략과는 반대되는 글쓰기 과정으로 **복잡성을 증대**(*complexity increase*)**시키는** 글쓰기로 이해할 수 있다(Davies & Gannon, 2005; Ellsworth, 1992; Gore, 1992; Hooks, 1994; Jung, 2005; Malka Fisher, 2001; Mayberry & Rose, 1999; Orner, 1992). 그러나 주의가 요구된다. 글쓰기 과정에서 모든 이분법적 구분, 특히 이론/실제의 양분화에 확고하게 대처하지 않는다면 저항의 글쓰기는 그 복잡성을 상실해 결국 순전히 개인의 경험 노출에 불과해질 수 있다. 학문적 글쓰기를 이해하고 실천하는 또 다른 방법을 향하여 이론/실제의 구분을 넘어서는 글쓰기를 할 수 있기 위해서는 이분법적 논리에 대해서 분석하고 저항할 필요가 있다.

혼종-글쓰기 전략: 만연된 흑백논리 극복하기
The strategies of hybrid-writing: going beyond prevailing binary opposition

여기서 이분법적 사고의 덫에 걸리지 않기 위해 시도한 혼종-글쓰기는 '객관적/중립적'이고 '주관적/개인적'인 것의 사이(between), 내(within), 그리고 넘어서는(beyond) 상호 의존적이면서도 변화무쌍하고 휘젓는 운동과 힘으로 하는 과정이다. 또한, 혼종-글쓰기는 담론적/물질적인 것 사이의 구분을 극복하는 것을 목표로 한다. 1999년 이후 나는 스톡홀름에서 동료와 공동으로 학부 교사교육 프로그램의 일부로 개설한 1년간의 재개념화 교사교육 과정에서 혼종-글쓰기를 개발해 사용해 왔으며, 이에 대해선 앞의 장에서 설명했다. 다음에서는 혼종-글쓰기 과정에서 사용한 다양한 전략에 대해 간략하게 설명하겠다.

학생들의 혼종-글쓰기 과정과의 친숙화를 위한 첫 단계는 개인 회상/회고록, 이야기, 신문과 잡지 기사, 관찰 기록, 학문방법론 텍스트 등과 같은 여러 장르의 텍스트를 읽게 하는 것이었다. 우리는 글쓰기 과정에서 다른 콘텐츠와 관련지어 이론적으로 분석할 핵심 내용으로 학생들의 다양한 주관성, 관점, 경험을 적극적으로 활용하고자 하였다. 한편 여러 담론 내에서 읽기가 진행되는 가운데, 의미 생성과 교육 결과를 이해하기 위해서 이론적으로 다양한 관점의 읽을거리를 갖고 읽기가 이루어졌다. 예를 들면, 구성주의, 행동주의, 발달심리학, 후기구조주의 등이 이에 해당하였다(Lenz Taguchi, 2006). 우리의 목표는 이러한 담론을 떠받치는 신념 체계와 실제와 학습 활동으로 실현된 유형들을 '폭로하고' 와해하는 것이었다(Barad, 2008; Burman & MacLure, 2005; Davies & Gannon, 2005; Hekman, 2008;

Lenz Taguchi, 2005, 2007, 2008d). 더 나아가 젠더, 계층, 섹슈얼리티, 능력, 인종, 민족성 등으로 복잡하게 얽혀 있는 권력 생산적 측면을 수학 수업에서부터 자유놀이에 이르기까지의 구체적인 교수학습의 상황 및 활동과 관련지어 분석하였다(Lenz Taguchi, 2005, 2006; Palmer, 2009a). 그리고 다음 단계에서는 새로운 이론적 사고 또는 실천을 위한 함의와 결과를 도출하기 위해서, 앞서 해놓은 다양한 텍스트들과 분석들을 엮고, 그것들이 어떻게 접속 및 상호 접속되어 있는지, 또한 어떻게 서로 내부작용하는지를 보여 주고자 하였다.

우리 작업의 길잡이 역할을 하는 후기구조주의 페미니스트 담론에서는 '개인적'/'주관적'인 것은 '경험된' 것이어서 담론이 포함을 하므로 반드시 해체되어야 한다(Burman & MacLure, 2005). 더욱이 그것은 주체를 둘러싼 물질 환경과의 내부작용에도 포함되어 있다(Barad, 2007). 이 발은 심지어 읽고 쓰는 주체가 페미니스트 해방이론의 입장에서 말하고 쓸 때조차도 자기 자신을 물질-담론적으로 구성된 독자이자 작가로 위치시켜야 함을 의미한다. 따라서 '개인의' 경험을 '자명한', '진짜의', '참된', '진리의' 것으로 다뤄서도 안 되고, 담론적 실천과 의미 생성 방식보다 우선시하거나 제외시켜도 안 된다(Lu, in Jung, 2005: 58). 개인적 경험은 자주 인용되는 Joan Scott의 말대로 "설명의 근원이 아니라 우리가 설명하기를 희망하는 것이다."(1992: 38) 또한 Scott은 "경험은 항상 이미 하나의 해석인 동시에 **또한** 해석을 필요로 한다."라고 말한다(p. 37, 원문 강조). 이와 비슷한 맥락에서 Davies는 다음과 같이 말한다.

> 나의 권한은 **저작권**을 강조하는 권한, 즉 말하고/쓰고 들릴 수 있고, 목소리를 낼 수 있고, 공동 담론 내에서 그리고 넘어서 의

> 미를 명확하게 표현하는 능력을 강조한 권한으로서 재개념화되어야 한다. 이 능력은 의문을 가진 당사자의 본질이 아니라, 그들이 취한 자신들의 존재를 통해 담론 내에서 그들에게 주어진 위치로부터 나온다.
>
> (2000: 68, 원문 강조)

따라서 후기구조주의 페미니스트 담론에서 개인적인 것, 주관적인 것, 경험 등은 해체를 해서 분석해야 될 그저 또 하나의 담론적으로 구성된 자료의 출처에 불과하다(Burman & MacLure, 2005).

유물론적 페미니스트의 관점에서 보면 담론과 물질 현상, 예를 들어 교육실제와 그 실제에서 물질의 사용은 서로 무관하지 않으며, 오히려 물질과 담론은 서로 내부작용의 역동적 관계로 밀접하게 연관되어 있다. 그것은 일종의 '상호 함의(mutual entailment)'의 관계이다(Barad, 2008: 140). 따라서 우리는 언어를 '진리'의 재현이나 '참된' 경험이 아닌, 담론 대 물질 혹은 객관 대 주관과 같은 이항대립을 넘어선 상호 의존적이고 가변적인 운동(fluctuating movement)을 이루는 담론 물질화 과정으로 본다. 물질이 어떻게 담론적으로 구성되는지, 또 물질 행위주체들이 우리와 우리가 다루는 물질 사이-내부의 내부작용에서 어떻게 담론을 구성하는지를 밝히는 일은 우리가 분석했던 진행된 글쓰기에서 중요한 부분에 해당하였다.

이러한 분석 능력을 갖추기 위해서는 하나의 텍스트를 여러 독자가 읽고 의견을 제시하고 공동 지도과정 속에서 그것의 일부분을 함께 다시 쓰게 해서 글쓰기 과정의 진도를 늦춰야 했다. Julie Jung은 이와 유사한 과정을 복합 장르 텍스트를 가지고 작업하는 '수정주의 수사학(revisionary rhetoric)'으로 불렀다. 즉, 다양한 장르의 텍스트들의 병치는 **귀 기울여 듣고** 이해하고 의미를 명확하게 하는 것을 **늦추**

는 글쓰기가 되며, 따라서 차이와 훼방을 들을 수 있고 탐색할 수 있게 한다(2005: 3). 개인 작가에게 이것은 곧 글을 쓰면서 다양한 텍스트를 엮는 동안 어떻게 다양한 유형의 텍스트가 서로 내부작용하는지 알아내고, 이러한 내부작용에서 무엇이 만들어지는지 관찰하는 것이다. 예를 들어, 어느 유아학교를 촬영한 여러 사진과 권력이 어떻게 교육적 실제에서 생산되는지 이해하기 위해 이론적인 글 두어 개 사이에서 연결점을 찾으려는 시도가 이에 해당한다(제1장, pp. 70-82 참조). 특정 텍스트를 읽은 다른 독자가 공동 지도로 다양한 텍스트를 읽는 자신의 방법을 제시할 경우 재연(re-enactments), 대체, 저항의 가능성을 열어 놓는, 늦추고 지속하는 시간이 제공될 뿐만 아니라 창작을 다시 이해하고 심지어는 하나의 탈주선을 타고 비상할 수 있는 기회가 주어지게 된다.

이는 내가 이중 운동(dual movements)으로 설명한 것으로, 즉 내부작용 교육과 교육에서의 기록작업 활용의 '순환' 운동으로 이어진다. '순환' 운동은 운동의 속도를 늦추는 것, 혹은 다양한 텍스트와 특정 텍스트 속에서 발생한 사건에 대해 생각하기–쓰기에 주어진 늦춤을 말한다. 그리고 이것은 사건을 재연(re-enact)하고, 역실현(counter-actualisation)하고, 파인 홈(striations)을 알아차리고, 탈코드화하기 위함이다. 더불어 이것은 '수평적' 운동을 향해 빠르게 속도를 내는 것이며, 창조적이며 발명적인 새로운 가능성이라 할 수 있다(제4장, pp. 184-185 참조).

글쓰기의 물질적 기술과 관련하여 최대한 볼 수 있고, 만질 수 있고, 물질적이고 접근 가능한 글쓰기를 목표로 삼았다. 이를 위해 다양한 글쓰기 유형을 활용해 어떻게 다양한 장르의 텍스트가 중첩되는지, 어떻게 모순과 혼란을 주는지, 이뿐만 아니라 어떻게 통합되고 상호 접속되어 유사한 방식으로 의미를 생성하는지 보여 주고자 하였다. 공동으로 지도하기와 텍스트 다시 쓰기 과정에서 의미와 학습을 담론적으로 생산하는 일은 개인의 책임이라기보다는 **공동의 책임**으로 여겼다. 즉, 그 텍스트는 하나의 공동 작업이었다. 그리고 다시 쓰기 과정은 물질화된 '차연의 유희(differential play)'로 이해되었다. '차연의 유희'에서 문장과 문단은 다른 텍스트와 비교하여 혹은 여러 독자에 의해 다양한 맥락 속에서 다양한 의미를 띠었다. 그것은 마치 여러 무한히 가능한 방법으로 서로 이어 붙일 수 있는 다채로운 패턴이 있는 여러 조각의 텍스트나 천을 갖고 퀼트나 조각보를 엮는 것과도 같았다(Deleuze & Guattari, 1987: 476). 나중에 그것들은 작가가 텍스트를 구성하기 위해 독특한 방식으로 조각들을 이을 때 특정하게 골라 선택한 이론이라는 실로 함께 '꿰매거나' '이어 붙일' 수 있었다. 이 과정에서 모든 텍스트와 정보 출처에 참고문헌을 다는 것이 중요하였다. 이는 상호 텍스트적인 학습과 내부작용을 기록하는 것, 즉 특정한 이론을 중심으로 구조화된 줄거리 흐름을 통해 모두 공개하는 것을 말하였다.

목차와 같은 필요한 구성 요소를 갖추어야 하는 형식적이고 전통적인 학문적 글쓰기에 대한 우리의 접근은 양면적이었다. 그것은 지배적인 모더니스트 담론의 오랜 전통을 상징한다고 보면서도, 다른 한편으로는 오랜 전통을 표상하는 혼종의 '텍스트 조각보(text patchworks)'를 읽기 쉽고 이해할 수 있게 하는 아주 구체적인 지침으로 생각했다. 홈 파인 공간과 매끄러운 공간에 대한 Deleuze와 Guattari의 사고에서 볼 경우 학문적 글쓰기의 형식적 절차는 홈 파임으로서, 텍스트를 다소 친숙하고 안전한 공간으로 만들어 여러분이 따르게 될 일부 경로를 파악하도록 한다(1987: 475-8). 반면에, 혼종-글쓰기는 바이러스처럼 상호 접속과 차연의 '리좀적'인 과정에 더 가까워 보이며, 이 경우 글쓰기 공간은 때때로 사고의 창조선(its inventive lines of thought)에서 매끄럽게 되어 학문적 글쓰기에서 당연시되는 논리를 전혀 따르지 않게 된다. 하지만 매끄러운 공간이나 탈주선으로부터 '나온' 것은 다른 사람들이 읽게 될 이해가 가능한 텍스트로 만들어지기 위해 학문적 글쓰기-구성 양식의 홈 파인 공간에 맞춰진다.

혼종-글쓰기 과정 요약

존재론적 인식론의 관점에서 글쓰기 과정을 하기 위해 글을 쓴다는 것이 무엇인지 이해해야 한다. 이때 글쓰기에서 지식의 생산이란 모든 사람이 알아보도록 하기 위해서 다양한 텍스트를 뜻하며, 모든 사람과 나머지 모든 사물과의 상호 의존적 관계에서 살아가는 과정 속에서 이뤄진다(Barad, 2007: 185). 필자는 그런 일시적인 한순간의 과정을 다음과 같이 '포착'하려고 애썼다.

- 글쓰기는 상호 접속을 만드는 과정이다. 또한, 여러 가지 의미를 차연화하는 과정인데, 혼종을 만드는 리좀적 조각보에 있는 다양한 종류의 텍스트나 질료 사이-내부의 공간에서 생산된다. 이와 함께 동시에 전통적 학문 양식을 따름으로써 종국에는 학문적 텍스트로서 질을 갖춘 텍스트를 생산한다.
- 글쓰기는 모든 사람뿐만 아니라 우리를 둘러싼 모든 삼라만상과 맺고 있는 내부작용적 관계에서 일어나는 공동 작업이다. 이 말은 한 명의 작가의 머리에서 산출되거나 인식된 것이 아니라, 물질-담론적인 내부작용의 과정에서 생산된다는 뜻이다. 또한, 컴퓨터 소프트웨어의 텍스트 산출로서 물질화한 것은 공동으로 협

의한 물질-담론적 과정의 결과에 해당한다. 따라서 가르침과 배움의 모든 환경뿐만 아니라 삶의 맥락도 텍스트로 산출된 바에 대해 능동적이며 '책임을 지고' 있다고 볼 수 있다.

- 글쓰기는 지속적으로 진행 중인 과정으로 당신이 실제로 글을 쓰고 있지 않을 때도, 존재(existence)에 대해 이해한 것을 말할 때도, 당신이 타인과 이해한 것을 협상할 때도, 당신이 인생을 살아가는 과정에 있을 때도 마찬가지로 일어난다. 그 텍스트는 결코 끝나지 않으며 심지어 텍스트가 공식적으로 끝난 후에도 멈추지 않고 작용한다.

예비교사 학생들과 교사교육자이자 지도교수인 우리가 불가피하게 따라야만 하는 실천 결과물, 즉 혼종의 글쓰기 공간에서 필수에 해당하는 홈 파인 것(stratifications)은 무엇인가?

- 모든 학생은 평가받게 될 최종 생산물인 자기만의 텍스트에 대해 공식적으로 책임을 진다. 학생은 이 텍스트에 해당 수업 과정에서 산출된 모든 이용 가능한 텍스트를 사용해 수업기간에 걸쳐 교육기간 내내 자신의 학습 과정을 기술하고 분석하게 된다.
- 텍스트는 다양한 텍스트의 혼합이나 조각보로 구성된다. 즉, 글쓰기가 진행됨에 따라 텍스트들은 얽히게 되고 엮인다. 무엇보다 다양한 텍스트를 상호-얽히게 하여 이론적 분석을 생산/산출하는 것이 가장 중요하다. 물질-담론적(material-discursive) 내부작용과 물질화(materialisations)에 대한 이해를 보여 주는 분석의 일부로 다양한 이론적 관점에서의 다채로운 읽기와 더불어 사고 및 실천을 위한 결과 비교하기가 반드시 이루어져야 한다.

- 이 과정에서 모든 다양한 텍스트는 동등한 가치를 지닌다. 하지만 학생들은 실습 배치 때부터 교육적 기록작업을 도출하고 엮어야 할 뿐만 아니라, 분석하는 내내 토론하는 데 활용하고 토론할 핵심 개념을 선택할 때 필요한 필수 이론 자료들을 이용해야 한다.
- 논의 및 답변될 논문주제와 연구문제는 늦어도 교생실습 배치기간 내에 정해져야 한다. 이때 논문주제는 아동과 책임지도교사와 함께 정한다. 논문은 다른 사람들과 그(녀)를 둘러싼 세상과의 내부작용 과정에 있는 개별 학생의 학습 과정으로 수행될 것이지만, 그 논문의 주요 목적과 주제는 어린이에 대한 연구이다.
- 모든 학생은 '자기만의' 논문을 써야 하지만 3~5명 학생의 소그룹을 구성하여 전체 기간 동안 서로의 텍스트를 공동으로 '지도'한다. 집단 내 토론, 다른 학생의 제안이나 생각(reflection), 텍스트에 대한 집단 지도에 대한 의견 등도 텍스트에 대한 학습과 수정에 대한 그들의 영향을 가시화한 텍스트들로 간주해 참조해야 한다.
- 논문 지도는 그 학생의 사고와 이론을 다각적으로 시험하고 뒤흔들어 보고 이의를 제기해 보기 위해 그와 다른 시각을 지닌 1~3명의 교사교육자가 담당한다.
- 논문은 서론과 목적, 논제, 연구 방법, 이론적 도구, 분석, 교육적 결과 논의, 결론 등의 전통적인 학문적 글쓰기의 형태를 취한다.

예비교사(학생)가 이해한 혼종–글쓰기 과정: 평가 분석

The hybrid-writing process as understood by the students: evaluation analysed

이 장의 후반부에서는 어떻게 학생들이 혼종–글쓰기 과정을 다양한 방식으로 이해하고 수행했는지를 2003~2006년까지 4개의 집단에서 받은 80개의 평가서를 토대로 한 연구분석을 이용해 논의하고자 한다(Lenz Taguchi, 2009b). 이 분석을 통해 알게 된 흥미로운 사실은 혼종–글쓰기 과정이 형식적인 학문적 글쓰기 과정에 대한 친밀도에 따라 여러 집단의 학생들에게 다르게 받아들여졌다는 점이다. 지배적인 학문적 양식에 따라 이미 성공적으로 글쓰기를 수행한 몇몇 학생은 아래에 제시된 혼종–글쓰기 과정에 어느 정도 저항했다. 반면, 학문적 글쓰기에 대한 경험이 전혀 없거나 나쁜 경험이 없는 모든 학생은 전적으로 이러한 종류의 글쓰기 과정을 수용했다. 특히 어떻게 혼종–글쓰기 과정과 비학문적인 텍스트에서 소외된 주체의 자리매김(marginal subject positionings)을 이용하는 것이 가능한지 또한 이러한 글쓰기가 가질 수 있는 통합적인 효과에 초점을 두고자 한다.

양극화 극복하기

> 봄 학기의 기나긴 글쓰기 과정은 놀라웠다. 내 경험을 활용**하고** 학문적 텍스트를 구성하고 쓰는 방법의 기초를 배울 기회가 있었다. 나는 분석과 표현을 훨씬 더 잘하게 되었다. 글을 쓴다는 것이 더 이상 낯설게 느껴지지 않았다. 작가로서 나의 능력을 끊임없이 의심할 땐 무거운 짐이었지만, 더는 그렇지 않다. 이제 즐거움이 되었다!

이 인용문은 혼종-글쓰기의 장점을 요약해 준다. 즉, 학문적 글쓰기의 기초를 학습하는 동시에 개인 경험을 되돌아볼 가능성을 보여준다. 혼종-글쓰기 과정의 '양면'을 강조함으로써 이러한 과정들에서 자주 빠지기 쉬운 이항대립을 극복할 수 있었다. 다음의 분석에서 더 자세히 설명하고 예를 들고자 한다.

학생들이 혼종-글쓰기 과정을 전통적인 학문적 글쓰기와 구별하는 방법이 기본적으로 세 가지가 있다. 이를 나열하면 다음과 같다.

- '배움을 위해 이전의 개인적 경험 이용하기'(이것은 학생들이 혼종-글쓰기 과정에 대해 단연코 가장 많이 하는 일반적인 설명임) vs '현실을 재현하기 위해 자료 이용하기와 책을 통해 알게 된 이론과 사실 보고하기'
- '주고받는 협업의 도전적이며 지속적인 글쓰기 과정' vs '독립적인 개인 글쓰기 과정'
- '실습을 통한 기술 습득' vs '말해지지 않은, 시각화되지 않는 지식'

이런 어구들은 학생들의 개방형 평가 설문지에서 가장 많이 사용한 단어와 표현을 해체적으로 분석한 결과이다(Burman & MacLure, 2005). 여기에 아주 똑같이 사용된 몇몇 단어와 표현이 있다. 이들은 종종 두 가지 글쓰기 방법을 구분하는 양극을 이루고 있었다. 필자는 위의 논의에 따라 수업시간에 하지 않았던 방식인 '전통적인 학문적 글쓰기 실제'에 해당하는 것을 널리 확산될 '다른' 글쓰기 방식이라고 부르기로 했다.

전통적인 학문적 글쓰기 실제	혼종-글쓰기 실제
'글쓰기는 나랑 상관없다'	'글쓰기는 나를 변화시킨다'
'감정 결여'	'정서적', '희열의'
'개인적인 것과 정서적인 것과 무관함'	'내 인생사에서 굴러 떨어지는 여행'
'경험에 참조하지 않음'	'경험 사용하기'
'단독 과정', '나 스스로의 과정'	'다른 사람의 학습에 참여하기'
'독립'	'상호 의존'
'실제와 이론 사이 조율'	'이론과 실제의 병행'
'이론가의 사상 참조하기'	'본인과 다른 학생의 생각 고려하기'; '새로운 담론에서 나온 것 이해하기'
'권력 분석 없음'	'권력의 담론적 생산을 이해하고 분석하기'
'본인 생각을 확정 짓기', '본인 의견을 진술하기'	'본인이 생각한 진리 바꾸기'

여기서 발생할 수 있는 오해를 피할 필요가 있다. 학생들이 내가 전통적인 학문적 글쓰기로 부른 것과 혼종-글쓰기를 구별했음에도 불구하고, 학생들은 다시 이분법적으로 구분하지 않았다. 특히 학생들이 이론과 실제와 관련하여 혼종-글쓰기 과정의 상호 의존적 특성과 함께 물질과 담론의 관계를 설명할 때, 학생들은 분명 '객관적/중립적인 것'과 '주관적/개인적인 것' 사이의 이분법적 단순 구분을 넘어섰다. 아래에서 설명하도록 하겠다. 이것은 학생들이 자신의 학습이 다른 학생의 학습과 얼마나 밀접하게 연관되어 있는지, 이 과정에서 서로의 지지가 얼마나 중요한지, 아울러 결과적으로 나온 ('양분화

가 아닌') 관계들이 얼마나 복잡한지 강조함으로써 더 확연해졌다. 여기서 우리는 학생들이 평가서에서 사용한 반대말은 실습 참여를 통해 야기된 관점의 변화에 대한 질문의 답으로 순전히 교훈적이라는 점을 이해해야 한다. 학생들이 평가서를 이렇게 쓰도록 배웠기 때문에 이런 식으로 답변한 것은 '자연스러운' 현상이라는 점을 언급하고 싶다.

대부분의 학생은 혼종–글쓰기 과정이 **'학문적 글쓰기 과정을** 좀 더 잘 **이해하는 데'** 도움이 되었음을 강조했다. 이 점은 Hultqvist와 Palme(2006)의 연구와 관련하여 특히 중요한 의미를 가진다. 이들의 논문에 따르면, 고등교육에서의 성공이란 종종 '숨은 의도(hidden agendas)', 즉 학문적 배경이 있는 학생들이 갖고 있는 언어화되지 않고 시각화되지 않은 문화적 역량이 파악되어 숙달된 성취 결과에 해당한다. 이들 연구자는 구체적으로 다음과 같이 언급한다. 학문적 배경이 없는 학생들이 학문적 규범 내에서 학문적 언어 및 텍스트와 마주하는 어려움에 맞닥뜨리고 있는 동안에도 동시에 이들이 학문적 언어와 텍스트에 놓인 신비로움을 벗겨낼 수 있도록 교사가 되려는 동기뿐만이 아니라 이들 스스로의 경험이 되살려질 수 있도록 해야 한다(Hultqvist & Palme, 2006: 60).

혼종–글쓰기 과정의 가장 중요한 성취는 개인의 실제적 경험과 이론적 사고 사이를 한데 묶거나 연결하는 데 있는 것으로 보였다. 예비교사 학생들에게는 매일 실행에서 나오는 교육결과로 인해 위의 연결들이 물질로 바뀌면서 구체적으로 받아들여졌다. 이것은 교육결과가 협력해서 재실행한 늦춰진 운동 속에서 논의되었기 때문이었다. 다음 두 개의 인용문은 이를 잘 보여 준다.

> 새로운 담론 내에서 사고를 도출하는 것, 그리고 그것을 유아학교 실습에 관련짓는 것은 쉽지 않았다. 하지만 새로운 방식으로 일을 하면서 많은 경험을 쌓았고, 예전에 했던 것을 이제는 다른 시각에서 보게 되었다. 아울러 그것이 아이들에게 가져왔던 결과의 측면에서도 말이다.
>
> '일반적 6세 아동'처럼 본질주의의 범주에 따라 아이들을 바라보지 않게 된다. 모든 아동을 그들이 속한 맥락 속에서 봐야 하고, 그들이 의사소통하는 다양한 방식에 주의를 기울여야 하며, 아이가 끊임없이 변화하는 과정에 있다는 점을 알 필요가 있다.

위의 인용문은 예비교사 학생들이 실제와 현실, 심지어 아동 자체가 어떻게 담론과 물질-담론적 내부작용에 의해 구성되었는가를 이해하기 시작했다는 것을 보여 주고 있다. 학생들은 담론과 이론이 아동에게 물질적 영향을 미친다는 점을 이해하기 시작했다. 예를 들면, 교육실제 형식에서 볼 때 아동을 가르치고 보살피는 방식에 영향을 준다는 점을 알게 되었다(Lenz Taguchi, 2006, 2008d).

다음 인용문에서 한 학생은 혼종-글쓰기 과정에서 다시 쓰기를 계속 반복하면서 자신의 생각에 얼마나 끊임없이 의문을 제기했는지, 또 이것이 자신을 재구성한 효과에 대해 기술하고 있다.

> 글쓰기는 더 쉬워지면서 동시에 좀 더 어려워졌다. 또 텍스트를 다시 읽는 과정을 통해 정서적으로 영향을 받았으며, 이것은 내 글과 기타 등등에 중요한 영향을 미쳤다. 글쓰기는 나의 사고를 발달시킬 뿐만 아니라 복잡하게 만드는 하나의 도구가 되었다. 매번 읽거나 쓸 때 불만족스럽다. 여러 번 반복해서 다시 읽고 다시 쓰고 싶다. 글쓰기를 통해 변하고 싶다. 왜냐하면 글쓰기는 나를 새롭게/다른 무엇으로 변화시키기 때문이다.

이 인용문은 글쓰기를 하나의 '도구'이자 '새롭고/다른 무엇'으로 변화시키는 과정이라고 말하고 있는데, 이는 혼종-글쓰기 과정의 물질적 속성을 보여 준다. 이 예비교사 학생은 학습 과정 내의 복잡성과 변화의 개념을 강조함으로써 학습을 '전진적 발달'로 보는 전통적 개념을 극복한다. Jung은 '수정주의 글쓰기'를 개별 작가의 내면에서 일어나는 인식론적 과정, 즉 '명료하게 하는 글쓰기(writing-to-make-clear)'가 아닌 '발견하는 글쓰기(writing-to-discover)' 과정으로 봐야 한다고 말한다(2005: 4).

때때로 개인 글쓰기와 학문적/이론적 글쓰기 사이에 우리가 긋고 싶은 선은 가는 희미한 선이다. 이 연구에서 모든 예비교사 학생은 학문적/이론적 텍스트와 더불어 일기와 관찰 노트, 이야기들, 신문과 잡지 기사 등을 활용하는 것이 중요하다고 강조했다. 이것은 학생들이 추상적 개념, 코드화된 글쓰기를 극복하는 데 도움이 되었다(Davies & Gannon, 2005). 개인적인 것을 활용하는 것이 복잡성의 **감소**와 **증가**로 이해될 것인가의 여부는 **상호 관련성**의 모습에 달려 있다. 다시 말하면, 학생들이 자신들의 복합 장르의 텍스트를 함께 엮을 때에 상호 텍스트적/담론적 분석을 해낼 수 있는 능력 정도에 달려 있었다. 개인 글쓰기에서나 이론적 글쓰기에서나 그 자체만으로 만족스럽다고 한 학생은 한 명도 없었다.

하지만 개인적 회고, 기억 글쓰기, 내러티브 글쓰기의 차이점이 무엇인지 말하는 것은 매우 흥미롭다. 이전에 학문적 글쓰기 경험을 한 소수의 예비교사 학생들만이 (각 집단에서 1~3명은 1년 이상 다른 과정에서 이미 받았다) 개인적 텍스트를 쓰는 것이 즐겁다고 하였다. 그러나 이들은 개인적 텍스트 쓰기는 집단의 나머지 학생들이 무엇을 하던지에 관계없이 자신들이 집중하기를 주장한 이론적 텍스트보다 분명 가치가 적은 별도의 활동으로 여겼다. 사실, 이들 소수 학생은 장르가 다른 텍스트를 묶는다는 발상에 대해 상당히 많은 의구심을 품었으며, 경우에 따라서는 '객관적'인 것에서 '주관적'인 것을 분리하는 것의 중요성을 강력하게 주장했다. Judith Butler(2000)에 따르면, 주관과 객관 사이의 대립은 서구 사상의 본질을 밝히는 결정적 순간(defining moment)이다. 이것은 이론이 실제보다 먼저고 추상적 관념(abstract)이 구체적 관념(concrete)보다 선행한다는 논리를 만든다. Butler는 칸트적인 사고에 문제를 제기한 Hegel에 관해 쓰면서, 물에 들어가기 전에 먼저 필요한 것을 익힘으로써 수영을 배울 수 있다고 생각한 사람의 예를 든다.

> 그 사람은 물에 들어가 손발을 놀리는 연습을 해야지만 수영을 배울 수 있다는 사실을 깨닫지 못한다. Hegel은 Kant 철학 신봉자를 실제로 수영하기 전에 수영하는 법을 알려는 사람에 넌지시 비유하면서, 자기 확신에 찬 이 모델을 활동 그 자체에 열중하는 사람의 예를 들어 논박한다. 알기 형태는 알고자 하는 세계에게만 주어진다.
>
> (2000: 19)

Butler는 우리에게 의미가 수행으로 물질화되고 동시에 수행을 통해 구성되는 수행적 행동을 하라고 제안하면서, 실행에 앞서는 앎의 지배적 논리와 실천에 앞서는 이론을 우리가 뛰어넘어야 한다고 설명한다. 이것은 유물론적 페미니스트의 개념인 '수행적 형이상학(performative metaphysics)'과도 일치한다. 즉, 세계에서 계속 일어나고 있는 '물질-담론적인 … 내부작용적 수행'을 뜻한다(Barad, 2008: 139). 특히, 이전에 학문적 글쓰기 경험이 있는 예비교사 학생들은 새로운 이론적 개념을 '올바른' 방식으로 '이해'하고자 하였다. 하지만 동시에 그들은 다른 학생들보다 그들의 '성취도'를 걱정하며 좀 더 불안해했다. 그중 한 학생은 다음과 같이 썼다.

> 도전적이긴 하지만, 나에게 글을 쓰는 것은 지금 괴로운 일이다. 대개는 후기구조주의 이론을 이해하고 활용하는 데 어려움을 겪고 있기 때문이다. 조금은 나의 글쓰기 능력이 개선되었다고 생각하지만, 여전히 똑같은 문제로 계속해서 어려움을 겪고 있다. 익혔던 개념과 이론을 잊어버리기 때문에 거듭 좌절하고 내가 말하고 싶은 바를 정확히 쓸 수 없어서 걱정된다. 계속 반복적으로 텍스트를 다시 써야만 한다. 아주 짜증난다.

이 인용문에서 이론을 실제, 경험, 심지어 다른 학생들의 텍스트와는 전혀 상관없는 분리된 별개의 영역으로 말하고 있다. 여기에 표현된 어려움은 자신의 생각을 정확히 잘 전달하는 방식으로 명확하게 표현할 수 없는 무능력에 관한 것이다. 이런 생각은 글쓰기가 글쓰기 그 자체로 의미를 생성하고 물적 속성을 부여한다는 개념과 충돌한다고 이해한 것에서 나온다. 그 대신에 글쓰기를 특정한 생각과 사물들을 '있는 그대로(as they are)' 재현하는 하나의 과정으로 이해해야 한다. 이것은 이전의 인용문에서 한 학생이 Barad(2008)가 말한 물질/텍스트, 주체와 학습 사이의 내부작용과 비슷한 맥락에서 글쓰기를 자신을 '새롭고/다른 무엇으로' 변화시킨 하나의 과정으로 설명한 것과는 극명히 대조된다.

혼종-글쓰기 과정의 협업적 측면과 주체의 참여/배제

'주관적' 글쓰기와 '객관적' 글쓰기라는 **양자택일**에서 벗어나기 위해서 대부분의 모든 학생은 혼종-글쓰기 과정의 협업적 요소, 특히 앞서 언급한 공동 지도와 다시 쓰기 과정의 중요성을 강조했다. 이와 관련된 지적 도전과 공동 책임은, 특히 전통적인 학문적 글쓰기에서 별도의 개인적 글쓰기에 대한 일반적인 개선 사항으로 기꺼이 받아들였다.

하지만 우리의 프로젝트에서 중요한 사실은 혼종-글쓰기의 협업적 요소가 자신을 종종 소외된 존재로 자리매김했던 학생들, 즉 스웨덴이 아닌 다른 민족 출신, 장애인, 동성애자, 양성애자 학생들의 참여를 가능하게 했다는 점이다. 다른 민족이나 문화권 출신의 학생들이 그들의 일상적인 학교 생활, 아동을 인식하고 교육하는 방법, 학습 경험과 학습 환경, 글쓰기 접근법과 같은 차이점을 말하고 쓰면서 학습 과정에서 이러한 차이점이 가시화되어 생산되도록 장려했다. 다음 인용문은 소수집단 학생이 종종 떠안아야만 하는 이중의 부담을 보여 준다. 즉, 그들이 대변하는 소수집단의 구성원으로 한정되어 버리고, 이런 주변적인 것에 대해 타인을 교육시켜야 하는 이중 부담을 안고 있다.

> 동성애자로서 동성애와 양성애, 성전환 문제에 대한 나의 경험을 공유했다. 이것은 문제가 없을 때가 거의 없다. 하지만 다른 이들은 이제 성 소수자의 시각, 문화 연구, 기타 등을 다룬 자료를 읽기 때문에 내가 그 그룹에 있어서 정말 기쁘다고 말한다. 이것은 좋으면서도 두렵게 한다. 내가 거기에 없었다면 어떻게 되었을까? 그리고 나 같은 사람이 하나도 없다면 어찌 될까?

이 인용문은 '정상적'인 것을 주변적인 것만큼 '낯설게' 만드는 데 실패했음을 보여 준다. 또한, 우리 모두가 가끔씩은 계급이나 인종, 민족성, 섹슈얼리티, 젠더, 능력과 상관없이 주변부에 머무를 때가 있음을 증명하는 데도 실패했음을 보여 준다. 이러한 평가서 분석 결과는 교사-교육자 팀의 심화토론 주제가 되었다.

학생들이 우리의 연구과정에서 겪은 경험을 '**당혹스러운 일**'이라 부르거나 '**인생사를 뒤흔드는 경험**'으로 묘사할 때, 이것은 비판적/페미니스트 교육실제의 성공으로 해석될 수 있다고 본다. Ellsworth가 말한 대로, 학생들은 '자신을 가시화해' 드러내고 '자신을 자기만의 세상의 창조자로 정의하고' 있다(1992: 10). 그리고 이것은 단순한 '해방'의 문제가 아니다. 또한, '자신을 주체로 구성한 담론들'을 인지하게 되었고, 스스로를 다르게 인식하기 시작했다. 학생들은 '자신을 주체로 구성한 담론들'을 인지하게 되었고, 또 스스로를 다르게 인식하기 시작했는데, 이는 다음의 인용문에서 명확히 드러난다. 여기서 이 학생은 '교사가 주도하고 있어' '[수업 시간에] 아무 것도 할 수 없다'는 느낌으로 인해 다음의 내용들을 이해하게 되었다고 말한다.

> 언어와 텍스트는 여기서 지금의(here and now) 우리를 구성한다. … (이것은) 우리가 우리 자신을 어떻게 자리매김하는지 그리고 '행위적' 주체로서 타인들이 우리를 어떻게 자리매김해 주는지에 달려 있다. 이러한 깨달음은 내 인생을 통틀어 실로 엄청난 차이를 만들었다.

다음 인용문은 '객관적/중립적' 대 '주관적/개인적'의 이분법적 구분에 대한 또 다른 도전을 보여 준다.

> 나에게 가장 도전적이며 보람찬 일은 협업 과정이었다. 나는 그 과정에서 내 글과 생각, 다른 학생의 글과 생각을 분석했다. … 어떤 것도 당연시해서는 안 되며, 나의 진리는 나의 것이고, 그것을 바꾸고 초월할 수 있다는 것을 배웠다.

이것은 개인의 학습이 협업 과정의 결과라는 사실을 깨달은 것으로 해석될 수 있다. 개인의 학습을 위해 타인에게 의존하는 것이 '주체 대 협업'의 이분법적 구분에 내포된 '양자택일'을 뛰어넘은 중요한 '둘 다'의 관점이라는 점을 보여 준다. 이런 '둘 다'의 관점은 Foucault가 분석하고 후기구조주의 페미니스트가 수용한 주체화(subjectification) 과정을 떠올리게 한다(Butler, 1997; Davies, 2000; Foucault, 1982). 주체화 과정은 특정한 사회역사적 맥락의 지배담론 안에서, 또는 지배담론에 대항하는 주체로 '우리가 만들어지고' 또 '우리 자신을 만드는' 방법을 설명한다(Davies, 2000). Davies는 **'텍스트 엮기**(textual weave)' 라는 은유를 사용하는데, 이는 우리가 사회조직(social fabric)으로 짜여 들어가고, 우리 자신을 사회조직에 짜 넣는다는 것을 의미한다. 대개 직조(weaving)는 **결대로** 하지만, 가끔은 그 결을 **가로지르기도** 한다. 이것은 물리적이고 물질적인 상호작용만큼이나 많은, 생각과 말하기와 관련된 다양한 주체 간의 내부작용 과정으로서 학습과 연관성이 있다.

앞서 고찰한 대로, 혼종-글쓰기 과정은 소수 민족, 학문적 배경이 없고 노동자 계층 출신인 학생들을 참여시켰다는 점에서 성공적이었다. 이들은 교육과정과 학위를 마쳤다. 이들 평가서에서 공통적으로 볼 수 있는 특징은 이들이 학계 안팎에서 많은 일자리를 얻을 수 있게끔 일종의 학문적 글쓰기를 터득했다고 느꼈다는 것이다. 약 절반의 학생이 대학원 진학을 고려했다(많은 학생은 이것이 정말 자신이 원하는 것인지 확신하지 못한 채 있었다). 많은 학생은 중요하다고 생각한 또 다른 사항은 다중 주체성(multiple subjectivities)을 아우른다는 면에서 자기이해를 할 수 있었다는 점이다. 이 부분은 다음 인용문에 나와 있다.

> 이 수업에서 나 자신과 타인을 좀 더 잘 이해하는 데 도움이 되는 사항을 많이 배울 수 있었다. [복합 장르 텍스트와 함께] 사실을 기록하는 작업을 하면서 나 자신과 타인을 가시화해 드러낼 수 있었으며, 그것은 아주 즐거운 경험이었다. 나의 주체는 변화하고 성장했으며, 다른 맥락에서 다르게 변하는 데 필요한 개념과 도구를 발견했다. 나는 다중적이다!

후기구조주의 페미니스트의 개념인 다중 주체성은 노동자 계층**이면서** 학문적인 사람이 되는 것을 가능케 만들었다. Jung에 따르면, "장르는 사회 정체성 구축과 불가분하게 연결되어 있고 … 또한 복합 장르 텍스트는 하나 이상의 장르를 혼합하기 때문에 우리의 정체성 (미/재)형성에 대한 이해를 향상시켜 준다."(2005: xiii) 이와 비슷하게 혼종-글쓰기 과정은 학생들이 **학문적 주체**가 되기 위해 그들의 **소수 집단 주체** 자리에서 '도피하거나' '포기할' 필요 없이 자신을 '새로' 쓰고, 자신들의 위치를 '수정'하고, 다중 주체성을 갖도록 하는 것을 가능하게 해 준다(Hooks, 1994).

혼종-글쓰기 과정 내의 배타적 성향

불행히도 혼종-글쓰기 과정이 배타적 경향을 지닌다는 사실을 부정할 수는 없다. 이런 경향은 주로 학구적인 집안 출신이거나 이전에 학문적 글쓰기 경험이 있는 학생들과 연관된다. 그런 학문적 배경을 가진 학생이 이 프로그램에 참여했을 때, 그중 몇몇은 '객관적/중립적' 지배적인 학문적 글쓰기-담론 내에서는 자신감에 찬 글쓴이였다. 하지만 곧 이들은 혼종-글쓰기 과정이 자신들의 위치를 뒤흔든다는 것을 감지하였다. 다음 인용문에서 한 학생은 혼종-글쓰기 과정의 개념에 대해 기존의 많은 학자와 같은 시각으로 문제점을 제기하였다.

> 개방적인 장기간의 글쓰기 프로젝트에 참여하는 것에는 동의하지만, 나는 심지어 무엇에 초점을 맞춰야 할지, 또 목적이 무엇인지도 모른 채 특정 주제에 대해 쓰는 것이 어렵고 이상하게 여겨진다. … 이런 방식의 글쓰기[혼종–글쓰기]가 절대적이거나 모든 사람에게 완벽하다고 생각하지 않기 바란다.

위 인용문은 기존의 학계 전통에 따라 글을 쓰고 싶어 하고, 또 공동 지도와 다시 쓰기에 참여하기를 원치 않았던 학생이 한 말이다. 이 학생은 자신이 배제되고 주변화되었다고 느꼈다. 그럼에도 불구하고 그는 계속해서 '텍스트 짜기'를 거부하고 자신이 잘하는 전통적인 학문적 글쓰기만 하려고 했다. 다음 인용문에서 이 학생의 흔들리는 자신감을 보여 주는데, 이는 학문적 배경 또는 학문적 글쓰기 경험이 많은 학생의 특징에 해당한다.

> 나는 교사교육 프로그램에서 이렇게 낮은 레벨에 있다는 사실에 좌절감을 느낀다. '지적인' 박사과정이라도 밟을 준비가 되어 있다! 하지만 가끔 자신감은 사라지고, 어떤 과정도 못 들어갈 것만 같고, 이 교사교육 과정도 망칠 것만 같고, 결국 우체국에서 우편물이나 분류하게 될 것 같은 생각만 든다.

이것은 종종 글을 쓸 때 높은 자신감을 보이는 학문적 배경을 가진 학생들이 겪는 일이다. 이들은 공부를 잘하지 못하거나 교사나 다른 학우들에게 비판받을까 봐 심히 두려워한다. 이런 현상은 특히 혼종–글쓰기 과정과 마주했을 때 분명하게 드러났다. 이들은 '유능한 글쓴이'라는 생각이 드는 수준까지 전통적인 학문적 글쓰기 실제를 익힌 후여서 확실히 새로운 접근법이 어렵다고 느꼈다. 하지만 자신들이 이미 터득했다고 생각한 기술을 포기하기를 꺼려했다. 이들은 단연코 혼종–글쓰기 과정을 전통적인 학문적 글쓰기보다 낮게 평가했다. 다양한 상황 속에서 이들의 견해를 종합해 보면, 심지어 일부 학생은 혼종–글쓰기 과정을 열등한 '여성적인' 글쓰기로 간주했다.

이 학생들이 공동 지도와 다시 쓰기 과정에 참여하기로 결정했을 때 다른 학생들보다 훨씬 더 강한 자의식을 드러냈다. 이들은 모든 질문과 논평을 기분 나쁘게 받아들였다. 이들은 좀 더 '기대에 부응하려' 하고, 또 '정당성을 주장하려'는 것처럼 보였다. 이러한 성향은 Valerie Walkerdine이 영국 중산층 여학생의 콤플렉스와 박약한 자신감에 대해 내린 결론과도 연관이 있다(1988). Walkerdine의 설명에 따르면, 자신의 수학 성적이 아무리 좋더라도 이 여학생들은 자신이 수학적으로 뛰어난 재능이 있다고 생각하지 않았다. 중산층 여학생은 '훌륭한 학생'이어야 하는 것을 당연한 일이자 '필수적인 것'처럼 여기는 것 같았다. 그 결과 실패할 위험이 늘 있는 것처럼 보였다. 그러나 노동계층 여학생은 자신에 대한 기대가 전혀 없었기 때문에 공부 못하는 것을 그렇게 중요한 일로 여기지 않았다(Walkerdine, 1998).

혼종–글쓰기 과정에서 학문적 배경이 있는 예비교사 학생들의 문제는 어떤 종류의 교수법을 사용하더라도 수업교실에서 '이성의 법칙(rules of reason)'을 확립한다는 점이다(Ellsworth, 1992: 90). 이 법칙에는 특정한 개념이 들어 있어서 그에 맞지 않은 것들을 배제하는 위험이 있다. 특히 페미니스트의 관점에서 학생들의 경험은 이런저런 사건들의 추이 속에서 부각된 불균형적 권력 관계의 맥락에서 항상 일어난다는 점을 알아야 한다. 일시적으로 구축된 어떤 질서도 완벽한 균형을 이룬 적은 없다. 배제되지 않으려면 끊임없이 그것들을 노출시키고 이의를 제기해서 질서가 확립되어 굳어지는 것을 막아야 한다.

요약과 결론 Summary and conclusion

혼종-글쓰기 과정은 학문적 글쓰기 재능에 대한 자리매김, 또 본인을 지식인으로 간주하는 자리매김과 관련하여 '정상성(normality)'과 '주변성(marginality)' 사이의 경계를 허문다고 할 수 있다. 경계 허물기는 인간 주체와 비학문적 텍스트들의 침묵이 아닌 주변적 자리의 통합에 의해서 달성될 뿐만 아니라, 다양한 텍스트와 주체가 혼종의 텍스트 안에서 모두 작용하면서 이루어진다. 필자는 존재론적 인식론의 차원에서 이것을 불균형적인 권력 생산의 양분화, 즉 이론/실제, 정신/몸, 객관적/주관적, 기타 등등과 같은 양분화에 갇혀 있던 글쓰기에서 서열적인 자리매김을 없애고자 하는 노력이라 생각한다. 공동 지도와 의미 만들기 과정에서의 변화무쌍하고 복잡한 주체의 자리매김뿐만 아니라, 복합 장르의 텍스트들을 평등하게 다룸에 있어서 특정 학습 성과를 해석할 어떤 절대적인 우월한 자리는 존재하지 않는다.

또한, 홈 파임화가 항상 학문적 텍스트 쓰기의 공간, 즉 왼쪽에서 오른쪽으로 글쓰기, 단어들을 문장으로 구성하기, 목적과 논제, 방법, 이론, 분석의 체계적 구성 갖추기 등에 이르기까지 모든 것에 존재한다는 것을 의미이다. 이들 홈 파임이 생산적이면서도 이해하기 쉬운 텍스트를 만드는 데 잘 먹혀 들지만, 다양한 텍스트 안에 있는 새로운 상호 접속을 알아내거나 만들어 낼 때는 자주 배제되어 버린다.

다양한 강도(intensity)의 세부사항과 감응(affect), 이론적 복잡성이 담긴 복합 장르 텍스트를 다룰 때 이런 홈 파임화가 작용하면 학생들은 안정감을 얻는다. 이것은 학생들의 평가서에서 살펴본 대로 학생들의 자부심과 자신감 증가로 이어졌으며, 이런 성향은 특히 학문적 배경이 없는 주변인에 해당하는 학생들의 경우 더 두드러졌다. 결국 이 학생들의 학업 성적은 전반적으로 상승되었으며, 교사교육 프로그램을 중도에 그만두지 않았다.

위의 차원에서 우리의 목적을 달성했지만, 혼종-글쓰기 과정이 배타적 성향도 지닌다는 사실은 부인할 수 없다. 이것이 일깨워 주는 것은, 모든 실제가 다양한 방식으로 권력을 생산하며 전통적인 학문적 글쓰기의 배타적 경향에 대한 해결책이 글쓰기나 글쓰기 교수법의 새로운 배타적 기준을 만드는 일이 되어서는 안 된다는 것이다. 그 대신, 이전의 수많은 페미니스트 저자가 제안한 것처럼 끊임없이 변화의 과정에 참여해야만 한다(Ellsworth, 1992; Gore, 1992; Grosz, 2005; Hekman, 2008; Lather, 1991, 2007). 이것은 내부작용 교육의 정치학과 윤리학을 논하는 이 책의 마지막 장까지 이어진다. 내재성(immanence)의 존재론과 내부작용적 과정의 모든 요인을 동등하게 취급하는 존재론적 인식론에 바탕을 둔 이러한 실제와 관련하여 윤리학을 어떻게 생각해야 할까?

CHAPTER 7

유아교육을 위한 내재성의 윤리와 잠재성의 윤리

An ethics of immanence and potentialities for early childhood education

일의성의 윤리는 잠재성의 윤리이다.

(Colebrook, 2002: 99)

나는 이 마지막 장에서 윤리에 관해 질문하고자 한다. 다른 존재론과 인식론에 근거한 학습 및 발달이론들의 윤리적 결론은 무엇일까? 이런 질문은 교육학계에서 충분히 논의되지 않았으며, 특히 유아교육 분야에서는 더욱 그러하다. 페미니즘 철학과 후기구조주의 이론에 근거한 연구를 진행하면서 나는 가르침이나 연구실제와 관련된 이런 질문에 여러 차례 부딪친다. 중요한 페미니즘 연구자인 Alison Jones과 Kuni Jenkins(2008)은 이 장과 관련해서 매우 특별하고 흥미로운 질문을 던져 준다. 즉, 우리가 선택한 존재론적 그리고 인식론적 입장에 따라 **어떤 실재가** 생성되고 물질화되는가?

Jones와 Jenkins(2008)이 제기한 물음에 대해 이 장에서는 다양한 인식론과 존재론에 따른 학습 및 발달이론을 분석하고자 하며, 실제 사례를 통한 윤리적인 시사점을 논의하고자 한다. 본격적으로 시작하기 전에, 이런 윤리적 질문에 유용할 뿐만 아니라 윤리가 어떻게 일반적 교육목적과 관련되어 있는지 알려 줄 Deleuze와 Guattari(1987, 1994)의 개념을 소개할 것이다. 그리고 교육실제를 이해하는 다른 방법들이 매우 다른 윤리적 함의를 지닌 다른 계획 방법이나 행위들을 어떻게 생산해 내는지 그 예를 제시하고자 한다. 이어서 내가 **내재성의 윤리와 잠재성의 윤리**라고 명명한 개념을 더 상세히 설명하는 것으로 이 장을 마치고자 한다. 잠재성 윤리의 개념은 Deleuze 학파철학에 대한 Claire Colebrook의 저서에서 차용한 것이다(2002: 99).

교육에서 이분법적 구분을 넘어서는 정치학과 윤리학

The politics and ethics of going beyond binary divides in education

지금부터는 존재론적 인식론과 내부작용 교육이 이 시대의 간한적, 보편적, 목적지향적, 결과중심적 실제에 관해 어떻게 문제를 제기하는지 언급하고자 한다. 교육에서 지배적인 권력을 생산해 내는 이분법적 구분을 넘어선다는 것은 우리가 지식을 재생산하고 결과를 측정하는 데 에너지를 쏟는 대신에 어린이, 학생, 교사의 **가능성과 잠재성**에 도전하는 데 좀 더 관심을 두어야 한다는 것을 의미한다. 내재성의 윤리와 잠재성의 윤리에 기초한 내부작용 교육은 과학/철학, 과학/미학, 언어/물질, 객관적/주관적, 이성적/감성적, 남성/여성, 성인/어린이 등 이분법적 구분을 넘어서서 사이의 상호 접속(inter-connections)과 내부작용에 중점을 두는 것이다.

여기서는 이분법적 구분을 넘어서는 윤리학과 정치학에 관해 설명하면서, 교육학에 만연한 과학/철학의 구분을 언급할 것이다. 간단하게 말하면, 교육에서 과학은 비판적 성찰, 철학, 사고기술에 비해 높은 가치와 지위를 제공받았다. 이는 학교 일과를 철학과 성찰을 할 수 있는 시간과 공간 배치가 심각하게 서서히 줄어드는 경향으로 구체화되었다. 바꾸어 말하면, 교육실제는 우리의 사고와 행위에서 개방성, 복합성, 차이, 다양성, 창의성 등에 관심과 가치를 두기보다는 시스템(체계)을 활용하여 이런 관심과 가치를 점진적으로 차단하거나 측정 가능한 지식목표의 차원에서 환원적이고 단순화되어 간다는 것이다(Biesta, 2008; Osberg & Biesta, 2009; Semetsky, 2008).

Deleuze와 Guattari(1994)는 과학과 철학이 서로 어떻게 의존하고 있는지, 서로 어떻게 다르며 다른 것을 어떻게 달성하는지 설명한다. 그리고 이런 차이를 설명하고자 Deleuze와 Guattari는 새로운 개념을 창안해 냈다. Deleuze와 Guattari는 과학 분야의 개념을 설명하기 위해 과학적 개념을 **기능소**(*functives*)라고 명명하였다. 왜냐하면 '개념(concept)'이라는 용어는 철학 분야에 속하기 때문이다. 이를테면, 화학에서 '분자(molecule)'나 심리학에서 '인지'는 널리 알려진 기능소이다. 과학 분야에서 관심의 대상은 사용되는 언어의 기능이다. 이런 기능들은 담론적 체계 내에서 명제로 제시된다. 예를 들면, 식물은 식물학 체계에서, 아동발달은 성숙의 단계 체계 내에서 설명된다. 이런 체계에서 모든 기능소는 논리적이고 예견적인 방식으로 서로를 참조하기 위한 방식으로 조직되어 있다. 이처럼 과학은 기능소가 포함된 체계 내에서 소통이 가능하기 때문에, 우리는 우리가 말하는 것이 무엇을 뜻하는지 금세 알아차릴 수 있다. 교육을 통해 어린이들은 다양한 과학 분야의 기능소 체계를 배우게 되며, 점차 추상적이고 과학적 지식 구조들을 학습하게 된다. Jean Piaget과 Lev Vygotsky의 이론부터 최근의 구성주의 학습이론들은 어린이가 낮은 추상적 수준에서 시작되는 과학적 기능소들을 어떻게 파악하는지, 그리고 높은 추상적 수준에 이르러서는 어떻게 도전을 받는지 보여 준다(Marton & Booth, 1997). Deleuze와 Guattari에 따르면, 이론상으로 과학은 기능소의 참조 체계와 기능들을 유지하기 위해 명시적으로 철학에 의존해서는 안 된다. 그러나 Deleuze와 Guattari의 관점에서 보면, 과학자들은 철저하게 철학적 방법에 의존한다. 그 이유는 과학자들이 '상자의 외부'를 사유하려면, 그리고 합의된 담론적 체계를 사유하려면 철학적 방법이 필요하기 때문이다. 그리하여 과학의 담론적 체계를 새롭게 바꾸거나 새로운 사유 방식을 발명하게 된다. 한편, 철학의 실제에서는 새로운 개념과 사유의 선(line of thoughts)의 발명을 다룬다. 즉, 철학은 이미 확립된 사유 체계의 부분을 다루는 것이 아니다. Deleuze와 Guattari(1994)에 따르면, 철학적 개념은 과학의 기능소처럼 현실에서 '본질(essence)'의 재현을 발견하는 것이 아니라 체험을 통해 체화한 감응과 물질-담론적인 복잡성을 통해 알게 된 것을 조립하는 것이다. 이 말은 철학적 개념이란 이전에는 상상해 본 적 없는 경험, 그리고 가능성과 잠재성을 동시적으로 현실의 실재에 접속하는 것을 의미한다. 바꾸어 말하면, 철학적 개념은 체험하고, 상상하고, 발명한 삶의 경험에서 파생되는 것이다.

만일 교육적 맥락에서 과학의 기능소와 철학의 개념을 적용하려 한다면, 우리는 물리학과 생물학, 문학 등 다른 과학 분야의 기능소 체계를 배우는 과정을 거쳐야 한다. 왜냐하면 이런 체계들은 우리가 구축해 놓은 과학적 생산과 발전에 의존하기 때문이다. 또한, 논리적이고 참조 체계적인 특성이 있으므로 꽤 쉽게 측정할 수 있고 평가할 수 있다. 이런 이유로 구성주의 학습이론들은 가르침과 배움을 위한 적합한 방법으로 이해되어 왔다. 그러나 교육은 체험하고 가능성 있는 경험들로부터 사유하기와 다양한 과학 분야의 기능소뿐만 아니라 개념의 발명을 훈련하게 함으로써, 어린이들과 학생들이 과학적 체계의 기능소를 재생산하는 것 이상으로 더 많은 것을 하도록 요구한다. 따라서 교육은 사유하기, 성찰하기(reflecting), 발명하기 등의 훈련뿐만 아니라 철학을 제공해야 한다. 그러나 이제까지 이런 훈련들은 별개의 것으로 분리되었거나 철학적 사유하기는 실행조차 되지 않았다. 만약 과학자들이 과학과 철학 사이의 이분법적인 구분을 반복하면서 이를 넘어서지 못했다면, 또는 철학적으로 사유하기에 주저했더라면, 과학은 진보할 수 없었을 것이다. 이 사실은 명백하나 분명하지만, 이와 유사한 현상이 교육 전반에서 벌어지고 있다. 정치학의 관점에서 볼 때, 공무원과 정치가는 교육에서 성찰하기와 철학을 좀 더 반영할 수 있는 방법을 고민할 필요가 있다. 정치가와 공무원이 사회 전반에 걸쳐 과학적 성취와 교육적 성과를 증진시키고자 한다면 말이다.

위에서 언급한 이분법적 구분을 넘어서려면 어떻게 가르쳐야 할까? 다시 말해, 기능소 체계를 다루면서도 동시에 새로운 개념을 창출하도록 어떻게 가르쳐야 할까? 어린이들과 학생들이 다양한 학문과 과학에서 핵심적인 기능소를 배우면서 물질적 환경에서 내부작용 그 자체를, 그리고 협동을 통해 비판적이면서도 동시에 발명적으로 사고하는 방법을 어떻게 가르칠 수 있을까? 마지막으로, 이 두 가지를 어떻게 가르칠 수 있을까? 그리고 어린이들과 학생들의 다양한 전략과 경험, 사고를 포용하고, 동시에 어린이들과 학생들의 잠재성에 도전하는 윤리로서 가르침과 관련된 윤리를 어떻게 알 수 있을까?

여러 가지 이론과 존재론에 따른 교육 및 윤리적 결과: 하나의 사례

Pedagogical and ethical consequences of different theories and ontologies: an example

제4장에서 보았던 오리엔테이션 프로젝트의 사례를 생각해 보자. 이 프로젝트에 참여한 3명의 교사는 수잔 헤멜(Susanne Hjelm), 미카엘 선데버(Michaela Sundberg), 솔베이그 오케르스트룀(Solveig Åkerström)이다. 이 교사들은 교육적 기록작업에 대한 나의 박사 논문의 공동 참여자였다(Taguchi, 2000). 여기서는 초월적 존재론에 근거한 다양한 학습발달이론에 따라 어린이들이 그린 그림을 읽는 다양한 방법을 보여 주고자 한다. 이어서 존재론적 인식론과 내부작용 교육의 관점에서 이런 사건들과 그림 읽기에 대해 설명하고자 한다.

오리엔테이션 프로젝트에서 선택한 예시는 활동도 하고 점심도 먹는 책상의 앉는 자리에 관심을 갖는 5세 어린이 집단이 참여한 활동들이다. 점심시간에 어린이들은 10명씩 한 집단으로 앉는데, 항상 앉는 자리가 정해져 있다. 며칠 후, 2명의 여자아이가 다른 친구와 자리를 바꿔도 되는지 물었다. 교사는 진행 중인 오리엔테이션 프로젝트에 이 질문을 통합하기로 결정하였다. 교사들은 어린이들에게 누가 자리를 바꿀 것인지 보여 주는 지도를 그리게 하였다. 어느 날 아침, 5세 어린이들은 다음과 같은 과제를 수행하도록 요청받았다. '자리를 바꾸려는 친구의 지도를 그려 주세요. 그림을 그리는 동안 아무에게도 말하지 말고, 나중에 우리가 추측하게 해 주세요.' 이 과제가 매우 문제가 있어 보일 수도 있지만, 어린이들은 이 요청에 열정적으로 동의했다. 이 과제가 과연 한 명의 어린이나 책상 또는 교실의 지도를 그리라는 요청이었을까? 아래에서 나는 다양한 발달이론과 학습이론에 근거하여 다층적(multiple) 읽기에 대해 간략하게 개괄하고, 어린이들이 선택한 활동과 그 활동들과 관련된 윤리적 함의에 대해 연구 참여자인 교사들과 내가 도출한 결과를 설명하고자 한다.

발달심리학 읽기: 관례적인 가장 익숙한 읽기

그림에 관련된 초기의 의견들과 질문들은 발달심리학 관점에 해당되는 것이 많았다. 이는 1997년경 교사들에게 가장 유용하다고 강조되어 널리 알려진 발달심리학적 사고의 습관 때문이다. 전통적으로 스웨덴 유아교육보육 실제에서 그 당시 발달에 적합한 실제(DAP)에 대한 사고의 경향으로, 어린이들의 그림을 본질주의와 보편적 단계에 해당하는 아동 내적의 심리적, 인지적 발달의 표현으로 이해해 왔다. 이 사고에 따르면, 어린이가 정신적, 심리적, 생리적으로 성숙하게 되면서 활동의 질(quality) 역시 자연스럽게 향상된다. 유아학교(pre-school)의 어린이들은 특정한 어린이의 방식으로 그림을 그리는데, 그 시기의 연령과 발달단계마다 예견되는 인지적 능력이 제한되어 있기 때문이다. 이처럼 자기 생각을 그래픽으로 표상할 수 있는 어린이의 능력이 '제한'되어 있다고 예견하는 생각에 비춰 볼 때, 하늘에서 내려다본 관점으로 그려진 두 그림(그림 7.1 올로프의 그림, 그림 7.2 어빈의 그림)은 매우 놀라운 것이다. 한 교사는 책상에 앉아 있는 상태에서 책상 위에서 내려다보는 것을 상상하면서 동시에 지상의 공간을 그린다는 것은 어른에게도 어려운 일이지만 어린이에게는 더욱 어려운 것이라고 말했다. Piaget 학파와 구성주의 학습이론에서 보면, 추상적 사고와 표상적인 그리기는 7세경 또는 그 이상의 연령

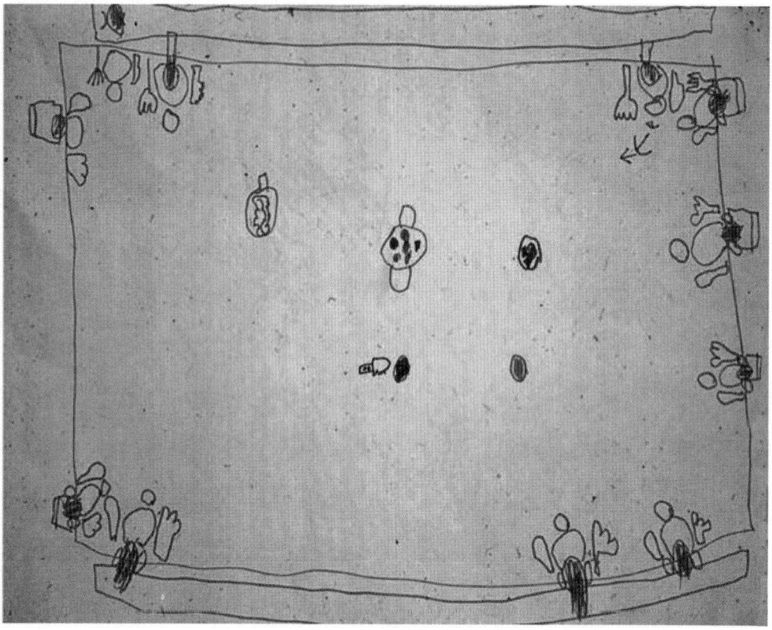

그림 7.1 올로프의 그림

에서 발달하기 때문에, 처음에 우리는 5세 어린이가 이러한 그림을 그리는 것이 '자연스럽지 않다'고 받아들였다.

우리의 사고와 행동이 발달심리학에 기초한 지배적인 담론에만 집착한다면 어떻게 될까? 만약 우리가 Piaget 학파의 기능소와 이 이론의 논리적 참조 체계를 따른다면, 이와 관련된 기준으로 어린이들의 수행을 판단할 가능성이 매우 높다. 처음에 우리는 어린이들의 그림을 각 어린이의 발달 수준과 성숙 상태를 재현한 것으로 다루었다. 그런데 또 다른 지도 그리기를 서로 비교해 보는 과정에서 문제가 생겼다.

그림 7.2 어빈의 그림

녹음테이프를 들으면서 첫 분석을 할 때였다. 남자아이들은 하늘에서 내려다본 관점의 그림(올로프 그림)이나 단면도(profile)와 유사하게 그렸다(어빈 그림). 반면, 여자아이들(바네사, 마거릿, 줄리엣, 앤)은 다양한 방식으로 그 과제를 이해했으나, 우리가 이전에 요청했던 지도를 **그리지 않았다**. 그래서 우리는 바네사의 그림(그림 7.3)과 마거릿의 그림(그림 7.4)이 교사가 어린이들에게 제시한 질문에 대한 적절한 답으로는 '문제가 있고', '부족한' 그림이라고 이야기했다. 그리기에 대한 녹음테이프를 다시 들으면서 우리는 다음과 같이 교사가 과제를 설명하는 것을 듣게 되었다. "자리를 바꾸려는 **친구(사람)의**

그림 7.3 바네사의 그림

지도를 그려 주세요. 그림을 그리는 동안 아무에게도 말하지 말고 나중에 우리가 추측하게 해 주세요." 여기서 '친구(사람)에 대한 지도를 그리기'라는 지시를 떼어 내서 생각해 보면 실제로 이해되지 않는다. 어린이들이 지도에 익숙하더라도 지도는 전형적으로 장소의 위치, 지리학적 특징 또는 길 등을 표상하고 있다. 지도에서는 일반적으로 장소의 위치, 지리학적 특징, 길 등과 관련된 용어들이 사용되지 사람들이 표시되지는 않는다. 교사의 요청을 이해하면서 바네사는 분명히 **'사람'** 그리고 **'그 사람이 누구인지'**에 초점을 두어 그림을 그렸다. 그래서 바네사는 간단하게 자리를 바꾸고 싶어 하는 친구(사람)의 얼굴을

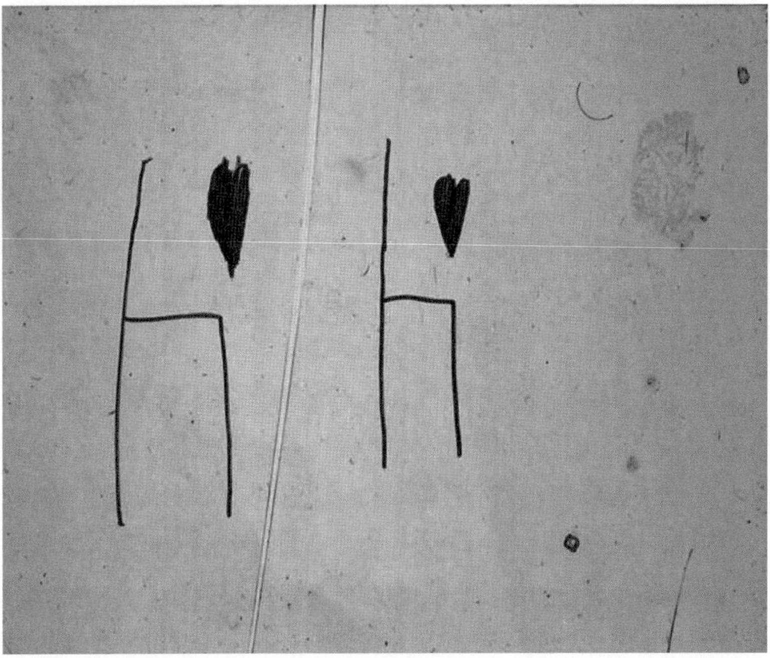

그림 7.4 마거릿의 그림

그린 것이다. 나중에 바네사는 다음과 같이 설명했다. "그 남자아이의 이름을 귀 옆에 속삭이는 것처럼 썼어요. 왜냐하면 우리는 자리를 바꾸고 싶어 하는 사람을 누구에게도 말하면 안 되니까요." 바네사에게 이 이야기를 들었을 때, 우리는 바네사가 교사의 요청을 따랐다는 것을 분명하게 알게 되었다.

발달심리학 이론에 근거하여 실행을 조직하는 일은 아마도 우리가 어린이는 본성에 따라 내적으로 성숙하므로 어린이들의 현재의 성숙 수준보다 더 많은 것을 요구하지 않도록 주의해야 한다는 생각을 해야 하는 것을 의미한다. 나의 관점에서 볼 때, 어린이들의 발달과 학습에 대해 이런 본질주의적 관점을 유지한다는 것은 어린이의 발달적 진보(progression)와 상태(status)를 정상 또는 부족으로 판단한 후 어린이를 포기해야 하는 것을 의미한다. 이것은 어린이와 함께하는 공동의 의미 만들기를 보편적인 발달이라는 지배적인 관점에 따라 여지없이 표준화시키는 교육실제를 생산해 낸다.

구성주의 읽기: 논리적 일치와 공간적 일치

앞의 발달심리학적 읽기에 도전하기 위해, 우리는 Marton과 Booth(1997)의 이론인 구성주의의 인식론적 관점에서 어린이들의 지도 그리기에 대한 또 다른 읽기를 시도하였다. 이 구성주의 학습이론에 따르면, 아동이 그리는 지도는 최소한 **논리적 일치와 공간적 일치** 두 요소를 어느 정도 포함해야 한다. 논리적 일치는 지도로 나타내려는 영역에 있는 모든 사물이 지도에 그려져 있어야 함을 뜻한다. 사물의 수가 많을수록, 논리적 일치 정도도 높아야 한다. 공간적 일치는 지도 그림에서 사물 간의 상대적인 공간에 대한 지도 제작자의 인식을 가리키는 것으로, 얼마나 현실(reality)과 일치하는가를 말한다. 공간적 일치 정도가 높을수록 지도는 현세계의 실재적 공간 관계를 더 잘 재현하게 된다. Marton과 Booth(1997)에 따르면, 어린이들은 전형적으로 처음에는 논리적 일치를, 그리고 그 다음에 공간적 일치를 발달시킨다. 대체로 논리적 일치와 공간적 일치는 7세경까지 제대로 발달하지 않는다. 그러나 이 이론에 따르면, 논리적 일치와 공간적 일치 없이 그리는 것은 지도가 아니다.

이 정의를 적용하여, 우리는 위의 그림들을 다시 고찰하였다. 그 결과, 바네사의 그림과 마거릿의 그림은 지도로서의 자격이 없으며, 줄

리엣의 그림과 앤의 그림은 아주 약간의 논리적 일치나 공간적 일치를 포함하고 있음을 알게 되었다. 그에 비해 올로프의 그림과 어빈의 그림 모두 높은 수준의 논리적 일치와 공간적 일치를 보여 준다. 우리가 가장 높이 평가한 지도를 그린 남자아이들은 선천적으로 그런 재능을 갖고 태어났거나 논리적 일치와 공간적 일치를 사용하는 전문적인 기술이 꽤 발달한 것으로 보인다. 여자아이들의 그림은 전형적으로 관계(얼굴, 하트가 있는 의자)에 초점을 두었고, 단순히 '평범하거나' '정교하지 않아서' 일반적으로 남자아이들의 그림과 비교해 볼 때 '부족'한 것으로 보인다고 생각하였다.

만일 구성주의 체계의 기능소 논리에 따른다면, 우리는 논리적 일치와 공간적 일치라는 기능소에 따라 그림들을 판단해야 할 것이다. 따라서 어떤 그림들은 지도의 자격을 얻는 반면, 어떤 그림들은 그렇지 못한 결과를 낳게 된다. 그래서 우리는 어린이들에게 서로의 지도들을 읽어 보게 하여, 과연 어린이들은 어떤 그림을 지도로 더 쉽게 생각하는지, 그리고 그 이유는 무엇인지를 알아보았다. 어린이들과 함께 모든 그림을 분석해 본 후에 배운 것을 토대로 새로운 지도 그림을 그려 보도록 하였다. 이때 논리적 일치와 공간적 일치를 포함하는 하늘에서 내려다본 관점에서 그리는 지도는 다른 어린이들이 더 쉽게 읽을 수 있는 더 나은 지도를 제작하는 방법이라고 안내하였다. 지도 그리기를 하면서 그 방법들을 배우게 되었는지 아니면 내적으로 성숙했기 때문인지 그 이유를 정확히는 모르겠지만, 결국 모든 어린이들은 지도를 더 잘 그릴 수 있는 방법을 이해하게 되었다. 구성주의 학습이론은 일부 방식에서 본질주의적 발달심리학과 유사하다. 이런 경향은 어린이들에게 최선의 전략을 선택하게 하고 핵심적인 기능소를 포함하고 있는 논리적 체계를 배우게 해서 전략으로 만들게 한다. 이런 전략은 '학습 또는 단원 학습(learning or lesson studies)'이라고 불리는 학습이론에서 많이 찾아볼 수 있다(Marton & Tsui, 2004).

윤리적 측면에서 보면, 위의 두 이론 모두 사전에 공식화된 범주, 목적, 또는 논리적 일치 및 공간적 일치와 같은 과학적인 기능소 등으로 그림을 판단하고 평가하는 강력한 요소를 수반한다. 이런 판단 및 평가 요소는 배워야 하는 과제나 내용으로 간주되고, 어린이들의 성공 또는 부족(결핍)으로 이어진다. 그러므로 가장 좋은 지도 그리기 방법은 성인의 생각(consciousness)을 미리 알려 주는 것이며, 목표 역시 어린이들에게 지도를 그리는 올바른 방법의 특징이 무엇인지를 알게 하는 것이다. Marton과 그의 동료들은 책 서문에 다음과 같이 썼다. "이 책에는 많은 연구가 포함되었다. 이 연구들은 어린이들이 배워야 하는 선하고(good) 중요한 것을 성인(교육자, 교사)들이 **미리 결정**해서 어린이들의 학습을 **돕게 한다**."(Marton in Pramling Samuelsson & Pramling, 2008: 1, 나의 강조)

담론적 그리고 사회적 구성주의 읽기

어떤 방식이든, 특히 젠더(gender)와 관련된 편견으로 우리는 그림을 판단하고 평가하지 않으려고 하였다. 이에 우리는 그림에 대한 사회적 구성주의나 담론적 읽기를 시도하였다. 이미 이 책의 서문에서 사회적 구성주의를 개괄했듯이, 때로 사회적 구성주의는 기본적으로 인류학, 민족지학, 문화연구 등 사회과학 이론으로 참조된다. 그런가 하면 구성주의는 일반적으로 심리학적, 인지적, 사회적 구성주의 학습이론을 가리킨다(Steffe, 1995). 레지오 에밀리아의 접근법의 영향으로, 3명의 교사는 어린이들의 전략에서 나타난 시각적 차이는 문화적으로 '코드화(coded)'하는 방식의 일부라고 인식하고 있다. 그래서 교사들은 레지오 에밀리아 접근법에서 영감받은 공동학습, 민주주의, 통합(inclusion)에 대한 생각을 토대로 다양한 전략을 비교하며, 그중 특정한 하나의 전략에만 가치를 두지 않는다. 교사들은 사회적 구성주의 역사학자 Dennis Wood(1992)가 쓴 지도에 대한 책을 읽은 후에, 이 이론에 따라 지도 그림들은 특정한 사회적 기능을 갖고 있음을 이해하게 되었다. 다시 말해, 각 어린이는 소통하고자(communicate) 하는 특별한 정보를 전달하고 있다는 것이다. 사회적 구성주의 관점에 따라, 교사들은 지도에 대한 일반적인 생각에 초점을 두려고 했고, 어린이들의 그림에서 각자가 경험한 사회적 세계의 구성 요소를 이해하고자 하였다. 이에 따라 교사들은 각각의 그림을 어린이가 이해한 과제와 지도 구성 요소들이 표현된 것으로 보기 시작했고, 우리는 그림에 대한 젠더 읽기를 좀 더 세련되게 할 수 있었다(Lenz Taguchi, 2006, 2008d).

사회적 구성주의 읽기는 미래의 일을 계획하는 데 영향을 줄 수 있다. 사회적 구성주의 관점에 의해 다음 활동 계획이 선택되었다. 교사들은 어린이들이 (문화적 그리고 담론적 구성 요소로서) 지도가 무엇인지 이해하는 방법들을 모아서 역사적 관점에서 지도의 다양한 문화적 표현을 알게 하고, 문화적 상징과 기호들을 어떻게 사용할 수 있는지 알게 하였다. 그후 어린이들은 다른 친구들에게 '지도를 읽고', 어떤 일이 일어났는지 알아보도록 권유하였다. 놀랍게도, 아주 어린 유아들도 바네사와 마거릿이 그린 지도 그림을 읽어 내는 방법을 정확하게 알고 있었다. 왜냐하면 어린이들은 유아학교에서 모든 친구 사이의 관계에 대해 알고 있어서, 지도의 의미를 정확하게 추측해 낼 수 있었다.

이런 예에서 볼 수 있듯이 발달심리학, 구성주의 학습이론, 사회적 구성주의 이론 등 다양한 학습과 발달이론으로부터 실제를 물질화한다는 것은 교사들이 그다음에 무엇을 하고 무엇을 말해야 할지와 관련해 매우 다른 결과를 이끌어낸다. 말하자면, 우리는 정신에 대한 인식론적 틀을 통해 어린이들을 파악하고 매우 다르게 학습 활동들을 계획하여, 다른 윤리적 결과를 도출한다. 위에서 설명한 세 개의 이론과 관련된 모든 학습 상황은 어린이들과 성인 사이에 명확하게 단절되고 분리된 생각에 보여 주고 있음을 주목할 필요가 있다. 문화적으로 코드화되었지만, 마치 모든 학습이 어린이들의 내부에서 일어난 것처럼 보인다. 이런 이론들은 어린이들이 그린 그림과 특정 친구와 자리를 바꾸고 싶어 하는 정서적 욕망 사이의 구별과 핵심적인 질료가 되는 특정한 책상인 물질적인 실재를 당연한 것으로 받아들인다. 이는 나에게 존재론적 인식론에 근거하여 이런 지도 그리기 사건을 상상하게 해 준다.

존재론적 인식론과 내부작용 교육 관점에서 사건을 새롭게 되살리기

이 책에서 개괄하고자 하는 내부작용 교육에 뿌리를 둔 존재론적 인식론 관점에서는 이 사건을 어떻게 이해할 수 있을까? 우리가 이 사건을 다시 한번 읽는다면, 그것을 되살려서(re-live) 다양한 지도 그리기가 어린이들에게 제시한 질문을 물질화된 것으로 상상해 본다면 어떤 일이 일어날까? 우리가 이 사건과 관련된 다양한 물질과 어린이들 사이의 상호 접속된 결과로서 사건을 상상하고 되살린다면 어떻게 될까? Jones과 Jenkins은 이 사건을 새로운 현실로서 이해하도록 상상하고 되살리는 방법에 관한 매우 흥미로운 질문을 한다.

> 우리가 행(line)과 행 사이를 읽을 때 새로운 **실재**가 나타날 수 있는가? 또는 우리는 담론적으로, 사색적으로 다층적인 실재들을 보아야 하는가? 새로운 행위자들이 텍스트로 **물질화**된다면, 행위자들이 존재하지 않았던 과거들이 실재(real)가 될 수 있는가? 또는 행위자들이 담론적 주체가 될 수 있을까?
>
> (2008: 126, 원문 강조)

지도 그리기 사건으로 돌아와 보자. 우리는 이 사건의 그림들과 교육적 기록작업을 통해 물질화된 새로운 실재와 새로운 행위자들의 가능성에 대해 우리 자신에게 질문해 볼 수 있다. 지도 그리기 사건에 대한 녹음테이프를 들으면서 실제로 질문한 내용이 공간이나 책상이 아니라 '사람에 대한 지도'임을 알게 되었고, 프로젝트가 진행되었던 그 몇 주 동안 우리는 지도의 개념에 관해 어린이들과 토론하지 않았다는 것을 깨달았다. 성인으로서 우리는 우리 사이-내부에서도 이 내용을 토의하지 않았으며, 과연 어린이들이 그리길 바랐던 지도가 어떤 지도였는지, 혹 그렇게 했더라도 그 지도가 어떠해야 하는지 중요하게 생각하지 않았다. 비디오테이프와 오디오테이프의 기록을 통해 이를 알게 되었을 때, 우리는 지도 그리기 사건의 진행과정이 우리가 생각했던 것과 **전혀 다른 실재**임을 깨달았다.

성인이 생각한 지도를 어린이들이 그려야 한다는 담론-물질적인 전제 조건은 없다. 그러므로 이런 실재화(realisation)는 전혀 다른 학습 사건의 현실(reality)로 나타날 수 있으며, 실제 지도 그리기에 관한 것이 **아닐 수도 있다**. 엄밀하게 생각해 보면, 그날 실제로 지도 그리기가 이루어지지 않은 것이다. 그 이유는 지도에 관한 공통된 담론적 아이디어가 없었으며, 성인이 생각하는 관례적이고 전혀 문제되지 않는 지도 그리기 방법을 제외하고는 지도 그리기가 어떻게 물질화되어야 하는지에 대한 아이디어가 없었기 때문이다. 오히려 어린이들이 실제로 그린 것은 그날 아침 학습 사건에서 놀이를 하면서 물질-담론적 전제 조건의 실재에 대한 답을 제시한 것이다. 이 지도들은 유아학교 환경에서의 물질과 관련된 전제 조건과 내부작용을 함으로써 어린이들의 현실에서 일어난 실천으로 분석할 필요가 있음을 보여준다. 따라서 실천은 좀 더 윤리적이어야 한다.

어린이 혹은 연필로서 사건에서 소수-되기를 통해 내재성의 윤리와 잠재성의 윤리 실천하기

연구 참여자인 교사들과 내가 그날의 활동에서 물질-담론적 전제 조건의 현실을 더욱 면밀하게 고찰해 보면, 관찰할 수 있는 것은 실제 사건의 풍부성, 복수성, 다양성 등이다. 많은 다른 방식으로 사건을 경험하고 느꼈다. 여기서 나는 Deleuze와 Guattari(1987)의 개념—**소수-되기**—를 소개하고자 한다. 이 개념은 교육적 기록에 의해 교육적 사건을 되살리기(re-living) 그리고 재연하기(re-enacting) 과정과 관련된 윤리로 설명할 수 있다. 이를 위해, 나는 한 걸음 나아가 아이 혹은 연필의 관점에서 사건을 읽어 보는 아이디어를 취하고자 한다. 이 방법은 Deleuze와 Guattari의 방법으로 현상들을 철학적으로 이해하게 함으로써 강력한 윤리적 함의를 제시해 준다. 아이의 관점에서 그 사건을 읽어야 한다고 말하는 것은 무엇을 의미하는가? 감정이입을 의미하는가? 아이 역할을 하거나 아이처럼 행동하거나 아이가 된다는 것을 의미하는가? 기록에 의해 사건을 다시 재연하면서 되살린다는 것은 아이의 입장을 가치롭지 않게 여겨 단순하게 읽고 목소리를 부여하는 것이 **아니다**. 이것은 교사가 아이로서 그 사건의 되기

(becoming) 과정에 참여하여 우리를 그 사건에 **다시 장착**(re-install)시키는 것이다. 이것이 **아이-되기**(*becoming-child*)이다. 다른 사람의 입장을 택하거나 다른 사람이 되려는 것과 대조적으로, 자신을 다른 무언가로 되게 해서 그 사건에 자신을 재장착시키는 것이다. 즉, 그 사건을 다르게 경험할 수 있도록 **변화**(*change*)**하고 변형**(*transfomation*)**하는** 과정에 자신을 놓는 것이다.

Deleuze와 Guattari(1987)는 **다수**(*majoritarian*)란 흔히 생각하는 것처럼 상대적인 양(quantity)이 더 큰 것이 아니라 상태나 기준, 규준의 결정과 관련된다고 하였다. 즉, 지배적인 상태에서 사유하기와 행하기의 습관을 말한다. 예를 들면, **소수-되기**(*becoming-minoritarian or minor*)(영어로 다르게 변역되기도 한다)는 교사로서 우리가 **타자-되기**(*becoming-other*), 즉 아이-되기, 연필-되기, 점토-되기 등 자신을 그 상태에 놓는 과정에 관한 것이다. 아이, 연필, 점토 등의 입장 취하기 또는 역할하기, 행동하기(acting) 또는 **이기**(*being*)와는 반대로, 소수-되기의 초점은 **우리 자신 내의 변화 그리고 변화**(*change and change in ourselves*)하는 것이다. 이를테면 점토가 성형될 때 좀 더 부드러워지는 것 또는 연필이 사용되는 과정에서의 변화와 관련이 있다. 변화의 과정은 **소수-되기**에 관한 것으로 Deleuze와 Guattari는 **소수-되기**란 변화와 되기의 각 과정이라고 밝히고 있다(1987: 291). Deleuze를 참조한 May와 Semetsky(2008: 152)도 이를 **우리 자신 내의 타자 되기**(*other in ourselves*)—**변형된 되기**(*becoming transformed*)라고 밝히고 있다. 따라서 내가 아이의 입장이 되거나 역할을 하는 것이 아니라 언제든지 이 입장에서 벗어나서 교사의 역할 또는 입장을 다시 취할 수 있다는 것이다. 마치 서로 별개이고 분명히 다른 것처럼 말이다. 더더욱 이것은 아이 **이기**(*being* the child)가 아니다. 왜냐하면 내가 아이일 때

나는 더 이상 성인이 아니라는 의문이 제기되기 때문이다. 성인으로서 아이-되기 또는 점토-되기란, 예를 들어 아이가 점토를 성형하는 사건을 재연해 봄으로써 내가 성인이지만 자신을 다르게 변화시키고 되게(become) 함을 의미한다. 점토가 느끼는 것과 어떻게 변화하는지, 아이들이 생각하고 느끼는 것과 어떻게 점토를 주무르는지, 그 순간 교실에서 발생하는 물질-담론적 내부작용이 어떻게 어린이들에게 영향을 주는지 상상해 보면 된다. 나아가 손으로 내부작용하면서 점토로 무언가를 만들 때 얻게 되는 감응적인 경험들, 교육적 사건으로 활동과 관련된 다른 물질들과 담론들, 이런 것들은 상상의 감응적인 경험의 효과로서 내 자신을 다른(different) 것으로 되게 한다. 아이-되기와 점토-되기를 해 본 후에는 아이나 점토의 관점에서 사건을 읽는 것은 더 용이해진다. 그러나 이것은 **내 안에서 생기 있는 변화**(*enlivened change in myself*)로 얻어지는 것으로, 일시적으로 행동하거나 역할을 하거나 입장을 취하는 것도 아니다. 이것은 능동적으로 자신을 재구성하고 변형하는 것으로, 나를 변화시키고 내 자신을 다르게 되게 하는 행동이 반드시 필요한 것은 아니다.

교육과 유아교육의 맥락에서 어린이와 성인은 성인으로서 아이-되기, 윤리적 · 종교적 · 인종적 · 성적(sexually)으로 타자-되기, 점토나 연필-되기 등의 상태에 우리 자신을 배치하면서 사건을 재연하여 타자 되기를 할 수 있다. 또한, 교육적 공간에서 어린이와 물질 사이에 일어나는 학습 사건에서 출현하는 상호적인 내부작용을 알아차릴 수 있다. 다시 말하면, 이것은 또 다른 담론이나 입장, 역할로부터 어떤 것을 이해하거나 다르게 해석하는 것이 아니라 기록을 다시 정의하고 새롭게 현실화(actualised)하는 물질의 감응적인 사건에서 **타자-되기**(*other-becoming*)이다. 이것은 물질-담론적인 몸(신체)으로서 사건을 능동적으로 **다시-사는**(*re-live*) 기록 사용과 관련된 것이다. 예를 들면, 그림을 그릴 때 아이의 손으로 내부작용하면서 자신을 연필로 다시 장착(re-installing)시켜 보는 것이다. 그리하여 완벽하게 새로운 방식으로 사건을 이해하고 자신을 다르게 생성하는 것이다. 우리 자신의 이러한 변화는 유아교육 실제를 위해 윤리적으로, 정치적으로 영향을 줄 것이다.

지도 그리기 예로 돌아가 보자. 내재성과 존재론적 인식론의 관점으로 활동을 구성한다면, 우리는 어린이를 공동의 과정에 직접 참여하도록 시도했을 것이다. 이 과정은 '순환적(circular)' 운동을 늦추고 '수평적(horizontal)' 운동의 속도를 높이는 것으로, 서로 다른 방식으로 생산할 수 있게 하는 것이다(제4장, pp. 180-188 참조). 사건에 우리를 재장착시키기 위해 운동의 속도를 늦추었다면 교사가 제시한 질문에 어린이들이 서로 다른 방식으로 내부작용하여 다른 방식으로 대답하는 다른 전략들을 세우는 방법을 우리는 꽤 재빨리 인식할 수 있었을 것이다. '책상을 가로질러' 그리고 '책상 다른 쪽'의 의미가 차이 있는 것처럼 어린이들이 이미 방향과 장소의 개념에 대해 오랜 시간 토론했었음을 알아차릴 수도 있었을 것이다(우리는 지도 그리기에 대한 연속적인 집단 토론이 이루어진 며칠 후에야 이를 알 수 있었다). 더더욱 어린이들이 지도를 그리는 동안 연필과 손의 힘과 행위주체자(agency)에 관한 개인적 경험을 우리에게 알려 주거나 말해 줄 수도 있었을 것이다. 그래서 어떻게 그런 특정한 방식으로 지도 그리기를 표현했는지 알려 줄 수 있었을 것이다. 아마도 마거릿 그림의 의자들(그림 7.4)처럼, 질문에 대한 답을 몰라서 오랫동안 망설이다가 '탈주선(line of flight)'을 선택했을 수도 있다. 그날 아침 무엇을 그려야 할지 결정하기 위해 마거릿은 혼자 많은 생각을 했었다.

이렇게 사건에 다시 장착시키면서, 우리는 소수-되기의 상태에 우리 자신을 놓을 수 있다. 즉, 소수-되기는 Jones와 Jenkins가 썼던 것처럼 '새 행위주체자들이 물질화(new actors materialise)' 방법을 상상하여 현실(real)이 되게 할 수 있다(2008). 예를 들어, 의자 위에 하트를 **수행적 행위주체**(*performative agents*)(Barad, 2007)로 보고 당신이 좋아하는 사람과 자리를 바꾼다는 사건으로 현실화하여 상상할 수 있다. 더욱이 이것은 마거릿이 그림을 그렸던 활동에서의 강도(intensity)를 이해하기 위해 이 사건에서 **의자-되기**(*becoming-chair*)의 상태에 자신을 실제로 놓거나 재장착시킨다. 만약에 당신이 할 수 없더라도 당신은 지도 그림 그 자체에서 물질-담론적 내부작용의 행위주체자로서 의자와 하트를 최소한 인지할 수 있다. 그것은 우리에게 능동적으로 어떻게 작용하는지에 대해 그리고 마거릿은 자리를 바꾸고 싶어 하는 사람이 누구인지에 관한 정보를 우리에게 제공한다. 따라서 당신은 두 개의 의자—지도 그리기에 표상된 의자와 교실에 물질적으로 존재하는 의자—와의 내부작용으로 사랑의 힘을 상상할 수 있으며, 감응으로 그것들을 채워서 마거릿이 사랑하는 누군가와 자리를 바꾸는 사건으로 현실화할 수 있다.

내재성의 관점으로 교육적 사건에 우리 자신을 재정착시킨다는 것은 사건에서 벌어지는 상호 간의 접속을 '평평하게 만드는(flattened out)' 것을 의미한다. 즉, 이런 평평해짐과 이 사건에서 아이-되기는 어떤 특권적인 입장이나 진리의 관점에서 그 사건을 읽어서는 안 된다는 것을 의미한다. 지도 그리기 예시에서의 구성주의 인식론에서처럼 사전에 결정된 아이디어나 목표와 관련지어 그 질문을 어떻게 이해했는지 분석하는 것이 아니다. 그 대신, 그 사건을 재연해 봄으로써 어린이들이 특별한 지도 그리기 활동에서 질문과 물질-담론적 현실에 어떻게 다양하게 내부작용을 하는지 아는 것이다. 성인들은 문제를 정의하고 예상되는 결과의 성공 여부를 판단하는 위치에 서 있지 **않다**. 그 대신 성인들은 그 사건을 재연하는 과정에서 내부작용하는 하나의 다른 (중요한) 유기체로서 자신을 이해해야 한다. 따라서 사건을 이해하기 위해 학습 목표나 내용을 적용하는 구성주의적 틀보다는 존재론적 인식론의 틀과 존재론적 내재성의 관점에서 사고하고 행동할 때, 그 활동에서 상호 책임을 이해하고 심오한 윤리적 결과를 얻을 수 있다. 내부작용이 일어나는 데 관여된 모든 유기체는 자신의 행위주체성과 책임감을 갖고 행동해야 한다. 위에서 지적했듯이, 이것은 내부작용과 관련된 모든 것에서 어린이의 수행을 별도로 분리하여 그 수행을 평가하거나 판단하는 것이 불가능함을 보여 준다. 어떤 평가든 물리적 환경과 질문, 그리고 교사가 투입한 것들을 포함하여 그 사건에서 다양한 물질 사이-내부에서 발생하는 내부작용을 포함해야만 한다.

더욱이 이런 특정한 학습 사건을 재연하는 위의 방법은 지식 생산과 발명, 창의성에 관한 것이다. 동시에 이것은 교육적 공간에서 물질-담론적 전제 조건들과 수행 요소로서 단어, 개념, 그림들을 '이해'하는 것이다. 즉, 이것은 당신 자신을 의자-되기로 상상하는 것이다. 교사들은 구성주의 인식론에서처럼 논리적 일치와 공간적 일치 같은 기능소의 용어로 어린이들에게 지도 그리기를 이해하도록 지도해서는 안 된다. 그 대신 활동에서 물질적 사건과 체화된 사건의 복잡성에서 발현되는 다양한 이해, 전략, 지식의 구성요인(construct)을 토론해야 한다. 과학(기능소) 및 철학(개념)과 관련한 교육목표에 관한 초기 토론으로 돌아가 보자. 이 예는 과학적 기능소 **그리고** 철학적 개념 사이의 내부작용에 초점을 두는 게 어떻게 가능한지 보여 준다. 즉, 논리적인 참조 체계 학습하기 **그리고** 사유하기와 실행하기(doing)를 위한 새로운 개념 발명하기 사이의 내부작용을 알게 해 준다.

내재성의 윤리와 잠재성의 윤리

An ethics of immanence and potentialities

내재성의 윤리에서 교사는 학생이나 내용, 방법론 등을 고정된 실체(being a fixed entity)로 분리해서 다른 것들과 구별하여 이해해서는 안 된다. 교육에서 내재성의 윤리는 학습 사건을 통해 나타나는 인간과 비인간 유기체들, 문제(matter)와 사물들, 내용과 학생 주체성 사이-내부의 상호 접속과 내부작용에 관심을 둔다. 이것은 **상호 참여와 변형**(*mutual engagement and transformation*)이 과정에 있는 학생과 교사와 관련이 있다. 이는 우리가 다른 것에 감응을 주고 감응을 받기 때문에 학습 사건에서 나타나는 다층적 내부작용에서 일어나는 일에 대해 우리 자신이 끝없는 상호 책임 상태에 놓여 있음을 의미한다. 따라서 사건의 흐름에서 인간이든, 비인간이든 존재하는 모든 유기체에 공동의 책임을 가져야 한다. 책임감은 모든 물질과 유기체 사이의 내재적 관계에 스며들어 있다. 따라서 책임감은 우리가 선택할 수 있거나 받아들일 수 있는 것이 아니라 오히려 영향을 주고 영향을 받으면서 삶과 함께 있는 것이다(Deleuze, 1988). 사건을 재연하는 '순환적' 운동을 늦추면서 우리는 내부작용이 일어나는 활동에서 감응, 힘, 강도 등을 다시 살려 내어 비판적으로 분석할 수 있다. 이로써 우리는 책임감이라고 부르는 힘을 인식하게 되며, 우리가 추구해야 할 더 높은 가치의 초월적 아이디어에 근거한 **해야 하는**(*should*) 것보다는 알려지지 않은 잠재성에 대한 긍정적인(affirmative) 사유를 토대로 다른 방식으로 무언가에 그리고 누군가에게 감응을 주기 위해 **지금 여기서 할 수 있는**(*can*) 것이 무엇인지 우리 스스로에게 물어볼 수 있다.

Colebrook에 따르면, Deleuze에게 윤리는 '존재에 대한 사랑(love for what is)'이지 지식에 대한 윤리가 아니며, 일부 진리나 정당성, 정초를 넘어서는 것을 찾는 것도 아니다. 그리고 존재(what is)를 초월하거나 외부에 있는 것에 관한 것이 아니다(2002: 71). 오히려 우리가 관심 두어야 하는 것은 어떤 유기체, 어린이, 교사, 유아학교, 학습 사건 등이 주변 세계와 내부작용하면서 **되기**(*become*)를 할 수 있는가이다. 기본적으로 되기를 다루는 교육학은 존재(what is)(실재계) 그리고 가능(what might become)(잠재계) 사이에 우리가 —동시에— 운동하는 것을 의미한다. Deleuze(1988, 1990)가 가상(virtual)이라고 부르는 것은 우리 주변에서 모든 것과 상호 접속하는 모든 유기체의 잠재성의 실재이다. Deleuze에 따르면, 우리는 어린이, 유기체 또는 사건의 **가상적** 잠재성을 위해 노력하여 어린이가(그리고 교사인 당신 자신이) 스스로 각 사건을 재창조하면서 변용의 상태로 학습에 대해 긍정적이 될 수 있게 해야 한다. 이것은 우리가 아직 그렇지 않은 것들에 대해 자신을 확대하고 확장해야 한다는 결과를 도출할 수 있다. 또한, 유기체를 제한하거나 분리, 형태 등으로 정의 내리는 데 관심을 두지 말고, 세계 속에서 다른 유기체들과의 관계에서 감응을 주고 감응을 받는 능력으로 정의 내리는 데 초점을 두어야 한다(Deleuze, 1988: 123-5).

그리하여 내재성의 윤리와 잠재성의 윤리는 긍정적, 진화적, 창의적 방식으로 삶, 교육학, 앎과 학습을 이해하게 하여 진리나 규범, 미리-설정된(pre-set) 학습 경로의 일탈이나 결핍이 아니라 어린이와 학습에서 항상 가상의 가능성과 잠재성을 보게 한다. 어린이들이 배우면서 변형의 과정을 경험하고 나머지 세계들과의 내부작용과 상호접속으로 새롭게 되기를 경험한다고 믿는다면, 구성주의 이론에 근거한 학습이나 발달에 적합한 실제(DAP)의 경우처럼 사전에 공식화된 성숙 단계 혹은 특정한 학습 내용만을 고수하는 것은 불가능해진다. 바꾸어 말하면, 교사인 우리의 초점은 그런 규준이나 진리와 관련지어 우리가 옳다거나 올바르게 하고 있다고 생각해서는 안 되며, 학습 목표와 결과만을 고수해서도 안 된다. 그 대신 학습 내용을 조사하여 전략과 사유하기의 다양성과 진화를 추구하도록 배워야 한다. 우리는 어린이들이 행하고 말하는 과정에서 물질들이 어떻게 생산적이게 하는지, 그리고 물질적 조건과 어린이의 행동 사이의 내부작용들이 아이들의 이해와 전략을 어떻게 바꾸어 놓는지 찾을 수 있어야 한다. 현재의 사건에서 무엇이 일어나고 있는지 스스로 인식하도록 노력하여, 무엇이 **가능한지**, 무엇이 발현되는지, 무엇이 **될 수 있는지** 등을 조사해야 한다. 내가 이해하기로, 이런 방식으로 어린이나 학생, 교육적 실천을 다룬다면, 우리가 생각하는 교육에서의 윤리와 정의는 근본적으로 변화할 것이다.

결론을 내리면 다음과 같다. 내재성의 윤리와 잠재성의 윤리를 수행하는 실천은 교육에서 널리 행해지고 있는 이분법적 구분—과학/예술, 인지적/신체적, 이성/감성 등—을 **넘어서서**, 다른 모든 것과 공존하는 상호적 상태에서 인간 존재의 관점에서의 변화와 발달을 융합하는 것, 그런 윤리야말로 교육실제를 변형할 수 있다. 그리하여 이런 윤리는 어린이, 학생, 교사가 소유한 행동할 수 있는 잠재성과 역량에 도전하게 하고, 함께하는 공동의 실험하기와 개념 및 앎의 생산 과정을 발명적이게 한다. 더욱이 이런 윤리는 어린이, 학생, 교사가 발달적으로 적합한 실제와 구성주의 학습이론, 학습 연구 등에 의해 미리 설정된 학습 내용과 관련된 목표를 성취하려고 애쓰는 교육 활동을 다루지 않게 한다(Bredekamp & Coople, 1993; Gestwicki, 2006; Marton & Tsui, 2004; Pramnling Samuelsson & Pramling, 2008).

이 책의 결론… And to end this book…

나는 마지막 장에서 세계화된 경제가 모든 유기체, 인간뿐 아니라 비인간(예: 돈)이 행위주체자로서 어떻게 내부작용하고 있는지 입증하고, 모든 사람과 모든 것을 파괴적인 방식으로 작용케 하는 강력한 힘과 강도들을 어떻게 형성하고 있는지에 대해 써 보려고 한다. 이것은 내재적인 힘과 비교될 수 있다. 이 내재적인 힘은 전 세계의 거의 모든 사람과 모든 것에 영향을 주는 쓰나미처럼, 수년에 걸쳐 축척된 파도의 회절(diffraction)과 같은 힘이다. 내가 앞에서 Deleuze(1990: 149)을 인용한 것처럼 윤리는 "우리에게 일어나는 일을 가치 있게 하는 것"이다. 우리는 내재적인 힘과 강도의 결과인 이러한 사건들이나 삶에서 이 윤리를 어떻게 이해해야 하는가?

이 시점에 최소한 일시적으로, 이 책을 읽는 동안만이라도 독자인 당신에게 교육에서의 지배적이고 감환적이며 단순화시키고 제한시키는 그 힘들을 적극적으로 반대하라고 요구하고 싶다. 그리고 당신 자신에게 자문해 보길 바란다. 나는 무엇을 **할 수 있는가**? 운동에서 그리고 다른 방향으로 또 다른 파도의 회절을 설정하려면 무엇을 할 수 있는가? 어떻게 하면 운동의 속도를 늦추면서 사건을 재연하고 역실현(counter-actualise)함으로써 다시 속도를 상승시키고 다른 곳으로 이동시킬 수 있을까? 이런 방식으로 유아교육 분야의 발전과 많은 다른 영역 및 문제와 관련하여 우리에게 일어나는 일들을 가치 있게 할 수 있다. 우리는 제기된 질문들을 내재적인 세계관으로 반복해서 자문할 수 있다. 도덕적이며 초월적인 질문인 '어떻게 **살아야 하는가?**'(*should* live) 대신에 '어떻게 **살 것인가?**'(*might* live)라고 질문해야 한다(May, 2005: 1-4, 원문 강조).

이런 복잡한 세계에서 정의롭고 윤리적으로 살기 위해 어떻게 **살아야 하는지 그리고 살아야만 하는지**(*should and must*)에 대해 자문하는 것은 불가능하다. 왜냐하면 첫째, 그런 보편적인 윤리는 우리 모두에게 보편적인 윤리로 이해되지 않으며, 둘째, 그런 질문은 우리가 다양하게(different) 또는 다른 방식으로 어떻게 **살 수 있는지 또는 살 것인지**(*can or might*) 자문할 가능성을 배제하기 때문이다. 오늘날 요구되는 교육에 대한 철학적 접근은 우리가 살고 존재하면서 현실적으로 성취할 수 있는 능력을 넘어서는 진실된 정의나 진정한 민주주의와 같은 이상과 목표들에 대한 접근에서 발견**할 수 없다**. 왜냐하면 윤리적 정립은 이러한 이상과 목표들보다 삶과 존재에 **선행해야** 하기 때문이다. 즉, 우리는 복잡성으로 가득 찬 삶을 살아 보고 알게 되기 **전에** 옳고 그름을 알 수 있다고 생각해서는 안 된다. 오히려 우리에게 필요한 접근은 **삶에서 파생되고, 그것을 체험하는 과정으로 삶을 살게 하는** 윤리이다(Smith, 2003). 이것이 존재론적 윤리이다. 왜냐하면 이것은 Smith(2003: 63)가 쓴 내재적인 '존재의 수준에서 존재에 대한 관계'에서 비롯되기 때문이다. 이것은 윤리학과 존재론이 하나가 될 수 있다는 것이며, 분리될 수 없고 별개의 것이 아님을 보여 준다. 이 책의 시작으로 돌아가서 Karen Barad의 생각, 존재론과 인식론에 대한 융합(merging)으로 우리는 **윤리적인 존재론적 인식론**

(*ethico-onto-epistemology*)을 알게 된다. 나는 이런 윤리적인 존재론적 인식론을 다음과 같이 Barad의 정의와 함께 결론 내리고자 한다.

> 윤리, 앎, 이기(being) 각각의 내부작용이 중요하고, 어떤 세계가 펼쳐질지에 대한 가능성은 세계가 다시 만들어지기 전의 호흡에 선행하는 일시정지의 바로 그 순간에 존재하며, 그때 불러올 수 있기 때문에 윤리, 앎, 이기(being)가 얽혀 있는 진가를 인정해야 한다. 왜냐하면 세계 속의 되기(becoming of the world)는 심도 있는 윤리적 문제이기 때문이다.
>
> (2007: 185)

참고문헌

Åberg, A. and Lenz Taguchi, H. (2005) *Lyssnandets pedagogik: Demokrati och etik i förskolans lärande* [Pedagogy of listening: Democracy and ethics in preschool learning practice]. Stockholm: Liber.

Ahmed, S. and Stacey, J. (eds) (2001) *Thinking Through the Skin*. London and New York: Routledge.

Alaimo, S. and Hekman, S. (eds) (2008) *Material Feminisms*. Bloomington, IN: Indiana University Press.

Albrecht-Crane, C. and Daryl Slack, J. (2007) 'Towards a pedagogy of affect', in A. Hickey-Moody and P. Malins (eds) *Deleuzian Encounters: Studies in Contemporary Social Issues*. New York: Palgrave Macmillan.

Apple, M. (1982) *Education and Power*. Boston, MA: Routledge and Kegan Paul.

Aronowitz, S. and Giroux, H.A. (1991) *Postmodern Education: Politics, Culture, and Social Criticism*. Minneapolis: University of Minnesota Press.

Arvidsson, T. (1974) *Barnobservationer i förskolan* [Child observations in preschool]. Stockholm: Liber.

Ball, S. (1994) *Education Reform: A Critical and Poststructural Approach*. Buckingham: Open University Press.

Barad, K. (2008) 'Posthumanist performativity: toward an understanding of how matter comes to matter', in S. Alaimo and S. Hekman (eds) *Material Feminisms*. Bloomington, IN: Indiana University Press, pp. 120–54.

Barad, K. (2007) *Meeting the Universe Halfway: Quantum Physics and the Entanglement of Matter and Meaning*. Durham, NC: Duke University Press.

Barad, K. (1999) 'Agential realism: feminist interventions in understanding scientific practices', in M. Biagioli (ed.) *The Science Studies Reader*. New York and London: Routledge.

Barad, K. (1998) 'Getting real: technoscientific practices and the materialization of reality', *Difference: A Journal of Feminist Cultural Studies*, 10(2): 87–126.

Bateson, G. (1979) *Mind and Nature: A Necessary Unit*. New York: E.P. Dutton.

Bauman, Z. (1991) *Modernity and Ambivalence*. Cambridge: Polity Press.

Bhabha, H. (2006) *The Location of Culture*. London and New York: Routledge.

Biesta, G. (2008) 'Five theses on complexity reduction and its politics'. Paper presented at the *Chaos and Complexity SIG Symposium of AERA*, New York, 24–8 March.

Blaise, M. (2005) *Playing it Straight: Uncovering Gender Discourses in the Early Childhood Classroom*. New York and London: Routledge.

Boman, E. (1946) 'Barnpsykologisk forskning – Seminarieutbildning av förskolepedagoger', in Ulin, C. (ed.) *Från spädbarn till skolbarn: Utvecklingspsykologiska studier i barnens egen miljö* ['Research in child psychology – The preschool seminar teacher education', in Ulin, C. (ed.) *From Infant to School: Child Developmental Psychological Studies in Children's Environment*]. Stockholm: Natur och Kultur.

Bonta, M. and Protevi, J. (2004) *Deleuze and Geophilosophy: A Guide and Glossary*. Edinburgh: Edinburgh University Press.

Braidotti, R. (2006) *Transpositions: On Nomadic Ethics*. Cambridge and Malden: Polity Press.

Braidotti, R. (2002) *Metamorphoses: Towards a Materialist Theory of Becoming*. Cambridge: Polity Press.

Braidotti, R. (1994) *Nomadic Subjects. Embodiment and Sexual Difference in Contemporary Feminist Theory*. New York: Columbia University Press.

Bredekamp, S. and Coople, S. (1993) *Developmentally Appropriate Practice in Early Childhood Programs Serving Children from Birth Through Age 8* (NAEYC series #234). 10th edn. AECA Specialist Early Childhood Publishers.

Bredekamp, S., Coople, C. and Neuman, S.B. (2000) *Learning to Read and Write: Developmentally Appropriate Practices for Young Children* (NAEYC series #161). National Association for the Education of Young Children.

Brown, N. (2004) *Gender Equity in the Early Years*. Maidenhead: Open University Press.

Bruner, J. (2004) 'Reggio: a city of courtesy, curiosity and imagination', *Children in Europe*, 6: 27.

Buchanan, I. and Colebrook, C. (eds) (2000) *Deleuze and Feminist Theory*. Edinburgh: Edinburgh University Press.

Buchanan, I. and Lambert, G. (eds) (2005) *Deleuze and Space*. Edinburgh and Toronto: Edinburgh University Press and University of Toronto Press.

Burman, E. (2007) *Deconstructing Developmental Psychology*. London and New York: Routledge.

Burman, E. and MacLure, M. (2005) 'Deconstruction as a method of research', in B. Somekh and C. Lewin (eds) *Research Methods in the Social Sciences*. London, Thousand Oaks, CA and New Delhi: Sage Publications, pp. 318–25.

Butler, J. (2004) *Undoing Gender*. New York and London: Routledge.

Butler, J. (2000) 'Restaging the universal: hegemony and the limits of formalism', in J.

Butler, E. Laclau and S. Zizek (eds) *Contingency, Hegemony, Universality: Contemporary Dialogues on the Left*. London and New York: Verso, pp. 11–43.

Butler, J. (1997) *Psychic Life of Power: Theories in Subjection*. Stanford, CA: Stanford University Press.

Butler, J. (1993) *Bodies that Matter: On the Discursive Limits of 'Sex'*. New York and London: Routledge.

Butler, J. (1990) *Gender Trouble: Feminism and the Subversion of Identity*. New York and London: Routledge.

Canella, S.G. (1997) *Deconstructing Early Childhood Education: Social Justice and Revolution*. New York: Peter Lang Publishing.

Ceppi, G. and Zini, M. (1998) *Children, Spaces, Relations: Metaproject for an Environment for Young Children*. Milan, Italy: Domus Academy Research Centre.

Colebrook, C. (2006) *Deleuze: A Guide for the Perplexed*. London and New York: Continuum.

Colebrook, C. (2002) *Gilles Deleuze*. London and New York: Routledge.

Colebrook, C. (2000) 'Is sexual difference a problem?', in I. Buchanan and C. Colebrook (eds) *Deleuze and Feminist Theory*. Edinburgh: Edinburgh University Press, pp. 110–27.

Dahlberg, G. and Bloch, M. (2006) 'Is the power to see and visualize always the power to control?', in T.S. Popkewitz, K. Petterson, U. Olsson and J. Kowalczyk (eds) *'The Future Is Not What It Appears To Be': Pedagogy, Genealogy and Political Epistemology*. Stockholm: HLS Förlag.

Dahlberg, G. and Lenz Taguchi, H. (1994) *Förskola och skola: Om två skilda traditioner och om visionen om en mötesplats* [Preschool and school: Two different traditions and the vision of a meeting-place]. Stockholm: HLS Förlag.

Dahlberg, G. and Moss, P. (2005) *Ethics and Politics in Early Childhood Education*. London and New York: Routledge/Falmer.

Dahlberg, G. and Theorell, E. (2009) *Barns dialog med naturen* [Children's dialogue with nature]. Stockholm: Stockholm University Press.

Dahlberg, G., Moss, P. and Pence, A. (2007) *Beyond Quality in Early Childhood Education and Care: A Postmodern Perspective*. London and New York: Routledge/Falmer.

Daston, L. (2007) *Things that Talk*. New York: Zone Books.

Davies, B. (2000) *A Body of Writing 1990–1999*. Walnut Creek, CA and Oxford: Alta Mira Press.

Davies, B. and Gannon, S. (eds) (forthcoming) *Pedagogical Encounters*. London and

New York: Routledge.

Davies, B. and Gannon, S. (eds) (2006) *Doing Collective Biography*. Maidenhead and New York: Open University Press.

Davies, B. and Gannon, S. (2005) 'Feminism/poststructuralism', in B. Somekh and C. Lewin (eds) *Research Methods in the Social Sciences*. London, Thousand Oaks, CA and New Delhi: Sage Publications, pp. 284–92.

Davies, B., Dormer, S., Gannon, S., Lenz Taguchi, H., Laws, C., McCann, H. and Rocco, S. (2001) 'Becoming school-girls: the ambivalent project of subjectification', *Gender and Education*, 3(2): 167–82.

Deleuze, G. (2001) *Pure Immanence: Essays on A Life*, trans. Anne Boyman. New York: Zone Books.

Deleuze, G. (1994) *Difference and Repetition*. New York: Columbia University Press.

Deleuze, G. (1990) *The Logic of Sense*. New York: Columbia University Press.

Deleuze, G. (1988) *Spinoza: Practical Philosophy*. San Francisco: City Lights Books.

Deleuze, G. and Guattari, F. (1994) *What is Philosophy?*, trans. Graham Burchell and Hugh Tomlinson. London and New York: Verso.

Deleuze, G. and Guattari, F. (1987) *A Thousand Plateaus: Capitalism and Schizophrenia*, trans. Brian Massumi. Minneapolis: University of Minnesota Press.

Dewey, J. (2004) *Democracy and Education: An Introduction to the Philosophy of Education*. London: Aakar Books.

Doveborg, E. and Pramling, I. (2000) *Att förstå barns tankar* [Understanding children's thinking]. Stockholm: Liber AB.

Doveborg, E. and Pramling Samuelsson, I. (1999) *Förskolebarn i matematikens värld* [Preschool children in the world of mathematics]. Stockholm: Liber AB.

Edwards, C., Gandini, L. and Forman, G. (1998) *The Hundred Languages of Children. Greenwich*, CT and London: Ablex Publishing.

Elfström, I. (2004) 'Varför individuella utvecklingsplaner? En studie av ett nytt utvärderingsverktyg i förskolan' ['Why individual developmental plans? A study of a new tool for evaluation in preschool']. Masters thesis, Stockholm University.

Elfström, I., Nilsson, B., Sterner, L. and Wéhner-Godée, C. (2008) *Barn och naturvetenskap* [Children and science]. Stockholm: Liber AB.

Ellsworth, E. (1997) *Teaching Positions: Difference, Pedagogy, and the Power of Address*. New York and London: Teachers College Press, Columbia University.

Ellsworth, E. (1992) 'Why doesn't this feel empowering? Working through the repressive myths of critical pedagogy', in C. Luke and J. Gore (eds) *Feminisms and Critical Pedagogy*. New York and London: Routledge, pp. 90–119.

Fausto-Sterling, A. (2000) *Sexing the Body: Gender Politics and the Construction of Sexuality*. New York: Basic Books.

Fendler, L. (2001) 'Educating flexible souls', in K. Hultqvist and G. Dahlberg (eds) *Governing the Child in the New Millenium*. London: Routledge/Falmer.

Foucault, M. (1990) *The History of Sexuality*. Volume 1: An Introduction. New York: Vintage Books; London: Penguin.

Foucault, M. (1982) 'The subject and power', in H.L. Dreyfus and P. Rabinow (eds) *Michel Foucault: Beyond Structuralism and Hermeneutic*. Hertfordshire: Harvester Press.

Freire, P. (2001) *Pedagogy of the Oppressed*. 30th anniversary edn. London and New York: Continuum.

Furness, K. (2008) *Rådjurets återfödelse till toner av mögelmusik: Förskolan Äventyret i Skarpnäcks stadstel hösten 2005–våren 2006* [The rebirth of the deer to music made by mould: Äventyrets Preschool in the municipality of Skarpnäck autumn 2005–spring 2006]. Stockholm: Reggio Emilia Institute.

Gallagher, A.M. and Kaufman, J.C. (2005) *Gender Differences in Mathematics*. Cambridge: Cambridge University Press.

Gardner, H. (1994) 'Foreword: complementary perspectives on Reggio Emilia', in C. Edwards, L. Gandinin and G. Forman (eds) *The Hundred Languages of Children: The Reggio Approach to Early Childhood Education*. Norwood, NJ: Ablex.

Gardner, H. (1985) *The Mind's New Science: A History of the Cognitive Revolution*. New York: Basic Books.

Gatens, M. (1996) *Imaginary Bodies: Ethics, Power, and Corporeality*. New York: Routledge.

Gestwicki, C.L. (2006) *Developmentally Appropriate Practices: Curriculum and Development in Early Education*. 3rd edn. New York: Delmar Learning.

Gore, J. (1992) 'What we can do for you! What can "we" do for "you"? Struggling over empowerment in critical and feminist pedagogy', in C. Luke and J. Gore (eds) *Feminisms and Critical Pedagogy*. New York and London: Routledge, pp. 54–73.

Grosz, E. (2008) 'Darwin and feminism: preliminary investigations for a possible alliance', in S. Alaimo and S. Hekman (eds) *Material Feminisms*. Bloomington, IN: Indiana University Press.

Grosz, E. (2005) *Time Travels: Feminism, Nature, Power*, Durham, NC: Duke University Press.

Grosz, E. (2001) *Architecture from the Outside: Essays on Virtual and Real Space.* Cambridge, MA: MIT Press.

Grosz, E. (ed.) (1999) *Becomings: Explorations in Time, Memory, and Futures.* Ithaca, NY: Cornell University Press.

Grosz, E. (1995) *Space, Time and Perversion: Essays on the Politics of Bodies.* New York and London: Routledge.

Gusfield, J. (1976) 'The literary rhetoric of science: comedy and pathos in drinking driver research', *American Sociological Review*, 4: 16–34.

Hacking, I. (1983) *Representing and Intervening: Introductory Topics in the Philosophy of Natural Science.* New York: Cambridge University Press.

Hansen, M.B.N. (2000) *Embodying Technesis: Technology Beyond Writing.* Ann Arbor: University of Michigan Press.

Haraway, D.J. (2008) *When Species Meet.* Minneapolis and London: University of Minnesota Press.

Haraway, D.J. (1997) *Modest_Witness@Second:Millennium.FemaleMan_Meets_Onco Mouse: Feminism and Technoscience.* New York and London: Routledge.

Haraway, D.J. (1991) *Simians, Cyborgs, and Women: The Reinvention of Nature.* New York and London: Routledge.

Hartley, P. (1999) *Interpersonal Communication.* London: Taylor and Francis Ltd.

Hayles, K.N. (2002) *Writing Machines.* Cambridge, MA: MIT Press.

Hekman, S. (2008). 'Constructing the ballast: an ontology for feminism', in S. Alaimo and S. Hekman (eds) *Material Feminisms.* Bloomington, IN: Indiana University Press, pp. 85–119.

Hekman, S. (1990) *Gender and Knowledge: Elements of Postmodern Feminism.* Cambridge and Oxford: Polity Press.

Helm, J.H. and Katz, L. (2000) *Young Investigators: The Project Approach in the Early Years.* New York: Teachers College Press.

Hickey-Moody, A. and Malins P. (eds) (2007) *Deleuzian Encounters: Studies in Contemporary Social Issues.* New York: Palgrave Macmillan.

Holmqvist, M. (ed.) (2006): *Lärande i skolan: Learning study som skolutvecklingsmodell* [Learning in school: Learning study as a model for school development]. Lund: Studentlitteratur.

Honan, E. (2004) '(Im)plausibilities: a rhizo-textual analysis of policy texts and teachers' work', *Educational Philosophy and Theory*, 36(3): 267–81.

Honan, E. and Sellers, M. (2008) '(E)merging methodologies: putting rhizomes to work', in I. Semetsky (ed.) *Nomadic Education: Variations on a Theme by Deleuze and Guattari*. Rotterdam, The Netherlands: Sense Publishers.

hooks, b. (1994) *Teaching to Transgress. Education as the Practice of Freedom*. London and New York: Routledge.

hooks, b. (1981) *Ain't I a Woman, Black Women and Feminism*. Cambridge, MA: South End Press.

Hultman, K. (2009) 'Children's gendered subjectivities and becomings in relation to places within pre-school'. Paper presented at the *International Feminist Methodology Conference*, Stockholm, 4–6 February.

Hultqvist, K. (2001) 'Bringing the gods and the angels back? A modern pedagogical saga about excess in moderation', in K. Hultqvist and G. Dahlberg (eds) *Governing the Child in the New Millenium*. New York and London: Routledge/Falmer.

Hultqvist, K. (1998) 'A history of the present of the Swedish welfare child', in T.S. Popkewitz and A. Brennan (eds) *Foucault's Challenge to the Knowledge, Curriculum and Political Projects of Schooling*. New York: Teachers College Press.

Hultqvist, K. (1990). *Förskolebarnet: En konstruktion för gemenskapen och den individuella frigörelsen* [The preschool child: A construction for collectiveness and individual emancipation]. Stockholm: Symposion.

Hultqvist, E. and Palme, M. (2006) *'Om de kunde ge en mall.' En studie av lärarstudenternas möte med lärarutbildningen* ['If they could only give me a guide.' A study of teacher students encounter with teacher education]. Dept. of Society, Culture and Learning, Stockholm Institute of Education and The Research Group of Educational Research and Cultural Sociology at Uppsala University.

Jablonka, E. and Lamb M.J. (2005) *Evolution in Four Dimensions: Genetic, Epigenetic, Behavioural, and Symbolic Variation in the History of Life*. Cambridge, MA: MIT Press.

James, A., Jenks, C. and Prout, A. (1998) *Theorizing Childhood*. Cambridge and Oxford: Polity Press.

Jones, A. (1997) 'Teaching post-structuralist feminist theory in education: student resistance', *Gender and Education*, 9(3): 161–9.

Jones, A. and Jenkins, K. (2008) 'Indigenous discourse and "the material": a postinterpretivist argument', *International Review of Qualitative Research*, 1(2 August): 125–44.

Jung, J. (2005) *Revisionary Rhetoric, Feminist Pedagogy, and Multigenre Texts*. Carbondale: Southern Illinois University Press.

Katz, L.G. (1998) 'What can we learn from Reggio Emilia?', in C. Edwards, L. Gandini and G. Forman (eds) *The Hundred Languages of Children: The Reggio Emilia Approach: Advanced Reflections*. Norwood, NJ: Ablex, pp. 27–45.

Lagerroth, E. (1994) *Världen och vetandet sjunger på nytt: Från en mekanisk världsbild till ett skapande universum*. [The world and the wisdom enchant anew: From a mechanistic worldview towards a creating universe]. Göteborg: Korpen.

Lather, P. (2007) *Getting Lost: Feminist Efforts toward a Double(d) Science*. New York: State University of New York Press.

Lather, P. (1991) *Getting Smart: Feminist Research and Pedagogy with/in the Postmodern*. New York and London: Routledge.

Lather, P. and Smithies, C. (1997) *Troubling the Angels: Women Living With HIV/AIDS*. Boulder, CO: Westview/HarperCollins.

Latour, B. (2005) *Reassembling the Social. An Introduction to Action-Network-Theory*. Oxford: Oxford University Press.

Latour, B. (1999) *Pandora's Hope: Essays on the Reality of Science Studies*. Cambridge, MA: Harvard University Press.

Lenz Taguchi, H. (2009a) 'Shifting from a linear and one-dimensional to a multidimensional and rhizomatic approach to learning and inclusion', in N. Yelland (ed.) *Contemporary/New Critical Issues in Early Childhood Education*. Philadelphia, PA: Open University Press.

Lenz Taguchi, H. (2009b) 'Writing practices in Swedish teacher education and the inclusion/exclusion of subjectivities', *Critical Studies in Education* 50(2): 145–58.

Lenz Taguchi, H. (2008a) 'The researcher becoming otherwise: the materiality of collaborative research'. Paper presented at *BERA*, London, 6 September 2007 and *AERA*, New York, 26 March 2008.

Lenz Taguchi, H. (2008b) 'Ett intra-aktivt pedagogiskt arbete för inkludering och rättvisa' ['An intra-active pedagogy for inclusion and justice in education'], in R.J. Pettersen (ed.) *Barnehagen som läringsarena* [The preschool as an arena for learning]. SEBU Forlag/Pedagogisk forum/Barnehageforum.no, Norway, pp. 45–69.

Lenz Taguchi, H. (2008c) 'Justice in early childhood education. Justice to whom and to what?' Keynote address at *EECERA* (European Early Childhood Education Research Association) Stavanger, Norway, 5 September.

Lenz Taguchi, H. (2008d) 'An "ethics of resistance" challenges taken-for-granted ideas in early childhood education', *International Journal of Educational Research*,

47(5): 270–82.

Lenz Taguchi, H. (2007) 'Deconstructing and transgressing the theory – practice dichotomy in Swedish early childhood education', *Educational Philosophy and Theory*, 39(3): 275–90.

Lenz Taguchi, H. (2006) 'Reconceptualizing early childhood education: challenging taken-for-granted ideas', in J. Einarsdóttir and J. Wagner (eds) *Nordic Childhoods and Early Education: Philosophy, Research, Policy and Practice in Denmark, Finland, Iceland, Norway and Sweden*. Greenwich, CT: Information Age Publishing, pp. 257–87.

Lenz Taguchi, H. (2005) 'Getting personal: how early childhood teacher education troubles students' and teacher educators' identities regarding subjectivity and feminism', *Contemporary Issues in Early Childhood Education*, 6(3): 244–55.

Lenz Taguchi, H. (2004) *In på bara benet: En introduktion till feministisk Poststructuralism* [Down into bare bone: An introduction to feminist poststructuralism]. Stockholm: HLS Förlag.

Lenz Taguchi, H. (2000) *Emancipation och motstånd. Dokumentation och kooperativa läroprocesser i förskolan* [Emancipation and resistance. Documentation and co-operative learning-processes], PhD dissertation in Swedish, Stockholm: HLS Förlag.

Lenz Taguchi, H. (1997) *Varför pedagogisk dokumentation?* [Why pedagogical documentation?]. Stockholm: HLS Förlag.

Lenz Taguchi, H. (1996) 'The field of early childhood pedagogy in Sweden: a female project of professionalization and emancipation?', *Nordiske Udkast: Journal for Critical Social Science*, 24(1): 41–55.

Lind, U. (2005) 'Identity and power, "meaning", gender and age: children's creative work as a signifying practice', *Contemporary Issues in Early Childhood*, 6(3): 256–68.

Lind, U. (2003) 'Postmodern reconceptualizationof aesthetics for education'. Paper given at *NFPF/NERA Congress* 'Education as a Critical Force: Myth or Reality?' Copenhagen, 6–9 March.

Lloyd, Genevieve (2002) 'Maleness, metaphor, and the "crisis" of reason', in L.M. Antony and C.E. Witt (eds) *A Mind of One's Own: Feminist Essays on Reason and Objectivity*, 2nd edn. Boulder, CO and Oxford: Westview Press, pp. 73–89.

Lorde, A. (1984) 'The master's tools will never dismantle the master's house', in C. Clarke and A. Lorde (eds) *Sisters Outsider*. Fredoom, CA: Crossing Press.

Lu, M.-Z. (1999) 'Redefining the literate self: the politics of critical affirmation', *Col-*

lege Composition and Communication, 51: 172–9.

Luke, C. and Gore, J. (eds) (1992) *Feminism and Critical Pedagogy*. New York and London: Routledge.

MacLaren, P. (1994) *Critical Pedagogy and Predatory Culture*. London and New York: Routledge.

MacNaughton, G. (2005) *Doing Foucault in Early Childhood Studies: Applying Poststructural Ideas*. London and New York: Routledge.

McQuillan, M. (2000) *Deconstruction: A Reader*. Edinburgh: Edinburgh University Press.

Malins, P. (2007) 'City folds: injecting drug use and urban space', in A. Hickey-Moody and P. Malins (eds) *Deleuzian Encounters: Studies in Contemporary Social Issues*. New York: Palgrave/Macmillan.

Malka Fisher, B. (2001) *No Angel in the Classroom: Teaching through Feminist Discourse*. Boston: Rowman & Littlefield.

Marks, J. (2006a) 'Molecular biology in the work of Deleuze and Guattari', in J. Marks (ed.) *Deleuze and Science: Paragraph: A Journal of Modern Critical Theory*, 29(2, July). Special number on Deleuze and Science.

Marks, J. (ed.) (2006b) *Deleuze and Science: Paragraph: A Journal of Modern Critical Theory*, 29(2, July). Special number on Deleuze and Science.

Marton, F. and Booth, S. (1997). *Learning and Awareness*. Mahwah, NJ: Lawrence Erlbaum Associates.

Marton, F. and Tsui, A.B.M (eds) (2004) *Classroom Discourse and the Space of Learning*. Mahwah, NJ and London: Lawrence Erlbaum Associates.

May, T. (2005) *Gilles Deleuze: An Introduction*. Cambridge: Cambridge University Press.

May, T. and Semetsky, I. (2008) 'Deleuze, Ethical Education, and the Unconscious', in I. Semetsky (ed.) *Nomadic Education: Variations on a Theme by Deleuze and Guattari*. Rotterdam, The Netherlands: Sense Publisher.

Mayberry, M. and Rose, E.C. (eds) (1999) *Innovative Feminist Pedagogies in Action*. New York and London: Routledge.

Mazzei, L. (2008) 'Thinking with Deleuze in educational research'. Paper presented at the *BERA Annual Conference*, Edinburgh, Scotland, 3–6 September.

Mazzei, L.A. and Jackson, A.Y. (2009) 'The limit of voice', in A. Jackson and

L. Mazzei (eds) *Voice in Qualitative Inquiry: Challenging Conventional, Interpretive, and Critical Conceptions in Qualitative Research*. London and New York: Routledge.

Mendick, H. (2006) *Masculinities in Mathematics*. London: Open University Press.

Miller, D. (2008) *The Comfort of Things*. Cambridge and Malden, MA: Polity Press.

Miller, D. (2005) *Materiality: Positivism and its Epistemological Others*. Durham, NC: Duke University Press.

New, R. (2000) 'Reggio Emilia: catalyst for change and conversation', *Eric Digest*, December. ED447971.

New, R. (1990) 'Excellent early education: a city in Italy has it', *Young Children*, 45(6): 4–10. EJ 415 419.

Nordin-Hultman, E. (2004) *Pedagogiska miljöer och barns subjektsskapande* [Pedagogical environment and the construction of children's subjectivity]. Stockholm: Liber.

Novak, J.D. and Gowin, D.B. (1984) *Learning How to Learn*. Cambridge: Cambridge University Press.

Ohrlander, K. (1992) *I barnens och nationens intresse: Socialliberal reformpolitik, 1903–1930* [In the interest of children and the nation: Social-liberal reform politics 1903–1930]. Studies of psychology and education, nb 30. Stockholm University: Almqvist & Wiksell International.

Olsson, L.M. (2009) *Movement and Experimentation in Young Children's Learning: Deleuze and Guattari in Early Childhood Education*. London and New York: Routledge.

Orner, M. (1992) 'Interrupting the calls for student voice in "liberatory" education: a feminist poststructuralist perspective', in C. Luke and J. Gore (eds) *Feminisms and Critical Pedagogy*. New York and London: Routledge, pp. 74–89.

Osberg, D.C. and Biesta, G.J.J. (2009). 'The end/s of school. Complexity and the conundrum of the inclusive educational curriculum', *International Journal of Inclusive Education*, in press.

Osberg, D.C. and Biesta, G.J.J. (2007) 'Beyond presence: epistemological and pedagogical implications of "strong" emergence', *Interchange* 38(1): 31–51.

Palmer, A. (2009a) 'I'm not a "maths-person"! Reconstituting mathematical subjectivities in aesthetic teaching practices', *Gender and Education*, 21(4): 387–404.

Palmer, A. (2009b) ' "Let's dance": theorising alternative teaching methods in early childhood teacher education'. Paper presented at the *International Feminist Methodology Conference*, Stockholm, 4–6 February.

Palmer, A. (2007) 'Cold sweat and butterflies in the stomach – teacher-students' attitudes and notions about the subject of mathematics in general teachered-ucation'. Paper presented at *NPFF/NERA Congress*, Helsinki, 14–17 March.

Patton, P. and Protevi, J. (eds) (2003) *Between Deleuze and Derrida*. London and New York: Continuum.

Peters, M.A. (2004) 'Geophilosophy, education and the pedagogy of the concept', *Educational Philosophy and Theory*, 36(3): 217–26.

Pickering, A. (1995) *The Mangle of Practice: Time, Agency, and Science.* Chicago, IL: University of Chicago Press.

Polanyi, M. (1997) *Science, Economics and Philosophy: Selected Papers of Michael Polanyi.* New Brunswick, NJ: Allen; London: Transaction Publishers.

Popkewitz, T. (1998) *Struggling for the Soul: The Politics of Schooling and the Construction of the Teacher.* New York: Teachers College Press.

Popkewitz, T. and Brennan, A. (eds) (1998) *Foucault's Challenge to the Knowledge, Curriculum and Political Projects of Schooling.* New York: Teachers College Press.

Pramling, I. (1990). *Learning to Learn: A Study of Swedish Preschool Children.* New York: Springer Verlag.

Pramling Samuelsson, I. and Pramling, N. (eds) (2008) *Didaktiska studier från förskola och skola* [Studies in didactics from preschools and schools]. Malmö: Gleerups.

Protevi, J. (2008a) 'Deleuze and cognitive science: one more "next step" '. Paper presented at the *International Deleuze Studies Conference*, Cardiff University, August. www.protevi.com/john/research.html.

Protevi, J. (2008b) 'Lectures on Deleuze and biology'. Paper presented at the *International Deleuze Studies Conference*, Cardiff University, August. www.protevi.com/john/research.html.

Prout, A. (2005) *The Future of Childhood.* London and New York: Routledge Falmer.

Prout, A. and James, A. (eds) (1990) *Constructing and Reconstructing Childhood: Contemporary Issues in the Sociological Study of Childhood.* Basingstoke: Falmer Press.

Readings, B. (1996) *The University in Ruins.* Cambridge, MA: Harvard University Press.

Reggio Children (2008) *Dialogues with Places.* Municipality of Reggio Emilia, Italy: Reggio Children.

Reggio Children (2001) *Making Learning Visible: Children as Individual and Group Learners.* Municipality of Reggio Emilia, Italy: Reggio Children.

Richardson, L. (1997) *Fields of Play: Constructing an Academic Life.* New Brunswick, NJ: Rutgers University Press.

Rinaldi, C. (2006). *In Dialogue with Reggio Emilia: Listening, Researching and Learning.* London and New York: Routledge.

Rorty, R. (1967) *The Linguistic Turn: Methods in Philosophical Method.* Chicago, IL: University of Chicago Press.

Rose, N. (1999) *Powers of Freedom: Reframing Political Thoughts*. Cambridge: Cambridge University Press.

Rose, N. (1996) 'Towards a critical sociology of freedom', *Nordiske Udkast: Journal for Critical Social Science*, 24(1): 3–21.

Rose, N. (1989) *Governing the Soul: The Shaping of the Private Self*. London: Routledge.

Rothstein, E. (2006) *Pattern and Beauty in Mathematics and Music*. Chicago, IL: University of Chicago Press.

Rouse, J. (2002) *How Scientific Practices Matter: Reclaiming Philosophical Naturalism*. Chicago, IL: University of Chicago Press.

Sand, M. (2008) 'Konsten att gunga: experiment som aktiverar mellanrum' [Space in motion: The art of activating space in between]. *Doctoral thesis*. Stockholm: Axl Books.

Scott, J. (1992) 'Experience', in J. Butler and J.W. Scott (eds) *Feminists Theorize the Political*. New York and London: Routledge, pp. 22–39.

Semetsky, I. (ed.) (2008) *Nomadic Education: Variations on a Theme by Deleuze and Guattari*. Rotterdam/Taipei: Sense Publishers.

Semetsky, I. (2006) *Deleuze, Education and Becoming*. Rotterdam/Taipei: Sense Publishers.

Sinclair, N. (2006). *Mathematics and Beauty: Aesthetics Approaches to Teaching Children*. New York: Teachers College Press.

Sinclair, N., Pimm, D. and Higginson, W. (2006) *Mathematics and the Aesthetics: New Approaches to an Ancient Affinity*. New York: Springer.

Smith, Daniel W. (2003) 'Deleuze and Derrida, immanence and transcendence: two directions in recent French thought', in P. Patton and J. Protevi (eds) *Between Deleuze and Derrida*. London and New York: Continuum.

Steffe, L.P. (ed.) (1995) *Constructivism in Education*. Mahwah, NJ: Lawrence Erlbaum Associates.

Stivale, Charles J. (ed.) (2005) *Gilles Deleuze: Key Concepts*. Chesham: Acumen Publishing.

St. Pierre, E.A. (2009) 'Afterword: decentering voice in qualitative inquiry', in A.Y. Jackson and L.A. Mazzei (eds) *Voice in Qualitative Inquiry: Challenging Conventional, Interpretive, and Critical Conceptions in Qualitative Research*. London and New York: Routledge.

St. Pierre, E.A. (2004) 'Deleuzian concepts for education: the subject undone', *Educational Philosophy and Theory*, 36(3): 283–96.

St. Pierre, E.A. (2000) 'Poststructural feminism in education: an overview', *Qualitative*

Studies in Education, 14(1): 71–84.

St. Pierre E.A. and Pillow, W.S. (eds) (2000) *Working the Ruins: Feminist Poststructural Theory and Methods in Education*. New York and London: Routledge.

Tilley, C., Keane, W., Kücker, S., Rolands, M. and Spyer, P. (eds) (2006) *Handbook of Material Culture*. London, Thousand Oaks, CA, New Delhi and Singapore: Sage.

Ulin, C. (ed.) (1946) *Från spädbarn till skolbarn: Utvecklingspsykologiska studier i barnens egen miljö* [From infant to school-child: Developmental psychological studies in children's environment]. Stockholm: Natur och Kultur.

Vocate, D.R. (1994) Intrapersonal Communication: Different Voices, Different Minds. Mahwah, NJ: Lawrence Erlbaum Associates.

Walkerdine, V. (1998) *Counting Girls Out: Girls and Mathematics*. London: Falmer.

Walkerdine, V. (1988) *The Mastery of Reason: Cognitive Development and the Production of Rationality*. London: Routledge.

Walkerdine, V. (1984) 'Developmental psychology and the child-centred pedagogy', in J. Henriques, W. Holloway, C. Urwin et al., *Changing the Subject. London: Methuen*, pp. 153–202.

West-Eberhard, M.J. (2003) *Developmental Plasticity and Evolution*. Oxford and New York: Oxford University Press.

Williams, J. (2008) *Gilles Deleuze's Logic of Sense: A Critical Introduction and Guide*. Edinburgh: Edinburgh University Press.

Williams, J. (2007) *Poststructuralism, Theory, Practice: Reflections on Creativity*. Dundee: Duncan of Jordanstone College.

Williams, J. (2005) *Understanding Poststructuralism*. Stockfield: Acumen.

Wilson, E.A. (2004) *Psychosomatic. Feminism and the Neurological Body*. Durham, NC: Duke University Press.

Wilson, E.A. (1998) *Neural Geographies: Feminism and the Microstructure of Cognition*. New York: Routledge.

Wood, D. (1992) *The Power of Maps*. New York: The Guilford Press.

Yates, L. (1993) 'Feminism and education: writing in the 90s', in L. Yates (ed.) *Feminism and Education. Melbourne Studies in Education*, Bandora: La Trobe Universty Press.

Yelland, N. (ed.) (2005) *Critical Issues in Early Childhood Education*. Milton Keynes: Open University Press.

색인

인명

들뢰즈와 내부작용 유아교육

이론과 실제 구분 넘어서기

초판 1쇄 발행 2018년 2월 26일
초판 3쇄 발행 2023년 1월 16일

지 은 이 | Hillevi Lenz Taguchi
옮 긴 이 | 신은미 · 안효진 · 유혜령 · 윤은주 · 이진희
임부연 · 전가일 · 한선아 · 변윤희
펴 낸 이 | 김기섭
편 집 인 | 김민수
펴 낸 곳 | 창지사 www.changjisa.com
08589 서울시 금천구 가산디지털 1로 83 파트너스타워 1차 9층
전화 (02)719-2211~3
팩스 (02)701-9386
등　　록 | 1977년 4월 28일 · 제1-421호

© 신은미 외 8인, 2018

- 이 책 내용의 전부 또는 일부를 재사용하려면
  반드시 저작권자와 창지사 양측의 동의를 받아야 합니다.
- 저자와 협의하여 인지는 생략합니다.
- 출판물 불법 복사, 불법 북스캔은 저작권 위반으로 처벌받을 수 있습니다. 불법 제본으로 처벌될 경우(전과기록 됨) 취업 불이익이나 해외 유학과 이민 등 비자 발급이 거부되는 불이익이 발생할 수 있습니다.

ISBN 978-89-426-1117-1 (93370)

값 18,000원